湖北省学术著作出版专项资金
Hubei Special Funds for Academic Publications

新媒体与数字出版研究丛书

国家自然科学基金青年科学基金项目“解释水平视角下社交媒体用户信息搜寻失败及干预机制研究”（71804136)成果

教育部人文社会科学研究青年基金项目“情境偏好视角下社会化信息搜寻行为影响机制研究”（17YJC870022)成果

Social Media Users' Academic Information Seeking Behavior Given the Moderating Effect of Information Need

信息需求调节下社会化媒体用户学术信息搜寻行为研究

张晋朝 著

WUHAN UNIVERSITY PRESS
武汉大学出版社

图书在版编目(CIP)数据

信息需求调节下社会化媒体用户学术信息搜寻行为研究＝Social Media Users' Academic Information Seeking Behavior Given the Moderating Effect of Information Need/张晋朝著.—武汉：武汉大学出版社，2020.6
新媒体与数字出版研究丛书
湖北省学术著作出版专项资金资助项目
ISBN 978-7-307-21599-3

Ⅰ.信…　Ⅱ.张…　Ⅲ.科技情报—信息检索—研究　Ⅳ.G254.9

中国版本图书馆 CIP 数据核字(2020)第 102201 号

责任编辑:詹　蜜　黄河清　　　责任校对:汪欣怡　　　版式设计:马　佳

出版发行:**武汉大学出版社**　(430072　武昌　珞珈山)
(电子邮箱:cbs22@ whu.edu.cn　网址:www.wdp. com.cn)
印刷:武汉中远印务有限公司
开本:720×1000　1/16　印张:15.75　字数:227 千字　插页:2
版次:2020 年 6 月第 1 版　2020 年 6 月第 1 次印刷
ISBN 978-7-307-21599-3　定价:49.00 元

前　言

社会化媒体自其出现以来便吸引了大量的用户群体，不仅是用户建立、维持和拓展人际关系的社交场所，而且还是资源丰富的信息场所，为用户提供多种形式和类型的信息资源，有利于关系松散的个体用户之间实现即时的信息交流与共享。随着社会化媒体应用领域的扩展，越来越多的用户将其用于学术活动中，社会化媒体的学术价值得到人们的关注和重视。通过发表、推荐、评论、转发、分享以及搜寻等功能与方式，社会化媒体不仅可以增进用户间的沟通交流，还能提高学术信息内容的可见性和利用效率。社会化媒体环境下，用户既可以通过图书馆搜寻和使用由专家创造的正式常规的信息资源，亦可以通过社会化媒体搜寻和使用由大众群体创造的非正式和非常规的信息资源，但这种非正式和非常规的信息资源的质量、可信性、权威性、有用性等经常受到人们的质疑，用户的信息行为也表现出特有的规律。

信息需求是信息搜寻行为发生的重要驱动因素。社会化媒体用户学术信息搜寻行为研究关注于用户为满足其学术信息需求而在社会化媒体中搜寻非正式学术信息资源的特点与规律。社会化媒体的发展为用户提供了多样化的信息场域空间，用户参与各类学术信息活动具有更多的自由性和主动性，同时，不同类型的信息行为还可以交叉进行，这使得社会化媒体用户学术信息搜寻行为研究变得更为复杂。为了精确系统地揭示社会化媒体用户学术信息搜寻行为规律，本书根据用户不同的信息需求水平，结合精细加工可能性模型、信息采纳模型、信息系统成功模型和性格特质模型，研究信息需求调节下社会化媒体用户学术信息搜寻行为规律，并且从个体差异视角出发，探究不同用户群体对学术信息搜寻行为及其影响的感知差异性规律。

从信息科学研究视角出发，将信息需求作为潜在构念，通过文献分析法、访谈法以及问卷调查法，开发和检验信息需求的测量量表，并将其应用到社会化媒体用户学术信息搜寻行为影响因素的调查中以直观科学地测量用户信息需求的感知水平。基于精细加工可能性模型、信息采纳模型、信息系统成功模型和性格特质模型，将信息质量和服务质量作为中枢路径变量，系统质量和信息源可信度作为边缘路径变量，运用结构化方程建模技术检验信息需求调节下的社会化媒体用户学术信息搜寻行为影响因素模型。运用均值比较的统计分析方法考察用户在性别、年龄、身份、学科、学术研究经验、社会化媒体使用经验、信息用户角色以及性格特征等方面的个体差异对他们在社会化媒体中的学术信息搜寻行为及其前置因素的影响，比较不同用户群体学术信息搜寻行为的感知差异性。

研究结果发现用户的性格特征对信息质量、服务质量、系统质量和信息源可信度均存在不同程度的影响作用。信息质量、服务质量和信息源可信度均显著地影响信息有用性，进而影响用户的学术信息搜寻行为。信息有用性同时受中枢路径变量和边缘路径变量的影响，但是，两条路径的影响作用因用户信息需求水平的不同而有所变化。当用户对学术信息的需求水平较低时，边缘路径变量（系统质量和信息源可信度）对信息有用性的影响作用增强；当用户对学术信息的需求水平较高时，在本研究环境下，中枢路径变量（信息质量和服务质量）对信息有用性的影响作用并不强烈，反而是在用户信息需求水平较低时，信息质量和服务质量对信息有用性的影响作用较为强烈。此外，社会化媒体用户因年龄、身份、学科、学术研究经验、社会化媒体使用经验、信息用户角色以及性格特质等方面的个体差异而对学术信息搜寻行为及其前置因素的感知有所不同。现今，科研人员及机构等已将社会化媒体逐步应用于日常生活、学习和工作当中，而且在他们开展相关的学术活动过程中会产生大量有价值的学术信息资源。尽管如此，社会化媒体的学术功能仍然较弱，相对于由专家或科研机构生产并经过严格的评审过程的正式常规的学术信息源，社会化媒体可以作为非正式和非常规的学术信息源，与正式常规的学术信息源相互补充和促进，共同满足用户不同程度的信息需求。本书的研究对用户信息行为研究、社会化媒体持续性成功运营以及高校图书馆数字资源的发展具有重要的理论价值与现实意义。

本书从开始研究到完成撰写的过程中，得到了诸多支持与帮助。武汉大学信息管理学院为我提供了优异的平台，积极创造各种条件支持我开展研究工作，这是本书得以面世的重要基础。同时，离不开诸多师长和前辈的指导，特别感谢我的博士生导师查先进教授对我的悉心指导与教诲，感谢我的博士后合作导师方卿教授对我的点拨与鼓励，感谢徐丽芳教授对我的关心与帮助。感谢武汉大学出版社的编辑们积极支持本书的出版，为本书的面世提供了诸多帮助。借本书出版的机会，一并向他们致以最诚挚的谢意！最后，还要特别感谢我的家人作为我最坚强的后盾，默默地付出与关爱，你们的爱永远是我前进的动力。

本书在研究和撰写过程中，参阅和引用了国内外许多文献，这些文献为本书提供了广泛的研究基础。在此，一并表示衷心的感谢！

由于时间仓促，加之研究水平和能力有限，书中难免存在诸多不足和错误之处，敬请诸位专家学者批评指正。

张晋朝

2019 年 12 月于武汉大学

目　　录

1 引　论

1.1 研究背景与意义

1.1.1 研究背景

社会化媒体出现于20世纪90年代末，其最初形式为网络日志(Web-logs)①。之后，社交网站、社会化问答网站、博客、维基、微博、微信、播客等类型的社会化媒体出现，逐渐被大众用户接受，并融入人们的行为活动当中，其用户量呈指数增长。用户利用互联网和客户端在社会化媒体平台上可以随时随地进行人际交流与协作、信息获取与共享，具有代表性的社会化媒体有微博、微信、博客、社交网站等，每种应用都有上亿的用户群体。国内常见的社会化媒体平台如人人网、人大经济论坛、小木虫学术科研互动社区、科学网博客、新浪微博、微信等不断进入人们的视野，各类社会化媒体被广泛接受和使用，成为人们日常生活、工作和学习中进行信息交流与共享不可或缺的重要工具和渠道。社会化媒体中的内容包括日常生活、时事新闻、营销、娱乐、学术等方面的信息，涵盖各种类型的主题，一些信息内容甚至无法直接通过传统媒体获取。它们不仅能满足用户娱乐性及社会性等方面需求，还为用户提供搜寻信息与贡献信息的平台，有利于联系松散的用户之间实现即

① Grajales III F J, Sheps S, Ho K, et al. Social media: A review and tutorial of applications in medicine and health care [J]. Journal of Medical Internet Research, 2014, 16(2), https://www.jmir.org/2014/2/e13/.

时信息交流与共享。社会化媒体常被用于发布和传播消息，从生成内容的方式来看，社会化媒体中的人际交流以信息创造或信息中介为特征。Oh 等①认为社会化媒体已成为一条重要的传播路径（Communication Route），可以便捷地传播未经权威媒体机构验证的消息。用户也可以就某一热门的或感兴趣的话题以文字、图片、视频或网络链接的形式进行同步或异步交流。当前，研究人员开始将社会化媒体用于研究工作中，一些学科领域专家、科研人员、高校图书馆、学术刊物、专业学术会议等在社会化媒体应用平台中注册账号，开通博客、官方微博、微信公众号等，实时分享和传播本领域的学术信息，通过在线方式与粉丝以及其他用户进行信息交流与共享，成为社会化媒体中一类重要的学术信息源。他们会实时地发布或转发一些学术信息，用户只需要加关注或与其成为好友便可浏览、查阅以及跟踪最新的学术动态和学术研究前沿类信息。此外，通过撰写、推荐、评论、回复、点赞、转发或分享链接等方式，用户不仅可以增进相互之间的沟通交流，还能增加学术类信息内容的可见性，提高社会化媒体中学术信息资源的利用率，便于专业知识和科学知识的传播与扩散。

在互联网环境下，社会化媒体的学术价值已受到人们关注与重视，社会化媒体对研究人员获取信息的重要性日益显著，如研究人员通过科学网博客以网络日志的形式撰写学术心得、对感兴趣的学术主题进行评论或讨论等；专家学者、学术组织或机构通过微博、微信公众号发布或转发一些学术会议信息、学术研究热点等与大众共享和交流；大量用户利用学术网络社区或论坛、微博、博客、微信公众号等社会化媒体搜寻信息以解决学习或工作中的问题及任务。随着社会化媒体的流行，大量研究将社会化媒体作为研究环境

① Oh O, Agrawal M, Rao H R. Community intelligence and social media services: A rumor theoretic analysis of tweets during social crises [J]. MIS Quarterly, 2013, 37(2): 407-426.

从用户的接受行为、信息交流行为等方面展开，如盛宇①以新浪微博为例，从信息发布者和信息使用者的角度对其提出的学术交流过程模型进行了详细介绍。孔繁超②根据对新浪微博的调查分析，探讨我国图书馆学人微博学术交流的现状与不足。Johnson③ 研究在社会化媒体上发布社交信息、学术信息、社交与学术的混合信息对于学生对教师可信度感知的影响。Gu 和 Widén-Wulff④ 研究社会化媒体对研究人员的学术信息交流行为的影响，考察研究人员在学术交流中使用社会化媒体的情况。Tenopir 等⑤研究高校研究人员使用社会化媒体对他们使用传统学术信息源的影响。使用 Twitter 的生命科学研究人员对发表在《科学》杂志上的一篇声称发现了可以预测人类寿命基因的文章进行评论，这种基于 Twitter 的公开的"同行评审"方式很快发现这篇文章的方法论存在问题。⑥ 互联网技术和社会化媒体正在影响和改变着研究人员的学术实践活动。Haustein 等⑦研究发现学者们发布的微博信息中，近 50%的内容是关于学术交流的。Rowlands 等⑧调查学者们在其研究工作中使用社

① 盛宇．基于微博的学术信息交流机制研究——以新浪微博为例[J]．图书情报工作，2012，56(14)：62-66.

② 孔繁超．基于新浪微博的图书馆学人意见领袖调查与分析[J]．大学图书馆学报，2013(2)：55-59.

③ Johnson K A. The effect of Twitter posts on students' perceptions of instructor credibility[J]. Learning, Media and Technology, 2011, 36(1): 21-38.

④ Gu F, Widén-Wulff G. Scholarly communication and possible changes in the context of social media: A Finnish case study[J]. The Electronic Library, 2011, 29(6): 762-776.

⑤ Tenopir C, Volentine R, King D W. Social media and scholarly reading [J]. Online Information Review, 2013, 37(2): 193-216.

⑥ Mandavilli A. Peer review: Trial by Twitter[J]. Nature, 2011, 469 (7330): 286-287.

⑦ Haustein S, Peters I, Sugimoto C R, et al. Tweeting biomedicine: an analysis of tweets and citations in the biomedical literature[J]. Journal of the Association for Information Science and Technology, 2014, 65(4): 656-669.

⑧ Rowlands I, Nicholas D, Russell B, et al. Social media use in the research workflow[J]. Learned Publishing, 2011, 24(3): 183-195.

交网站、博客、微博等社会化媒体的情况，发现社会化媒体的使用贯穿整个学术研究过程，即从识别研究问题到最终的成果扩散。Kim 等①研究发现大多数社会化媒体平台被用作信息源，很多学生使用社会化媒体搜寻各种信息，其中维基、社交网站、用户评论和媒体分享网站是最常用的信息源。Veletsianos② 的研究发现学者在 Twitter 上的行为包括分享与专业实践相关的信息、资源和媒介，分享关于教室和学生的信息，寻求帮助或为他人提供建议，以及参与社会评论等。Ebner 等③发现教师和学生使用微博提问、发表意见、交流想法、分享资源和深思，而 Dunlap 和 Lowenthal④ 指出向自己的学生介绍微博，使学生参与虚拟社区，并且与其他专业人员互动、获得专业公开(Gain Professional Exposure)。但也有学者认为作为一种社会化媒体，微博不是学术传播的重要工具。⑤

社会化媒体用户认为信息交流与扩散是社会化媒体的一个显著优势，如在学术会议中，Twitter 被研究人员用来传播科学信息⑥，Twitter 作为会议平台使数字人文学者社区(Digital Humanists

① Kim K S, Sin S C J, Tsai T I. Individual differences in social media use for information seeking[J]. The Journal of Academic Librarianship, 2014, 40(2): 171-178.

② Veletsianos G. Higher education scholars' participation and practices on Twitter[J]. Journal of Computer Assisted Learning, 2012, 28(4): 336-349.

③ Ebner M, Lienhardt C, Rohs M, et al. Microblogs in higher education — A chance to facilitate informal and process-oriented learning? [J]. Computers & Education, 2010, 55(1): 92-100.

④ Dunlap J C, Lowenthal P R. Horton hears a tweet [J]. Educause Quarterly, 2009, 32(4): 1-11.

⑤ Haustein S, Peters I, Sugimoto C R, et al. Tweeting biomedicine: An analysis of tweets and citations in the biomedical literature [J]. Journal of the Association for Information Science and Technology, 2014, 65(4): 656-669.

⑥ Letierce J, Passant A, Decker S, et al. Understanding how Twitter is used to spread scientific messages [C]. Proceedings of the Web Science Conference, 2010, http: //journal. webscience. org/314/2/websci10_ submission_ 79. pdf.

Community)扩大成员间的交流和参与社区活动①。科研人员、专业性学术会议、研究机构等在社会化媒体平台上实时更新其状态来发布、分享学术信息已逐渐成为一种流行的方式。国内使用社会化媒体传播、分享学术信息的也大有人在，如科学网博客中的学者、微博中的研究机构和学者、微信公众号等。同时，研究人员也在搜寻与学术主题有关的博客帖子、讨论组条目、视频、微博评论、微博链接、共享资源网站、维基百科文章以及预印本等非常规的学术信息资源用于他们的工作和研究中。Valentine② 的研究指出学生查找信息的方式是混沌杂乱的，他们非常依赖于熟悉的信息源，而且偏向于使用方便快捷的信息源。信息的生成与传播和信息的获取与使用过程是紧密联系的，社会化媒体信息生成的自主性使得对信息的控制更加困难，作为一类重要的信息源，社会化媒体中信息的质量受到关注。此外，由于社会化媒体信息的发布与传播缺少同行评审和质量控制环节，其信息内容的质量与信息源的可靠性和可信性等密切相关。尽管社会化媒体对研究人员的重要性日渐提升，但针对社会化媒体用户学术信息搜寻行为开展的研究仍然比较少，特别是当用户对学术信息的需求程度不同时，社会化媒体的学术价值会有何不同，用户是否会搜寻和使用社会化媒体中的学术信息，社会化媒体是否能得到学术信息用户的青睐仍是值得研究的问题。

信息需求的出现是用户信息行为产生的前提，当用户意识到有信息需求时，将经历认知上的空白，为弥补这一空白，他们会搜寻信息以满足其信息需求，因此，信息搜寻行为是用户获取和利用信息的关键环节。社会化媒体的内容访问机制有助于用户查找到所需

---

① Ross C, Terras M, Warwick C, et al. Enabled backchannel: Conference Twitter use by digital humanists[J]. Journal of Documentation, 2011, 67(2): 214-237.

② Valentine B. The legitimate effort in research papers: Student commitment versus faculty expectations[J]. The Journal of Academic Librarianship, 2001, 27(2): 107-115.

信息内容，而关联关系则可帮助用户了解信息内容的有效性。① 社会化媒体环境下，用户通过博客、微博、维基、社会化问答网站以及社交网站等媒介开展与工作或学习任务相关的学术信息活动可以满足其多样化和个性化信息需求。从现有研究成果来看，国内外关于社会化媒体用户学术信息行为的研究已形成了一些重要研究成果。但综合国内外研究现状，依然存在一些不足之处，主要表现在：信息需求是信息行为研究中最重要的概念之一，但往往被误解为需求评估的实证研究中用户群对信息渠道或信息源的使用频率、偏好或满意度；或者，用户将命令输入系统启动或将它运行，得到事实类型的系统输出结果。② 信息需求是一个复杂的多维概念，且由于可靠地测量用户信息需求比较困难，因而信息需求研究受到阻碍③，对信息需求的描述和测度缺乏准确性和系统性。同时，关于社会化媒体用户学术信息搜寻行为影响规律的研究依然较少，缺乏考虑信息需求在社会化媒体用户学术信息搜寻行为及其影响因素间的调节作用的研究。社会化媒体作为一种新型交流媒介改变了人类传统的交流模式向“多对多”的模式发展，体现了社会化特征。随着社会化媒体应用的发展，用户选择、获取和使用学术信息的行为也将发生变化，所以，研究信息需求调节下的社会化媒体用户的学术信息搜寻行为，探寻其中的影响规律和行为特点，应受到图书情报学界更多的关注。

本书的观点正是基于上述不足而提出的，与以往研究不同，本书关注的不是社会化媒体在信息生产与扩散中的作用，而是信息使

① Kane G C, Alavi M, Labianca G, et al. What's different about social media networks? A framework and research agenda[J]. MIS Quarterly, 2014, 38(1): 275-304.

② Cole C. A theory of information need for information retrieval that connects information to knowledge[J]. Journal of the American Society for Information Science and Technology, 2011, 62(7): 1216-1231.

③ Eager C, Oppenheim C. An observational method for undertaking user needs studies[J]. Journal of Librarianship and Information Science, 1996, 28(1): 15-23.

用者和接受者在社会化媒体中搜寻学术信息时的行为感知与规律。社会化媒体环境下，用户面临海量的正式的与非正式的学术信息，为满足自身的学术信息需求，用户对社会化媒体中各类学术信息的感知和反应如何，他们在信息搜寻过程中受哪些因素的影响是当前值得关注的问题，这与 Wilson 关于信息需求与用户研究中指出的研究视角变窄相吻合，以便发现信息行为的潜在影响因素①。本书将结合我国具体国情和社会文化环境，根据用户的信息需求水平，以精细加工可能性模型、信息采纳模型、信息系统成功模型以及性格特质模型为理论基础，通过文献分析和半结构化访谈的方法抽取社会化媒体用户学术信息搜寻行为的前置动因，开发和检验信息需求构念的测量量表，然后通过社会化媒体用户收集一手数据，基于精细加工可能性模型运用结构方程建模的方法，探讨信息需求调节下的社会化媒体用户对社会化媒体中学术信息的认知态度变化及其行为规律，通过均值比较的方法分析用户个体差异对其学术信息搜寻行为感知的影响，给出科学研究和学术信息行为优化策略和建议。本书的研究问题包括：社会化媒体用户学术信息搜寻行为影响规律如何？社会化媒体用户对学术信息搜寻行为的态度变化受哪些因素的影响？不同的信息需求水平对社会化媒体用户态度变化有怎样的调节作用？社会化媒体用户对学术信息搜寻行为及其影响因素的感知是否存在差异？目前，高校图书馆和教育科研机构面临着在预算受限的情况下提供先进的相关信息服务的挑战，了解用户如何搜寻、获取和使用复杂的学术信息显得尤为重要。通过本书的研究，以期为社会化媒体环境下用户信息行为研究的理论与实践发展提供一些参考。

1.1.2 研究意义

(1) 理论意义

①社会化媒体用户学术信息搜寻行为研究丰富了现有的用户信

① Bawden D. Users, user studies and human information behaviour [J]. Journal of Documentation, 2006, 62(6): 671-679.

息行为研究理论。

在互联网环境下，社会化媒体在学术活动中的应用与流行反映了学者们共享、交流、协作、扩散、获取知识与信息的方式的转移。① 用户搜寻和获取信息的渠道更为多样化，既可通过图书馆使用由领域专家和学者创造的正式的信息资源，亦可通过互联网使用由大众群体创造的一些非正式的信息资源，如学术社交网络、博客、微博、微信等社会化媒体平台中的信息。但非正式信息资源的信息质量、权威性等问题经常受到人们的质疑，因而用户的信息行为表现出其特有的行为规律。社会化媒体用户学术信息搜寻行为研究关注于用户为满足自身的信息需求而搜寻和获取非正式和非常规学术信息资源时的特点与规律，以展现其特有的行为情景，这是用户信息行为研究的一个重要分支。社会化媒体用户学术信息搜寻行为研究涉及图书情报学、信息系统科学、传播学、社会心理学以及统计学等多个学科的理论知识与方法论，需要借鉴不同学科的一些新的研究理论，为本书研究提供理论基础，整合搭建适用于社会化媒体用户学术信息搜寻行为研究的基础理论框架，揭示社会化媒体用户学术信息搜寻行为的作用机理和影响规律，有助于丰富现有的用户信息行为研究理论。

②社会化媒体用户学术信息搜寻行为研究有助于深入认识用户信息行为的影响规律。

用户因社会化媒体的大众参与性和开放性可以无障碍获取和使用由其他用户生成的各种类型的信息资源，同时还可以自由地生成、创造、转发信息资源供其他用户参考使用，增加了用户信息行为的自主性和主动性，因而也导致社会化媒体信息质量参差不齐，影响社会化媒体信息资源的流向与利用效率。特别地，学术信息主要用于科学研究和知识创新，用户对学术信息的可靠性、准确性、权威性等要求较高，具有不同水平信息需求的用户面对非正式的学

---

① Gruzd A, Staves K, Wilk A. Connected scholars: Examining the role of social media in research practices of faculty using the UTAUT model[J]. Computers in Human Behavior, 2012, 28: 2340-2350.

术信息资源如何取舍，是一个非常有趣且值得关注的主题。社会化媒体用户学术信息搜寻行为将以用户信息需求为导向，研究用户在社会化媒体环境下如何搜寻和获取学术信息的行为特点和规律，为新媒体时代人类社会实践活动提供理论参考。本书采用结构化方程建模的思想和方法，构建潜在变量间的因果关系模型，研究社会化媒体环境下用户搜寻学术信息时考虑的影响因素及其作用机理，客观科学地揭示社会化媒体用户学术信息搜寻行为的动因与障碍，有助于系统深入地了解和把握其影响规律。

③社会化媒体用户学术信息搜寻行为研究是图书情报学研究的重要命题。

图书情报学研究的目的之一是优化信息资源建设与配置，提供优质高效的信息服务，以满足用户不同程度的信息需求。社会化媒体环境中的学术信息来源于多种不同类型的信息源，有着图书馆电子资源无可比拟的优势，如更新快、获取便利等，当然也有其无可回避的缺点，如缺乏质量控制、信息过载等。虚拟环境下，社会化媒体学术信息作为一种非正式和非常规的信息资源，也能为用户提供有价值的信息满足其需求。社会化媒体用户学术信息搜寻行为研究用户搜寻和获取此类非正式和非常规学术信息的行为，根据用户信息需求的不同水平，考察用户在社会化媒体中搜寻学术信息的行为特点和影响规律，优化网络学术信息资源建设与配置，增强信息服务的针对性和主动性，提高网络信息资源与用户需求的匹配度，实现信息资源效用最大化，从而为图书情报学研究提供有效的理论指导。

(2) 实践意义

①社会化媒体用户学术信息搜寻行为研究有助于把握社会化媒体的学术价值。

社会化媒体的社会性和开放性使人们可以自由参与各类学术信息活动，信息用户不再只是被动的信息接受者，而是主动的信息生产者和参与者，可以自由地发布、获取和使用社会化媒体中的学术信息，就某一感兴趣的主题进行交流和讨论。研究社会化媒体用户的学术信息搜寻行为，有助于系统深入地把握社会化媒体的学术价值及其对科研活动的意义，理解社会化媒体技术与学术实践活动间的关系，跟踪社会化媒体环境下学界信息行为的变化规律。

②社会化媒体用户学术信息搜寻行为研究有助于图书馆开发新的信息服务。

社会化媒体为用户参与学术信息活动提供了多样化的场域空间，是辅助用户开展各类学术信息行为的有效工具。研究社会化媒体用户学术信息搜寻行为可以掌握社会化媒体对用户学术信息搜寻行为的影响，了解社会化媒体这种新的信息环境下用户学术信息搜寻行为的特点与规律，为图书馆的原生数字信息管理提供参考，帮助图书馆开发新的相关信息服务，增强信息服务的针对性和有效性，提高学术信息资源使用效率。

③社会化媒体用户学术信息搜寻行为研究有助于弥合数字鸿沟，促进社会和谐发展。

人类社会信息化过程中，信息技术和互联网给人们提供丰富的信息资源和便利条件的同时也造成了资源浪费、信息利用不足以及数字鸿沟等低效的信息现象。其中，数字鸿沟包括接近鸿沟、能力鸿沟和产出鸿沟。① 社会化媒体的发展和应用拓展了用户获取信息的途径和方式，在一定程度上可以消除接近鸿沟，但能力鸿沟和产出鸿沟仍是社会化媒体环境下需要解决的信息问题。结合用户不同的信息需求水平，研究社会化媒体用户学术信息搜寻行为，探究用户获取和利用学术信息资源的主要动因与障碍，正确引导社会化媒体用户的学术信息活动，有利于构建健康良好的学术信息环境，有效抑制信息不平等，进而弥合数字鸿沟，促进知识创新和科学创新，实现人类经济社会的和谐可持续发展。

---

① Wei K K, Teo H H, Chan H C, et al. Conceptualizing and testing a social cognitive model of the digital divide[J]. Information Systems Research, 2011, 22(1): 170-187.

1.2 国内外研究现状

1.2.1 国外研究现状

近年来，有关社会化媒体的研究成为热门主题。作为一类基于互联网技术的动态交互式交流工具，社会化媒体为人们在虚拟空间中创造、分享和获取信息与知识提供了多种途径。随着社会化媒体的各类应用不断增加，其应用范围也在扩展。国外学者对于社会化媒体环境下用户信息行为以及信息需求的研究主要集中在以下方面。

(1)用户使用社会化媒体的动因及行为研究

随着社会化媒体的流行，研究人员开始致力于探讨用户的社会化媒体使用行为。人类的信息行为依赖于特定的平台与环境，用户使用某种社会化媒体工具参与信息活动受到多种因素的驱动和影响，如，Wang 和 Lin① 通过研究社会影响、博客平台质量和用户使用意愿间关系，发现用户使用博客的意愿受到信息质量、系统质量、博客功能质量以及社会影响因素的影响。Lim② 基于社会认知理论研究了大学生关于维基百科的信息质量感知、使用目的、使用动机以及他们的信息行为。Yeh 等③根据社会角色将用户分为习惯型、主动型、个人型和潜水型四类，研究用户使用虚拟世界网站的

① Wang S, Lin J C C. The effect of social influence on bloggers' usage intention[J]. Online Information Review, 2011, 35(1): 50-65.

② Lim S. How and why do college students use Wikipedia? [J]. Journal of the American Society for Information Science and Technology, 2009, 60(11): 2189-2202.

③ Yeh N C, Lin J C C, Lu H P. The moderating effect of social roles on user behaviour in virtual worlds[J]. Online Information Review, 2011, 35(5): 747-769.

动因(如感知易用、感知有用、社会存在感、愉悦感等)。Lu 和 Hsiao① 研究了博客作者经常发布信息的动机以及性别对这种动机的影响，发现主观规范对意愿的影响更大，自我表达对女性影响较大，个人结果预期对男性的影响较大。Han 和 Lee② 研究了用户在看电视过程中伴随使用社会化媒体的动机，发现存在五类主要的使用动机：对某一广播印象的交流、信息共享与搜寻、共同观看的感受、对其他人观点的好奇心以及节目推荐。Whiting 和 Williams③ 基于使用和满意理论分析发现用户使用社会化媒体的原因有：社会互动、信息搜寻、消磨时间、娱乐、放松、通信效用、便利效用、表达观点、信息分享以及监督/了解他人。

关于用户使用社会化媒体行为的研究，如，Aharony④ 研究政治领导人如何使用 Twitter 与公众沟通交流。Chung 和 Kim⑤ 研究癌症患者及其同伴的博客使用和满意情况，发现癌症患者更可能开通拥有自己的博客。Williamson 等⑥研究发现传统的印刷媒介对年轻人获取日常生活信息仍然很重要，而社会化媒体主要用于与朋友交

① Lu H P, Hsiao K L. Gender differences in reasons for frequent blog posting[J]. Online Information Review, 2009, 33(1): 135-156.

② Han E, Lee S W. Motivations for the complementary use of text-based media during linear TV viewing: An exploratory study[J]. Computers in Human Behavior, 2014, 32: 235-243.

③ Whiting A, Williams D. Why people use social media: A uses and gratifications approach[J]. Qualitative Market Research: An International Journal, 2013, 16(4): 362-369.

④ Aharony N. Twitter use by three political leaders: An exploratory analysis[J]. Online Information Review, 2012, 36(4): 587-603.

⑤ Chung D S, Kim S. Blogging activity among cancer patients and their companions: Uses, gratifications, and predicators of outcomes[J]. Journal of the American society for Information Science and Technology, 2008, 59(2): 297-306.

⑥ Williamson K, Qayyum A, Hider P, et al. Young adults and everyday-life information: The role of news media[J]. Library and Information Science Research, 2012, 34(4): 258-264.

流而不是信息收集。Hughes 等①研究发现性格特征与在线社交和信息搜寻/交流有关，并且人们对于 Twitter 和 Facebook 的偏好也因性格特征的不同而有所差异。Kim 等②研究发现大多数的社会化媒体平台被学生用作信息源，其中维基、用户评论和媒体共享平台是主流平台，在使用不同的平台进行信息搜寻的频率和使用目的上，不同性别、年级、学科和性格的用户之间存在显著差异。

(2)社会化媒体用户信息行为研究

①社会化媒体用户信息交流行为研究。

社会化媒体作为人们在虚拟世界中进行沟通交流的重要工具，学者对于社会化媒体用户信息交流行为的研究包括：

社会化媒体用户信息交流行为影响因素的研究，如，Lu 和 Yang③ 研究了虚拟社区中社会资本对信息交流的影响机制，发现结构资本可以增加信息数量，关系资本和认知资本可以增加信息质量。Fullwood 等④研究了性别、年龄、博客作者的可识别性和交流体裁对博主们的交流策略(语言使用风格和自我表露模式)的影响。

社会化媒体对用户信息交流的作用研究，如，在危机时期，微博交流的变化规律以及微博对集体意义构建(Collective Sense-Making)的作用⑤。通过比较虚拟世界(Virtual World)与面对面交流

---

① Hughes D J, Rowe M, Batey M, et al. A tale of two sites: Twitter vs. Facebook and the personality predictors of social media usage[J]. Computers in Human Behavior, 2012, 28(2): 561-569.

② Kim K S, Sin S C J, Tsai T I. Individual differences in social media use for information seeking[J]. The Journal of Academic Librarianship, 2014, 40(2): 171-178.

③ Lu Y, Yang D. Information exchange in virtual communities under extreme disaster conditions[J]. Decision Support Systems, 2011, 50(2): 529-538.

④ Fullwood C, Melrose K, Morris N, et al. Sex, blogs, and baring your soul: Factors influencing UK blogging strategies[J]. Journal of the American Society for Information Science and Technology, 2013, 64(2): 345-355.

⑤ Heverin T, Zach L. Use of microblogging for collective sense-making during violent crises: A study of three campus shootings[J]. Journal of the American Society for Information Science and Technology, 2012, 63(1): 34-47.

两种环境中人们的信息交流行为，有学者发现虚拟世界作为新的交流媒介可以支持合作者之间高效的交流以完成工作任务（Task Closure）。① Robelia 等②通过研究发现年轻人使用 Facebook 等社交网站发布、传递信息能够激发亲环境行为，使更多的参与者了解气候变化并自发保护环境。

其他关于信息交流行为表现的研究，如，明星用户（Popular Users）在 Twitter 中表现出来的情绪会影响到其受众的情绪，并且受众的正面情感和负面情感的变化与现实世界中明星用户的情感是有联系的③。比较专业人士和非专业人士在公共消费健康信息网站上进行交流时的话语结构，发现非专业人士（消费者）的回答主要是表象修辞结构关系，旨在激励或者帮助用户做一些事情，而专业人士（医生）的回答主要是主题关系，旨在告知或简单传递信息给用户④。

②社会化媒体用户信息共享行为研究。

学者们对于社会化媒体用户信息共享行为的研究主要集中在用户共享信息和知识的动机方面，如，关于社交问答网站中提供健康问题答案的解答者的特点及其共享信息、知识和经验的动机（如利

① Tan W K, Tan C H, Teo H H. Conveying information effectively in a virtual world: Insights from synthesized task closure and media richness[J]. Journal of the American Society for Information Science and Technology, 2012, 63(6): 1198-1212.

② Robelia B A, Greenhow C, Burton L. Environmental learning in online social networks: Adopting environmentally responsible behaviors[J]. Environmental Education Research, 2011, 17(4): 553-575.

③ Bae Y, Lee H. Sentiment analysis of Twitter audiences: Measuring the positive or negative of popular twitterers[J]. Journal of the American Society for Information Science and Technology, 2012, 63(13): 2521-2535.

④ Abrahamson J A, Rubin V L. Discourse structure differences in lay and professional health communication[J]. Journal of Documentation, 2012, 68(6): 826-851.

他主义、愉悦感和效能等)的研究①。Cho 等②通过研究提出了一个整合模型，探讨人们在维基百科中参与协作知识创建的方式和原因，为系统设计和实施以及维基百科的设计方面提供参考。Lee 等③对于社交网站服务中用户音乐共享行为进行研究，发现交互性、感知易用、自我表现、社会存在和社会认同影响用户的共享意愿。Chiu 等④研究了社区成员在开放式专业虚拟社区中持续共享知识的动机。Lee 和 Ma⑤ 通过研究发现对于信息寻求、社交和地位寻求的满足更可能促使人们在社会化媒体平台上分享消息，关于社会化媒体的先在经验也是决定人们分享意愿的重要因素。Wang 和 Wei⑥ 研究发现维基应用通过虚拟社区中的成员交互、社区参与和推广的中介作用对用户的知识共享行为产生影响。还有关于社交网站中年轻人的电子商务信息共享行为⑦。O'Connor⑧ 研究了投资者

---

① Oh S. The characteristics and motivations of health answerers for sharing information, knowledge, and experiences in online environment[J]. Journal of the American Society for Information Science and Technology, 2012, 63(3): 543-557.

② Cho H, Chen M, Chung S. Testing an integrative theoretical model of knowledge-sharing behavior in the context of Wikipedia[J]. Journal of the American Society for Information Science and Technology, 2010, 61(6): 1198-1212.

③ Lee D, Park J Y, Kim J, et al. Understanding music sharing behaviour on social network services[J]. Online Information Review, 2011, 35(5): 716-733.

④ Chiu C M, Wang E T G, Shih F J, et al. Understanding knowledge sharing in virtual communities: An integration of expectancy disconfirmation and justice theories[J]. Online Information Review, 2011, 35(1): 134-153.

⑤ Lee C S, Ma L. News sharing in social media: The effect of gratifications and prior experience[J]. Computers in Human Behavior, 2012, 28(2): 331-339.

⑥ Wang W T, Wei Z H. Knowledge sharing in wiki communities: An empirical study[J]. Online Information Review, 2011, 35(5): 799-820.

⑦ Jansen B J, Sobel K, Cook G. Classifying ecommerce information sharing behavior by youths on social networking sites[J]. Journal of Information Science, 2011, 37(2): 120-136.

⑧ O'Connor L G. Investors' information sharing and use in virtual communities[J]. Journal of the American Society for Information Science and Technology, 2013, 64(1): 36-47.

在虚拟社区中的信息共享与使用行为。Chung 和 Kim① 研究发现癌症患者及其同伴博客都认为博客活动对情绪管理和信息共享非常有帮助。Park 等②研究了用户在网络投资社区中的信息搜寻行为和信息共享行为，发现归属感(Sense of Belonging)、娱乐价值和感知有用性是影响用户信息搜寻和共享行为的重要因素，同时，获取名声有助于信息共享，而感知知识则不利于信息搜寻。Stieglitz 和 Dang-Xuan③ 研究了微博上的政治交流环境中社会化媒体内容的情感成分与用户信息共享行为的关系。

(3)社会化媒体用户学术信息行为研究

学者们认为社会化媒体不仅有助于研究人员同行之间(特别是国际范围内和跨学科领域的同行间)及其与学术圈之外的人进行协作与交流，维持与拓展研究人员间的社会关系，而且便于信息扩散与传播。④⑤⑥⑦ 越来越多的研究人员开始在他们的研究工作中使

① Chung D S, Kim S. Blogging activity among cancer patients and their companions: Uses, gratifications, and predicators of outcomes[J]. Journal of the American society for Information Science and Technology, 2008, 59(2): 297-306.

② Park J H, Gu B, Leung A C M, et al. An investigation of information sharing and seeking behaviors in online investment communities[J]. Computers in Human Behavior, 2014, 31: 1-12.

③ Stieglitz S, Dang-Xuan L. Emotions and information diffusion in social media — Sentiment of microblogs and sharing behavior[J]. Journal of Management Information Systems, 2013, 29(4): 217-247.

④ Gruzd A, Staves K, Wilk A. Connected scholars: Examining the role of social media in research practices of faculty using the UTAUT model[J]. Computers in Human Behavior, 2012, 28: 2340-2350.

⑤ Collins E, Hide B. Use and relevance of web 2.0 resources for researchers[C]. In Paper presented at the International Conference on Electronic Publishing, Helsinki, Finland, 16-18 June, 2010: 271-289.

⑥ Rowlands I, Nicholas D, Russell B, et al. Social media use in the research workflow[J]. Learned Publishing, 2011, 24(3): 183-195.

⑦ Gruzd A, Wellman B, Takhteyev Y. Imagining twitter as an imagined community[J]. American Behavioural Scientist, 2011, 55(10): 1294-1318.

用社会化媒体，如，生命科学研究人员通过 Twitter 对发表在《自然》上的一篇关于发现预测人类寿命基因的文章进行评审，经过这种公开的同行评议方式，很快发现该文的方法论存在问题。① Gruzd 等②研究学者使用社会化媒体进行交流和信息传播的原因和方式，以发现学者们所使用的社会化媒体的特定类型和影响他们使用社会化媒体的因素。通过定性分析 45 位学者的微博内容，Veletsianos③ 发现学者在微博上的活动有：分享与他们专业实践相关的信息、资源和媒体，分享关于教室和学生的信息，寻求帮助或提供建议，参与社会评论，参与电子身份和形象管理，与他人建立联系，以及强调他们除了参与微博活动还参与在线网络。为了了解研究人员使用 Web 2.0 技术的状况和学术交流中信息行为的变化，Gu 和 Widén-Wulff④ 研究了社会化媒体对学术交流的影响，研究发现社会化媒体为学术交流提供了便利环境，根据学术交流过程中的不同目标，研究人员会选择恰当的交流模式。Tenopir 等⑤考察高校研究人员在工作中使用社会化媒体的频率以及社会化媒体对研究人员使用传统学术信息源的影响，发现大多数英国学者为了工作会使用一种或多种形式的社会化媒体，但是用社会化媒体进行创作的不常见，此外，使用社会化媒体频率高的用户所阅读的传统学术材

① Mandavilli A. Peer review: Trial by Twitter [J]. Nature, 2011, 469(7330): 286-287.

② Gruzd A, Staves K, Wilk A. Connected scholars: Examining the role of social media in research practices of faculty using the UTAUT model[J]. Computers in Human Behavior, 2012, 28: 2340-2350.

③ Veletsianos G. Higher education scholars' participation and practices on Twitter[J]. Journal of Computer Assisted Learning, 2012, 28(4): 336-349.

④ Gu F, Widén-Wulff G. Scholarly communication and possible changes in the context of social media: A Finnish case study [J]. The Electronic Library, 2011, 29(6): 762-776.

⑤ Tenopir C, Volentine R, King D W. Social media and scholarly reading[J]. Online Information Review, 2013, 37(2): 193-216.

料也较多。Ponte 和 Simon① 通过调查测量研究人员使用社会化媒体开展研究工作时的感受，发现学者正在使用社会化媒体开展研究工作，在 345 个样本中，42%的人使用维基，38.6%的人使用博客，34.8%的人使用社交网站。近年来，社会化媒体逐渐融入学习和教学过程中②③④⑤，用户可以通过发帖、共享、合作生产信息的方式进行交流和互动。Escobar-Rodríguez 等⑥在 UTAUT(Unified Theory of Acceptance and Use of Technology)理论的基础上研究 Facebook 作为学习工具的优势和相关性的影响因素。

(4)信息需求研究

用户信息行为研究文献都已意识到一个人只有认识到自身知识需求才会发生相应的信息行为⑦，国外对信息需求的研究最早可追

① Ponte D, Simon J. Scholarly communication 2.0: Exploring researchers' opinions on Web 2.0 for scientific knowledge creation, evaluation, and dissemination[J]. Serials Review, 2011, 37(3): 149-156.

② Veletsianos G. Higher education scholars' participation and practices on Twitter[J]. Journal of Computer Assisted Learning, 2012, 28(4): 336-349.

③ Jimoyiannis A, Angelaina S. Towards an analysis framework for investigating students' engagement and learning in educational blogs[J]. Journal of Computer Assisted Learning, 2012, 28: 222-234.

④ Martin S, Diaz G, Sancristobal E, et al. New technology trends in education: Seven years of forecasts and convergence[J]. Computers & Education, 2011, 57: 1893-1906.

⑤ Sadaf A, Newby T J, Ertmer P A. Exploring pre-service teachers' beliefs about using Web 2.0 technologies in K-12 classroom[J]. Computers & Education, 2012, 59: 937-945.

⑥ Escobar-Rodríguez T, Carvajal-Trujillo E, Monge-Lozano P. Factors that influence the perceived advantages and relevance of Facebook as a learning tool: An extension of the UTAUT[J]. Australasian Journal of Educational Technology, 2014, 30(2): 136-151.

⑦ Fourie I. A call for libraries to go green: An information behaviour perspective to draw interest from twenty-first century librarians[J]. Library Hi Tech, 2012, 30(3): 428-435.

溯至 1916 年对图书馆用户的调查研究①。信息需求研究发展至今，其研究视角经历了从系统导向到用户导向再到关注信息需求发生情境的过程。国外对用户信息需求的研究主要集中在以下几个方面。

对信息需求的内涵和维度的研究。信息需求是一个高度复杂的多维构念，具有多层含义。② 学者们对信息需求的内涵和维度进行了大量研究，其中，最具代表性的是 Taylor 在 1968 年提出的信息需求模型，Taylor③ 认为信息需求包括 4 个水平，分别是本能的信息需求、意识的信息需求、正式的信息需求以及调和的信息需求。用户行为研究关注的主要是前两个水平的信息需求。根据任务或问题提出的要求以及用户的个人知识水平，Wersig④ 认为信息需求可以是潜在的、客观的或主观的。Wilson⑤ 指出需求是一种主观体验，仅发生在处境困难中的人的头脑中，其他人无法直接了解，他认为信息需求产生于人类基本需求，具有认知需求、生理需求、心理/情感需求的特质。Ormandy⑥ 认为影响或激发信息需求的关键概念可以归为四个理论维度：目标/目的、语境、情境和时间。

① Wilson T D. Information needs and uses: Fifty years of progress? [J]. Fifty Years of Information Progress: A Journal of Documentation Review, 1994: 15-51.

② Naumer C M, Fisher K E. Information needs[M]. In Bates M J, Maack M N (Eds.), Encyclopedia of Library and Information Sciences (3rd ed.). London: Taylor & Francis, 2010: 2452-2458.

③ Taylor R S. Question-negotiation and information seeking in libraries[J]. College & Research Libraries, 1968, 29(3): 178-194.

④ Wersig G. Informationssoziologie. Hinweise zu einem informationswissenschaftlichen Teilbereich[Information sociology. References to a sub-field of information science][M]. Frankfurt am Main, Germany: Athenäum Fischer, 1973.

⑤ Wilson T D. On user studies and information needs [J]. Journal of Documentation, 1981, 37(1): 3-15.

⑥ Ormandy P. Defining information need in health-Assimilating complex theories derived from information science[J]. Health Expectations, 2011, 14(1): 92-104.

Savolainen① 指出信息需求由认知因素、情感因素、情境因素和社会因素组成。Raper② 认为信息需求可以从意愿和任务两个方面来定义，大致相当于 Popper③ 的主观的精神世界和客观的具象世界。Kari④ 在信息科学研究文献中发现了信息需求的 7 个概念，如知识结构的修改、理性消费信息、生产新信息等。Świgoń⑤指出信息极限(Information Limits)妨碍信息需求的识别或认识，对信息需求和信息行为存在消极影响。Choo⑥ 认为信息需求包括认知、情感和情境 3 个维度。基于前期对公共图书馆中用户与图书馆员间会话观察的研究，Ingwersen⑦ 提出了信息需求的 3 种类型，即可确认的信息需求(Verificative Information Need)、有意识的主题信息需求(Conscious Topical Information Need)和模糊的主题信息需求(Muddled Topical Information Need)。Cole⑧ 认为关于信息需求研究有两种视角，包括占主导地位的计算机科学视角以及信息科学视角，前者认为用户需要为定义明确的问题找到一个答案，这对用户

① Savolainen R. Elaborating the motivational attributes of information need and uncertainty [J]. Information Research, 2012, 17 (2), http://informationr.net/ir/17-2/paper516.html.

② Raper J. Geographic relevance[J]. Journal of Documentation, 2007, 63(6): 836-852.

③ Popper K. Objective Knowledge: An evolutionary approach[M]. Oxford: Clarendon Press, 1973.

④ Kari J. Diversity in the conceptions of information use[J]. Information Research, 2010, 15(3), http://informationr.net/ir/15-3/colis7/colis709.html.

⑤ Świgoń M. Information limits: Definition, typology and types[J]. Aslib Proceedings, 2011, 63(4): 364-379.

⑥ Choo C W. The knowing organization: How organizations use information to construct meaning, create knowledge, and make decisions (2nd ed.)[M]. New York, NY: Oxford University Press, 2006.

⑦ Ingwersen P. Cognitive analysis and the role of the intermediary in information retrieval[M]. In Davies R (Ed.), Intelligent Information Systems. Chichester, West Sussex: Horwood, 1986: 206-237.

⑧ Cole C. A theory of information need for information retrieval that connects information to knowledge[J]. Journal of the American Society for Information Science and Technology, 2011, 62(7): 1216-1231.

制定系统查询式是容易的；后者则认为信息需求是一个黑匣子①，在查询式中是不可知的。

不同情境中信息需求问题的研究。根据 Taylor 信息需求模型中信息需求的不可知性特征以及 Wilson 在 1981 年对信息需求问题的论述，20 世纪 80 年代中期，研究人员针对信息需求是相对稳定的实体性因素这一假设进行了批判②。随之，研究的焦点转向了不同语境和情境中的信息需求，如，Wilson③ 探讨了信息科学中用户研究和信息需求的相关问题，提出在研究信息需求问题的同时还要关注相应的情境。Harter④ 认为谈论用户的信息需求与描述他/她当前的心理状态在本质上是一致的，因为需求会随着人们找到相关信息而随机变换，也就是说，信息需求并非持久不变的。Westbrook⑤ 强调应该根据信息需求产生的情境对信息需求进行概念化。Agosto 和 Hughes-Hassell⑥⑦ 开发了一个日常生活信息需求的情境模型。关于用户信息需求发生情境的研究中，学者们关注最多的是工作任

① Taylor R S. Question-negotiation and information seeking in libraries[J]. College & Research Libraries, 1968, 29(3): 178-194.

② Dervin B, Nilan M. Information needs and uses[J]. Annual Review of Information Science and Technology, 1986, 21: 3-33.

③ Wilson T D. On user studies and information needs [J]. Journal of Documentation, 2006, 62(6): 658-670.

④ Harter S P. Psychological relevance and information science[J]. Journal of the American Society for Information Science, 1992, 43(9): 602-615.

⑤ Westbrook L. E-government support for people in crisis: An evaluation of police department website support for domestic violence survivors using person-in-situation information need analysis[J]. Library and Information Science Research, 2008, 30(1): 22-38.

⑥ Agosto D E, Hughes-Hassell S. Toward a model of the everyday life information needs of urban teenagers. Part 1: Theoretical model[J]. Journal of the American Society for Information Science and Technology, 2006, 57(10): 1394-1403.

⑦ Agosto D E, Hughes-Hassell S. Toward a model of the everyday life information needs of urban teenagers. Part 2: Empirical model[J]. Journal of the American Society for Information Science and Technology, 2006, 57(11): 1418-1426.

务或解决问题所驱动的信息需求问题，如，Byström 和 Järvelin① 认为信息需求和信息搜寻过程依赖于员工的工作任务，为了解任务复杂度如何影响信息需求和信息搜寻行为，他们对任务复杂度、信息类型、信息渠道和信息源之间的关系进行定性分析，发现随着任务复杂度的增加，所需信息的复杂性也会增加，以及对领域信息和解决问题型信息的需求也将提升，而信息搜寻的成功率则会降低。Saastamoinen 等②研究城市管理中不同复杂程度的任务情境下的信息类型，发现任务复杂度显著影响信息使用，任务越复杂，信息需求和信息使用也越复杂。Greenberg 和 Bar-Ilan③ 调查了以色列大学生的信息需求、信息行为以及搜索、完成学术作业时的困难，结果发现当布置的作业是学生的第二语言时，他们会有特殊的信息需求。Chow 等④研究了传统的与虚拟的图书馆用户和图书馆员的信息需求，发现两种环境下用户的信息需求存在显著性差异，虚拟环境下所提供的信息与用户需求之间的匹配度很低。Savolainen 利用概念分析的方法对信息需求进行了一系列研究，通过研究信息需求的情境特性，识别了 3 个主要影响信息需求形成和满意的情境，即行动情境（Situations of Action）、任务绩效情境（Context of Task Performance）和对话情境（Context of Dialogue）⑤；基于期望价值理论，分析了信息需求的认知动机属性和情感动机属性，其中，认知

① Byström K，Järvelin K. Task complexity affects information seeking and use[J]. Information Processing & Management，1995，31(2)：191-213.

② Saastamoinen M，Kumpulainen S，Vakkari P，et al. Task complexity affects information use：A questionnaire study in city administration[J]. Information Research，2013，18(4)，http：//informationr. net/ir/18-4/paper592. html.

③ Greenberg R，Bar-Ilan J. Information needs of students in Israel — A case study of a multicultural society[J]. Journal of Academic librarianship，2014，40：185-191.

④ Chow A S，Baity C C，Zamarripa M，et al. The information needs of virtual users：A study of Second Life libraries[J]. The Library Quarterly，2012，82(4)：477-510.

⑤ Savolainen R. Conceptualizing information need in context[J]. Information Research，2012，17(4)，http：//informationr. net/ir/17-4/paper534. html.

属性集中在信息搜寻者的目标和能力上，情感属性着重于行为者对信息搜寻任务的感觉，研究结果表明研究人员从不当的知识结构方面处理信息需求的认知动机属性，而情感属性没有具体阐述①；通过比较基于任务的信息需求的概念和期望价值理论阐述了信息搜寻的动因，进而指出基于任务的信息需求将手边的任务所形成的信息性要求作为信息搜寻的动因，但文章并未详细说明这种需求是如何阻碍或驱动信息搜寻行为的②。

仅有少数研究将信息需求作为潜在变量研究其前置影响因素及其对用户信息行为的影响。如，Huurne 和 Gutteling③ 研究公众的风险信息搜寻行为意向发现信息需求、风险感知和现有知识直接影响信息搜寻意向，参与性与社会影响直接影响用户的信息需求。Lu 和 Yuan④ 将信息需求作为权变因素研究用户在同时考虑信息源不同属性(信息源特点和信息源类型)时的信息源选择行为，发现用户的信息需求处于高水平和低水平时，他们偏向于根据信息源质量来选择信息源，而信息需求处于中等水平时则偏向于根据信息源的可及性来选择信息源，同时，随着信息需求水平的增加，用户更倾向于选择相关的信息源而不是非相关信息源。

此外，基于用户与计算机的交互性特征，学者对信息检索过程

① Savolainen R. Elaborating the motivational attributes of information need and uncertainty [J]. Information Research, 2012, 17 (2), http://informationr.net/ir/17-2/paper516.html.

② Savolainen R. Expectancy-value beliefs and information needs as motivators for task-based information seeking[J]. Journal of Documentation, 2012, 68(4): 492-511.

③ Huurne E T, Gutteling J. Information needs and risk perception as predictors of risk information seeking[J]. Journal of Risk Research, 2008, 11(7): 847-862.

④ Lu L, Yuan Y C. Shall I google it or ask the competent villain down the hall? The moderating role of information need in information source selection[J]. Journal of the American Society for Information Science and Technology, 2011, 62(1): 133-145.

中的用户信息需求问题进行了研究，如，基于 Taylor 的信息需求模型，Cole① 针对信息检索提出了一个信息需求理论，包括 6 个待测命题，该理论的核心假设是计算机科学将信息检索看作信息/答案查找系统，关注于用户发现一个答案，而信息需求的信息科学或用户导向理论则设想了一个知识形成/获取系统。为了检验实证数据是否遵从源自 Ingwersen 3 种类型信息需求的预测，Borlund 和 Dreier② 研究了 18 个普通用户的自然交互式信息检索行为，这些用户在因特网上进行与 3 种类型信息需求相关的日常生活信息搜寻，研究结果表明 Ingwersen 分析推导出的信息搜索行为特性被这组被测用户所证实。

1.2.2 国内研究现状

从国内现有的研究成果来看，学者对于社会化媒体用户信息行为以及信息需求的研究主要集中在以下几个方面。

(1)社会化媒体接受和使用行为研究

Web 2.0 环境下，人们信息活动的开展越来越依赖于网络，而社会化媒体成为人们在日常生活、学习或工作中沟通交流、参与信息活动的重要工具和平台。在此过程中，用户的社会化媒体接受和使用行为引起学者们的关注，如，魏登柏等③研究用户对即时通信和社交网络两种信息交流技术产品的使用转移行为，发现用户的使用经验对感知有用性差异和感知易用性差异存在显著的影响，同

① Cole C. A theory of information need for information retrieval that connects information to knowledge [J]. Journal of the American Society for Information Science and Technology, 2011, 62(7): 1216-1231.

② Borlund P, Dreier S. An investigation of the search behaviour associated with Ingwersen's three types of information needs [J]. Information Processing & Management, 2014, 50: 493-507.

③ 魏登柏，李晶，尹敬刚. 网络信息交流方式转移研究：从即时通信到社交网络[J]. 情报理论与实践，2012，35(3)：42-46.

时，两者的差异又影响着对可供选择的信息交流方式的接受。赵国洪等①从微博基本信息、使用情况、问政互动状况 3 个方面探讨了我国微博问政的广度、深度和效度，指出我国微博问政存在的问题和发展方向。郑烨②通过研究政务微博的使用，发现信息交流与信任对信息公开均具有显著影响。钱颖等③研究了不同年龄用户的微博信息分享行为，发现不同年龄段的用户在微博使用行为上存在相似性与差异性。

(2)社会化媒体用户信息行为影响因素研究

国内学者采用定性分析和定量分析的研究方法对社会化媒体用户信息生成行为、信息共享行为、协同信息行为等不同类型行为的影响因素进行研究。

关于信息生成行为影响因素的研究，如，王明辉等④对在校大学生博客写作动机进行研究，发现大学生的博客写作动机由获取名利、情感抒发、信息共享和人际沟通四个维度构成。谢佳琳等⑤以微博用户为调查对象研究在线社区用户生成内容意愿的影响因素，发现感知娱乐性、预期互惠关系和主观规范显著影响用户生成内容的意愿。

关于信息共享行为影响因素的研究，如，蔡剑和詹庆东⑥对研究生群体利用社会化媒体分享信息的动机进行分析，发现社交动

---

① 赵国洪，陈创前．“微博问政”现象的实证研究——基于新浪微博的分析[J]．图书情报工作，2012，56(6)：51-55，116.

② 郑烨．政务微博中的信息交流与信息公开——信任的中介作用[J]．情报杂志，2012，31(10)：156-164.

③ 钱颖，汪守金，金晓玲，等．基于用户年龄的微博信息分享行为研究[J]．情报杂志，2012，31(11)：14-18.

④ 王明辉，李宗波．大学生博客写作动机的实证解析[J]．河南大学学报(社会科学版)，2009，49(2)：142-146.

⑤ 谢佳琳，张晋朝．用户在线生成内容意愿影响因素研究[J]．信息资源管理学报，2014(1)：69-77.

⑥ 蔡剑，詹庆东．研究生群体网络信息分享行为动机研究[J]．图书情报知识，2012(2)：81-86.

机、收藏动机、名誉声望、自身需求、利他动机和安全需要是影响他们信息分享行为的重要因素。李枫林等①对虚拟社区信息分享行为的影响因素进行理论探讨和实证研究，发现个人和社区的感知结果、情感是影响信息分享意向的重要因素，而习惯、自我效能以及资源有利条件与信息分享行为呈显著的正相关。赵越岷等②研究发现利他主义、表达正面情绪、自我效能感、归属感和形象声望是影响消费者在虚拟社区中共享信息意愿的重要因素，个人习惯对信息共享行为则存在显著影响。

此外，张素芳等③从个体、群体、环境 3 个维度对虚拟社区中群体信息行为的影响因素进行分析，发现兴趣爱好、价值观、人机界面和社会文化是虚拟社区群体信息行为最重要的影响因素。王明辉等④研究发现大学生性格特征对其博客行为动机存在显著的影响作用。李枫林等⑤分析了 Web 2.0 环境下用户基于社交网络的协同信息行为，总结了网络消费者协同信息行为的影响因素。周珏⑥从群体用户的角度研究群体用户不同的群体特征以及不同的信息行为，从内在的用户因素和外在的环境因素介绍信息行为的影响因素。汪向征等⑦对两个表现较好的教育技术微群观察后，发现合适

① 李枫林，周莎莎．虚拟社区信息分享行为研究[J]．图书情报工作，2011，55(20)：48-51.

② 赵越岷，李梦俊，陈华平．虚拟社区中消费者信息共享行为影响因素的实证研究[J]．管理学报，2010，7(10)：1490-1494，1501.

③ 张素芳，卢朝金．虚拟社区中的群体信息行为调查分析[J]．情报科学，2012，30(4)：563-566.

④ 王明辉，李宗波，赵国祥．大学生博客行为动机与人格特征的关系[J]．中国临床心理学杂志，2009，17(2)：230-231，215.

⑤ 李枫林，臧颖．网络消费者协同信息行为研究[J]．情报理论与实践，2011，34(10)：10-12，4.

⑥ 周珏．网络环境下群体用户的信息行为研究[D]．上海：华东师范大学，2010.

⑦ 汪向征，葛彦强．传播学视域下教育技术微群用户信息行为分析[J]．中国电化教育，2012(9)：27-31.

的活动设计、意见领袖的引导、话题互动等因素能够带领群成员打破“沉默的螺旋”，表现出较好的用户信息行为。

(3)社会化媒体用户信息交流行为研究

社会化媒体是虚拟环境下人们进行信息交流与传播活动的重要渠道，用户可以通过在线评论、回复等方式便捷地与兴趣相同的人就某一主题展开互动和交流。学者们利用社会化媒体所记录的用户日志和行为数据研究用户信息交流的特点和关系网络，如，吕臣①利用社会网络分析软件对社交网站中信息交流结构进行分析，寻找用户信息交流之间的关系，挖掘用户信息交流的特点。袁毅等②通过跟踪微博用户关于某一话题的交流数据发现用户在信息交流过程中形成关注、评论、转发和引用四种社会关系网络。袁毅等③通过分析微博用户的交流数据，绘制了信息交流网络，并对其进行中心性分析和成分分析，对交流网络中小团体的规模、特征和形成的原因进行了探讨。

关于用户信息交流过程模型的研究，如，盛宇④提出了基于微博的学术交流过程模型，从信息发布者和使用者的角度对微博学术交流主体、微博学术信息内容、微博学术信息获取以及微博学术信息的评价和利用进行了详细介绍。

(4)信息需求研究

在中国知网数据库中以“情报需要”“情报需求”“信息需要”

---

① 吕臣．基于社会网络分析理论的社交网站信息交流特征案例分析[D]．天津：天津师范大学，2012.

② 袁毅，杨成明．微博客用户信息交流过程中形成的不同社会网络及其关系实证研究[J]．图书情报工作，2011，55(12)：31-35.

③ 袁毅，杨成明．微博客用户交流的机制、结构及特征研究[J]．图书馆论坛，2010，30(6)：82-86.

④ 盛宇．基于微博的学术信息交流机制研究——以新浪微博为例[J]．图书情报工作，2012，56(14)：62-66.

“信息需求”为主题词构造检索式进行检索发现，国内图书情报学领域对信息需求的关注最早可追溯至1980年。当前，国内学者对于这一主题的研究主要集中在以下几个方面：

通过文献综述的方法介绍国内外信息需求研究的成果与进展，如，王健等①通过分析相关研究文献认为信息需求研究已完成认知转向，并将沿着认知方向继续推进，未来的信息需求研究将更加重视应用和应用基础的研究。肖仙桃等②根据国外重要机构的研究成果分析了未来信息需求的发展趋势。冯花朴③根据国内外有关信息需求的研究成果总结了信息需求研究发展的趋势。

通过问卷调查或访谈等方法探讨不同用户的信息需求状况、所需信息类型等问题，如，郭韫丽等④以南京农业大学为例采用问卷调查法研究图书馆资源满足高校教师信息需求的现状，发现学校图书馆资源满足教师信息需求的较少，只有38.2%的被调查者认为图书馆数字信息资源能够满足他们50%以上的信息需求。陈煜等⑤调查城市公共图书馆用户的信息需求和信息行为状况，发现公共图书馆用户的信息需求主要在文化和休闲方面，他们的信息行为呈现多样性。茆意宏⑥调查分析了江苏省苏南、苏中和苏北地区农民的信息需求与信息行为，总结了不同区域农民的信息需求与信息行为

① 王健，周国民，王剑，等．认知导向信息需求研究综述[J]．图书情报工作，2013，57(10)：136-141.

② 肖仙桃，王丹丹．用户信息环境、信息行为及信息需求发展趋势[J]．图书馆理论与实践，2010(1)：40-43.

③ 冯花朴．用户信息需求研究发展[J]．图书情报工作，2006，50(2)：40-44.

④ 郭韫丽，孔令保，程新．高校教师信息需求和信息行为相关性研究——以江西农业大学为例[J]．情报理论与实践，2012，35(4)：89-93.

⑤ 陈煜，袁曦临，刘忠斌．南京图书馆用户信息需求和信息行为调研[J]．新世纪图书馆，2013(3)：87-91.

⑥ 茆意宏，彭爱东，黄水清．农民信息需求与行为的区域比较研究——以江苏省为例[J]．图书情报工作，2012，56(12)：49-53，80.

特征的共同性和差异性。王良成①调查研究网络环境下在校大学生的信息需求与信息行为，指出大学生信息需求存在的形式包括获取信息的需求、发布信息的需求、信息交流的需求以及信息咨询的需求，影响信息需求的原因有信息价值、易用性、经济性、准确性和新颖性，并且大学生信息需求的内容类型具有多样性。邱子恒②研究中文系教师的信息需求、信息搜寻和信息使用模式，结果显示中文系教师极为重视一手资料，在教学上主要所需资源为教科书，而研究上主要所需资源依次为自己的数据、图书馆的数据以及网络上的数据。

针对信息需求本身，探讨信息需求的特点、影响因素、诊断方法等，如，魏力更③研究高校网络用户的信息需求和信息行为的特点，以及信息需求的影响因素，指出信息需求具有多样而复杂、及时性与高效化、专业化以及对信息的质量需求日益增加的特点，影响用户信息需求的主要因素包括用户的知识结构和社会角色、用户的信息素质、信息源与信息检索系统、信息机构的信息服务。黄清芬④探讨用户的信息需求状态、类型结构及心理行为规律，从用户活动的客观需要、用户个体因素以及社会环境因素 3 个方面论述影响用户信息需求产生的因素。赵伯兴和李利方⑤提出诊断用户信息需求的方法包括：用户信息需求档案的分析方法、建立用户信息需求的模型方法、构建知识网络的方法和构建信息供需交互的桥梁。

① 王良成．网络环境下大学生信息需求与利用行为调查研究[J]．情报科学，2002，20(2)：217-221.

② 邱子恒．中文系教师信息行为之研究：以辅仁大学为例[J]．中国图书馆学报，2011，37(3)：61-74.

③ 魏力更．高校网络用户信息需求与信息行为研究[J]．情报资料工作，2005(5)：103-105.

④ 黄清芬．用户信息需求探析[J]．情报杂志，2004(7)：38-40.

⑤ 赵伯兴，李利方．用户信息需求的诊断方法研究[J]．情报理论与实践，2007，31(6)：791-793，804.

张爱民①探讨了识别农民信息需求所存在的困难，提出综合运用各种识别方法，采用间接调查或提问方式来采集信息需求，并通过过滤分析以获得农民真正的信息需求，从而进一步分辨基本需求和关键需求。基于信息需求的层次理论，李枫林和何洲芳②分析了用户信息需求的特点以及信息需求与信息检索结果组织间的关系，重点探讨了基于用户潜在信息需求满足的信息检索结果排序及聚类方式。

1.3 研究方法与思路

1.3.1 研究方法

(1) 文献调研法

通过查看、阅读和分析国内外相关研究文献与报告，对国内外学者在社会化媒体用户信息行为研究领域的相关成果进行梳理和总结，分析和掌握研究现状及进展，为本书的深入研究奠定坚实的理论基础和方法论基础。

(2) 访谈法

访谈法通常被用于挖掘与信息行为过程相关的用户的认知活动③，本书通过对社会化媒体中的学术信息用户进行访谈，收集并整理与受访者交流的相关数据，提炼社会化媒体用户对信息需求的

① 张爱民. 农民信息需求识别与确定研究[J]. 晋图学刊，2012(1)：68-71.

② 李枫林，何洲芳. 面向用户潜在信息需求的检索结果组织研究[J]. 情报理论与实践，2011，34(5)：42-45.

③ Wildemuth B M. Applications of social research methods to questions in information and library science[M]. Englewood，CO：Libraries Unlimited，2009.

认知。

(3)问卷调查法

在行为科学中，问卷调查法是通过探索研究收集信息的一种常用方法，因此，采用问卷分析的方法来测量潜在变量。经过科学严谨的量表开发过程，设计调查问卷，对社会化媒体用户的学术信息搜寻行为进行调查，搜集一手样本数据，为本书的系统深入研究提供科学、详实的研究数据。

(4)结构方程建模

基于已有理论和文献，构建本书的研究模型，利用收集到的一手数据，验证模型的有效性并检验假设关系，发现模型潜在变量间的关系，揭示影响社会化媒体用户学术信息搜寻行为的前置动因和作用机理。

(5)其他统计分析方法

根据收集到的样本数据，运用独立样本 t 检验、方差分析、层次回归等统计分析方法考察用户的不同个性特征对潜在变量影响的显著性差异，研究社会化媒体用户的学术信息搜寻行为感知差异和影响规律。

1.3.2 研究思路

本书综合采用上述各种研究方法，遵循“理论基础→文献支持→调节变量开发与检验→模型设计构建→个体差异的影响→总结”的思路，围绕社会化媒体用户学术信息搜寻行为特点和规律展开系统、深入的研究，以期最终实现本书的研究目标。本书的研究思路如图 1-1 所示。

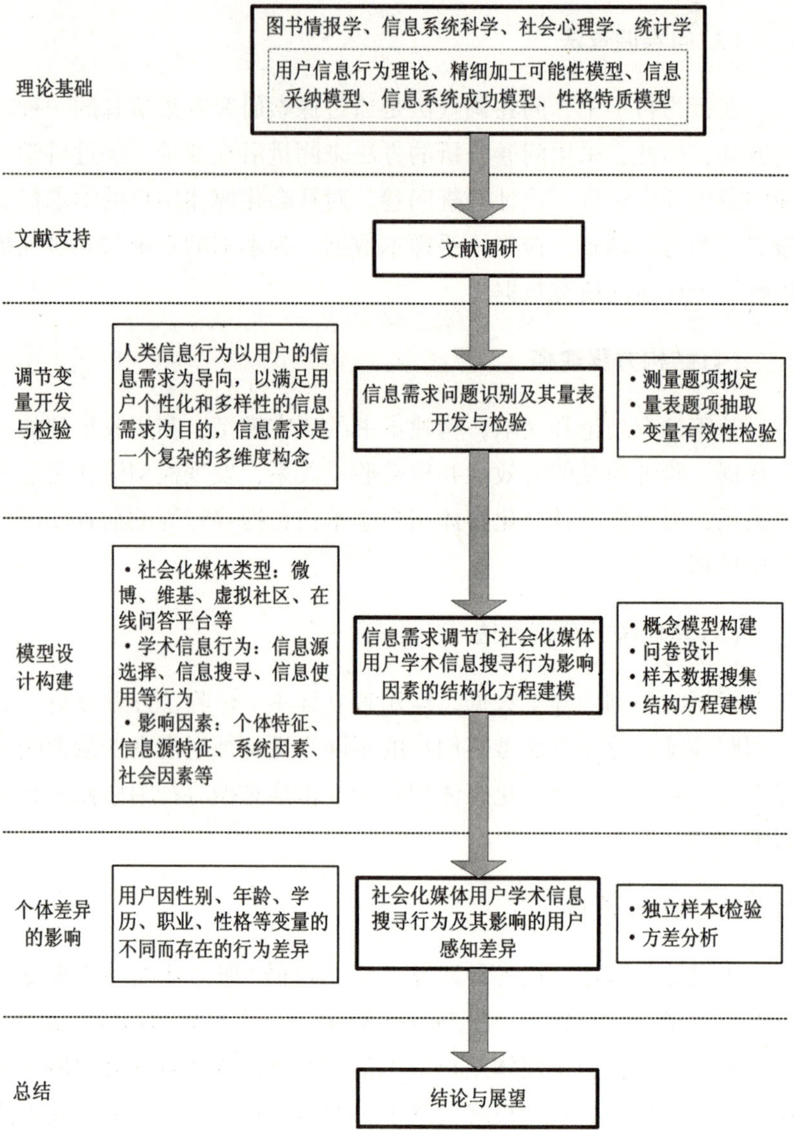
理论基础
图书情报学、信息系统科学、社会心理学、统计学
用户信息行为理论、精细加工可能性模型、信息采纳模型、信息系统成功模型、性格特质模型
文献支持
文献调研
调节变量开发与检验
人类信息行为以用户的信息需求为导向，以满足用户个性化和多样性的信息需求为目的，信息需求是一个复杂的多维度构念
信息需求问题识别及其量表开发与检验
·测量题项拟定
·量表题项抽取
·变量有效性检验
模型设计构建
·社会化媒体类型：微博、维基、虚拟社区、在线问答平台等
·学术信息行为：信息源选择、信息搜寻、信息使用等行为
·影响因素：个体特征、信息源特征、系统因素、社会因素等
信息需求调节下社会化媒体用户学术信息搜寻行为影响因素的结构化方程建模
·概念模型构建
·问卷设计
·样本数据搜集
·结构方程建模
个体差异的影响
用户因性别、年龄、学历、职业、性格等变量的不同而存在的行为差异
社会化媒体用户学术信息搜寻行为及其影响的用户感知差异
·独立样本t检验
·方差分析
总结
结论与展望

图 1-1　研究思路

1.4 研究内容与创新之处

1.4.1 研究内容

随着社会化媒体应用领域的不断扩展，越来越多的用户将社会化媒体用于学术信息活动中，在不同的社会化媒体平台上发布、转发、评论或搜寻学术类信息，就相关的学术主题进行交流，以满足个人学习或科研工作中的学术信息需求。为了精确系统地研究社会化媒体环境下用户学术信息搜寻行为的规律，本书以用户信息行为研究、精细加工可能性模型、信息采纳模型、信息系统成功模型和性格特质模型为理论基础，考察不同信息需求水平下的社会化媒体用户学术信息搜寻行为的特点与规律，基于信息需求构念的复杂性特征，开发信息需求变量的测量量表，发现社会化媒体用户学术信息搜寻行为的前置动因及其在信息需求调节下的变化规律，分析不同用户群体的学术信息搜寻行为的感知差异性，从而精确地揭示社会化媒体用户学术信息搜寻行为规律，在此基础上提出用户信息行为、社会化媒体持续成功运营以及高校图书馆数字资源的优化策略和建议，以提高社会化媒体学术信息资源的配置效率，实现学术信息资源的效用最大化，促进科学创新与知识创新。

(1) 总体框架

信息需求的产生和满足分别构成信息搜寻行为的出发点和归宿，社会化媒体中的学术类信息可以满足用户不同层次的信息需求，因而用户的学术信息搜寻行为将因信息需求水平的不同而表现出特有的规律。本书将在国内外已有研究成果的基础上，运用图书情报学、信息系统科学、社会心理学、统计学等相关学科的理论知识和方法论，结合精细加工可能性模型、信息采纳模型、信息系统成功模型和性格特质模型，以用户为中心，围绕信息需求调节下社会化媒体用户学术信息搜寻行为影响规律的主线，构建本书的总体研究框架，拟从以下 4 个方面来展现总体研究框架：信息需求问题识别及其测量量表的开发与检验、不同信息需求水平下社会化媒体用户学术信息搜寻行为影响及变化规律、社会化媒体学术信息搜寻行为及其影响的用户感知差异、社会化媒体环境下学术信息搜寻行为优化策略及建议。

(2)主要研究内容

本书的主要研究内容包括以下4个方面：

①信息需求问题识别及其测量量表的开发与检验。

信息需求贯穿于用户信息行为过程的始终，是一个模糊的、难以捕捉的复杂概念，与用户个人的知识水平、工作任务的复杂度、社会环境等因素密切相关。本书将结合国内外已有的研究成果，运用文献分析和半结构化访谈的方法，全面分析信息需求概念，识别信息需求的特征，严格遵循量表开发的过程与步骤，科学地进行信息需求量表的开发与检验，为本书的研究奠定科学坚实的理论基础。

②不同信息需求水平下社会化媒体用户学术信息搜寻行为影响及变化规律。

信息搜寻行为研究以用户的信息需求为导向。社会化媒体的发展为用户提供了多样化的信息活动场域，用户参与各类学术信息活动拥有更多的选择自由和主动权，同时，不同类型信息行为相互交叉进行使得社会化媒体用户的学术信息搜寻行为研究更为复杂。本书将采用问卷调查的方法，通过构建结构化方程模型，分析社会化媒体用户学术信息搜寻行为影响规律，探讨影响用户学术信息搜寻行为的关键因素以及不同信息需求水平对用户学术信息搜寻行为的调节作用，揭示信息需求调节下社会化媒体用户学术信息搜寻行为影响的变化规律。

③社会化媒体学术信息搜寻行为及其影响的用户感知差异。

社会化媒体的开放性和社会参与性为不同用户群体参与其中的信息活动提供了便利条件，用户的学术信息搜寻行为因个体特征(如性别、年龄、身份、学科、经验、角色、性格等)的差异而有不同的行为表现。本书通过分析用户的个体特征对社会化媒体学术信息搜寻行为及其前置动因的影响作用，探讨用户因哪些个体特征变量的差异而存在不同的行为表现，比较社会化媒体环境下不同用户群体学术信息搜寻行为及其影响的感知差异，深刻揭示社会化媒体用户学术信息搜寻行为的特点与规律。

④社会化媒体环境下学术信息搜寻行为优化策略及建议。

学术信息搜寻行为是互联网环境下的一类重要的信息行为。作为非正式和非常规的学术信息资源，社会化媒体为用户提供了类型多样、内容丰富的学术信息，与正式常规的学术信息资源共同服务于用户的学术活动和科学研究需要。用户信息需求是一切信息行为的起点，通过研究和揭示信息需求调节下社会化媒体用户学术信息搜寻行为影响规律，本书将针对性地提出社会化媒体环境下用户搜寻学术信息的优化策略和建议，引导社会化媒体环境下用户的学术信息搜寻行为，指导用户的学术信息实践活动，促进社会化媒体环境下的学术信息活动高效地开展，推动科学发展和知识创新。

1.4.2 创新之处

(1) 开发和检验信息需求变量的测量量表

信息需求是驱动社会化媒体环境下用户产生学术信息搜寻行为的重要因素之一，而信息需求是一个复杂的、模糊的、难以直接测量的潜在构念，为满足用户的信息需求，首先要准确判断和识别用户的信息需求。然而，现有研究对信息需求的描述和测量缺乏系统性和准确性，本书从信息科学研究视角出发，分析用户信息行为研究中信息需求的特征，运用定性研究和定量研究相结合的研究方法拟定测量信息需求变量的题项，并逐步对其进行筛选和检验，直至最终确定信息需求变量的有效测量量表，为精确地测量用户信息需求以及探讨不同信息需求水平调节下社会化媒体用户学术信息搜寻行为的规律提供理论依据。

(2)揭示信息需求调节下社会化媒体用户学术信息搜寻行为的影响因素及其作用效果

社会化媒体拓宽了学术信息行为研究的范围，但也加剧了用户学术信息行为的动态复杂性，增加了其研究难度。社会化媒体环境下，用户获取和搜寻学术信息等行为受到个性特征、信息源可信度、信息质量、系统质量、服务质量等多种因素的影响。对于无法直接观测的潜在变量间的因果关系，通过问卷调查收集一手数据，采用偏最小二乘法的结构化方程建模方法，创新性地结合用户个性特征、信息质量、系统质量、服务质量、信息源可信度等多个方面的因素，基于精细加工可能性模型，系统地揭示社会化媒体用户学术信息搜寻行为的前置动因及其作用效果，同时，将信息需求纳入研究模型作为调节变量，探讨信息需求对社会化媒体用户学术信息搜寻行为及其影响的调节作用与影响规律。

(3)从多个不同角度比较社会化媒体用户学术信息搜寻行为及其影响因素的差异性感知

用户个性特征不仅包括性别、年龄、身份、学科等基本特征，还包括学术研究经验、社会化媒体使用经验、性格特征等。个性特征的差异将用户划分为不同的群体，不同的用户群体在使用社会化媒体参与各种学术信息活动过程中的行为表现会有所不同。本书创新性地从用户个人的生理特征和心理特征的角度，利用独立样本 t 检验、方差分析等方法分析具有不同个性特征的用户在社会化媒体环境下的学术信息搜寻行为及其影响上的感知差异，从多个不同角度揭示社会化媒体用户的学术信息搜寻行为及其影响因素在均值差异上的规律，便于更好地引导用户的学术信息搜寻行为，为不同用户群体提供针对性的信息服务，满足他们的信息需求，实现社会化媒体环境下学术信息资源的优化配置和效用最大化。

2 理论基础

2.1 社会化媒体

Web 2.0技术的发展促使互联网服务的重点从基于消费式的服务转向强调交互式与协作式的服务，从而为用户之间的交流提供了新的方式。① 作为Web 2.0技术发展的产物，社会化媒体通常与Web 2.0技术和用户生成内容联系在一起，也属于社会化网络服务。社会化媒体，也称社交媒体或社会性媒体，是指建立在Web 2.0思想和技术基础上的允许用户生成内容创造和交流的一类基于互联网的应用②，是一类便于用户信息共享以及参与创建或传播内容的平台③。常见的社会化媒体包括微博(如新浪微博、腾讯微博、Twitter等)、微信、博客(如科学网博客、新浪博客等)、社交网站(如人人网、豆瓣网、开心网、ResearchGate、Facebook、MySpace、LinkedIn等)、社会化问答网站(如百度知道、知乎、雅虎问答等)、在线论坛(如人大经济论坛、小木虫等)、维基(如维基百科等)、播客等。近年来，社会化媒体被大众用户广泛地接受和使用，正在不断地渗入人们的日常生活当中，社会化媒体在信息生

---

① Henderson A, Bowley T. Authentic dialogue? The role of "friendship" in a social media recruitment campaign[J]. Journal of Communication Management, 2010, 14 (3): 237-257.

② Kaplan A, Haenlein M. Users of the world, unite! The challenges and opportunities of social media[J]. Business Horizons, 2010, 53(1): 59-68.

③ SteenKamp M, Hyde-Clarke N. The use of Facebook for political commentary in South Africa[J]. Telematics and Informatics, 2014, 31 (1): 91-97.

产、传播与获取过程中扮演着重要角色，逐渐成为主流。用户通过社会化媒体可以实现人与人之间的相互联系，从而进行社会化交互或资源共享。与传统媒体相比，社会化媒体更强调网络用户以参与和协作的方式使用互联网服务，不仅能满足用户的娱乐性和社会性需求，还能满足其信息性需求，为用户提供信息活动平台，实现即时的信息获取、传播与共享。社会化媒体的使用导致人们交流、协作、创建和消费信息范式的转变①，特别地，信息消费和扩散的过程与信息生产和共享的过程密切相关②。基于 Web 2.0 技术，社会化媒体利用网络用户的集体努力和智慧，汇集海量非结构化的用户生成内容和信息，帮助用户探索事情真相以及未知的知识，而且每一个网络用户都可以对这些内容进行自由编辑、评论、转发及使用。其中，用户生成内容包括文本、音频、视频、图片或者网络链接等。社会化媒体的开放性和自由性使其具有即时共享性、交流空间的无界性、实时更新、易获取性等特征，放松了对信息获取和信息分配的约束。③ 因此，社会化媒体环境下，用户兼具信息消费者和信息生产者的双重角色，不仅可以自由地搜寻和获取信息为己所用，而且可以创造和共享信息内容供他人使用。与此同时，社会化媒体也给用户带来了巨大的挑战，社会化媒体中的信息内容质量参差不齐，在海量信息中搜寻所需信息远远超过用户的认知能力，信息超载、信息资源利用率不高等问题相继出现，在一定程度上影响用户选择、获取和使用社会化媒体中的信息。以用户生成内容为特征的社会化媒体比传统媒体能更容易地影响用户对信息的态度及其信息行为。

---

① Stieglitz S, Dang-Xuan L, Bruns A, et al. Social media analytics: An interdisciplinary approach and its implications for information systems[J]. Business & Information Systems Engineering, 2014, 6(2): 89-96.

② Zeng D, Chen H, Lusch R, et al. Social media analytics and intelligence [J]. IEEE Intelligent Systems, 2010, 25(6): 13-16.

③ Van Cuilenburg J. On competition, access and diversity in media, old and new some remarks for communications policy in the information age[J]. New Media and Society, 1999, 1(2): 183-207.

作为一种新的交流范式，社会化媒体受到越来越多的用户的关注，并且以促进交流和增强社会关系的方式在不同领域展现出许多新兴的机遇，如政府、医疗机构、公司、私人团体、教育机构等。各个领域的学者逐渐开始对社会化媒体的相关问题展开研究。例如，在政治领域，社会化媒体被认为具有能够增加公民和选民政治参与度的潜力①。在组织机构中，社会化媒体正以惊人的速度增长，Parveen 等②研究发现社会化媒体被组织机构用于多种目的，如广告和促销、品牌、信息搜索、建立客户关系等，并且社会化媒体可以从加强客户关系和客户服务、提高信息可获取性以及降低营销和客户服务成本等几个方面对组织绩效产生较大影响。Boateng 和 Liu③ 研究在美国名列前 100 名的高校图书馆使用社会化媒体的情况，发现高校图书馆使用社会化媒体来做推广、提升服务等。Shu④ 从消息质量、信息源可信度、感知有用性、感知娱乐性、感知交互性、满意度等方面研究用户对 Twitter 的持续使用行为时发现消息质量显著影响用户对微博的感知有用性，而信息源可信度对于用户关于微博的有用性感知不存在显著影响，满意度对用户的持续使用行为存在显著的影响。Bilgihan 等⑤对“Y 一代”(Generation Y)在社会化媒体中的信息搜寻行为和信息共享行为进行研究时发现他们是社会化媒体的重度用户。同时，在学术活动中，学者们也

① Wattal S, Schuff D, Mandviwalla M, et al. Web 2.0 and politics: The 2008 US presidential election and an e-politics research agenda[J]. Management Information Systems Quarterly, 2010, 34(4): 669-688.

② Parveen F, Jaafar N I, Ainin S. Social media usage and organizational performance: Reflections of Malaysian social media managers[J]. Telematics and Informatics, 2015, 32: 67-78.

③ Boating F, Liu Y Q. Web 2.0 applications' usage and trends in top US academic libraries[J]. Library Hi Tech, 2014, 32(1): 120-138.

④ Shu W. Continual use of microblogs [J]. Behaviour & Information Technology, 2014, 33(7): 666-677.

⑤ Bilgihan A, Peng C, Kandampully J. Generation Y's dining information seeking and sharing behavior on social networking sites[J]. International Journal of Contemporary Hospitality Management, 2014, 26(3): 349-336.

将社会化媒体应用到他们的研究工作中①，而且社会化媒体正在影响和改变着他们的学术实践活动。学者们认为社会化媒体不仅有助于同行之间的协作与交流，而且便于信息的传播与扩散。②③④⑤ Tenopir 等⑥研究高校研究人员在工作中使用社会化媒体的频率以及使用社会化媒体对他们使用传统学术信息源的影响。Wang 等⑦研究科学家博主间的交流模式，发现同一子社区的中心博主与普通博主之间交流通常是单向的、密集的，分布式的中心博主在科学知识的扩散和交流中仍起着重要作用。Gruzd 等⑧研究了信息科学与技术领域的学者使用社会化媒体的情况，并且对影响学者们使用社会化媒体的因素进行了研究。Ponte 和 Simon⑨ 的调查研究发现研

① Collins E, Hide B. Use and relevance of Web 2.0 resources for researchers [C]. In Paper presented at the International Conference on Electronic Publishing, Helsinki, Finland, 16-18 June, 2010: 271-289.

② Gruzd A, Staves K, Wilk A. Connected scholars: Examining the role of social media in research practices of faculty using the UTAUT model[J]. Computers in Human Behavior, 2012, 28: 2340-2350.

③ Collins E, Hide B. Use and relevance of Web 2.0 resources for researchers [C]. In Paper presented at the International Conference on Electronic Publishing, Helsinki, Finland, 16-18 June, 2010: 271-289.

④ Rowlands I, Nicholas D, Russell B, et al. Social media use in the research workflow[J]. Learned Publishing, 2011, 24(3): 183-195.

⑤ Gruzd A, Wellman B, Takhteyev Y. Imagining twitter as an imagined community[J]. American Behavioural Scientist, 2011, 55(10): 1294-1318.

⑥ Tenopir C, Volentine R, King D W. Social media and scholarly reading [J]. Online Information Review, 2013, 37(2): 193-216.

⑦ Wang X, Jiang T, Ma F. Blog-supported scientific communication: An exploratory analysis based on social hyperlinks in a Chinese blog community [J]. Journal of Information Science, 2010, 36(6): 690-704.

⑧ Gruzd A, Staves K, Wilk A. Connected scholars: Examining the role of social media in research practices of faculty using the UTAUT model[J]. Computers in Human Behavior, 2012, 28: 2340-2350.

⑨ Ponte D, Simon J. Scholarly communication 2.0: Exploring researchers' opinions on Web 2.0 for scientific knowledge creation, evaluation, and dissemination [J]. Serials Review, 2011, 37(3): 149-156.

究人员正在使用社会化媒体进行研究工作，其中42%的人使用维基，38.6%的人使用博客，34.8%的人使用社交网站。Kim等①研究发现大多数社会化媒体平台被用作信息源，许多学生使用社会化媒体进行各种目的的信息搜寻。Gu和Widén-Wulff② 研究社会化媒体对学术交流的影响时发现社会化媒体为学术交流提供了便利的环境。近年来，社会化媒体也渐渐地融入学习和教学过程中③④⑤⑥，使得学习过程从之前的线性方式转向更多的互动和合作的动态方式⑦⑧，而且可以提高学生的学习成绩⑨。

---

① Kim K S, Sin S C J, Tsai T I. Individual differences in social media use for information seeking[J]. The Journal of Academic Librarianship, 2014, 40(2): 171-178.

② Gu F, Widén-Wulff G. Scholarly communication and possible changes in the context of social media: A Finnish case study[J]. The Electronic Library, 2011, 29(6): 762-776.

③ Veletsianos G. Higher education scholars' participation and practices on Twitter[J]. Journal of Computer Assisted Learning, 2012, 28(4): 336-349.

④ Jimoyiannis A, Angelaina S. Towards an analysis framework for investigating students' engagement and learning in educational blogs[J]. Journal of Computer Assisted Learning, 2012, 28: 222-234.

⑤ Martin S, Diaz G, Sancristobal E, et al. New technology trends in education: Seven years of forecasts and convergence[J]. Computers & Education, 2011, 57: 1893-1906.

⑥ Sadaf A, Newby T J, Ertmer P A. Exploring pre-service teachers' beliefs about using Web 2.0 technologies in K-12 classroom[J]. Computers & Education, 2012, 59: 937-945.

⑦ Wheeler S, Yeomans P, Wheeler D. The good, the bad and the wiki: Evaluating student-generated content for collaborative learning[J]. British Journal of Educational Technology, 2008, 39(6): 987-995.

⑧ Tétard F, Patokorpi E, Packalén K. Using wikis to support constructivist learning: A case study in university education settings[C]. Proceedings of the 42nd Hawaii International Conference on System Sciences (HICSS-42), 2009, 1-10, DOI: 10.1109/HICSS.2009.499.

⑨ Hemmi A, Bayne S, Land R. The appropriation and repurposing of social technologies in higher education[J]. Journal of Computer Assisted Learning, 2009, 25(1): 19-30.

大多数研究人员认为社会化媒体工具不仅仅是一种潮流，更代表着学者们交流、合作、获取、共享和传播知识与信息方式的变化。① 学者使用社会化媒体传播本领域的信息给大众群体②③，其他研究人员通过跟进相关信息可以了解本领域当前的研究现状与发展动态④。也有学者指出虽然研究人员在他们的工作中会使用一种或多种类型的社会化媒体，但是使用社会化媒体进行创作的并不常见。⑤ 实际上，在学者的学术工作和活动中，社会化媒体可以支持他们开展许多关键性的工作，包括建立和维持同行之间的人际关系网络、获得相关的学术研究主题、扩散最终的研究成果等。⑥ Mewburn 和 Thomson⑦ 通过分析 100 个学术博客发现学者通常会撰写学术工作环境和政策环境、共享信息和提供建议等方面的博文。社会化媒体中存在大量的学术用户，比如领域专家、科研人员、学术机构、期刊编辑部、高校图书馆、公共图书馆等，在开展相关的学术信息活动过程中会实时发布、转发一些有价值的学术信息，一

① Gruzd A, Staves K, Wilk A. Connected scholars: Examining the role of social media in research practices of faculty using the UTAUT model[J]. Computers in Human Behavior, 2012, 28: 2340-2350.

② Bukvova H, Kalb H, Schoop E. What we blog: A qualitative analysis of researchers' weblogs [C]. Publishing in the Networked World: Transforming the Nature of Communication, 2010: 89-97.

③ Luzon M J. Scholarly hyperwritting: The function of links in academic weblogs [J]. Journal of the American Society for Information Science and Technology, 2009, 60(1): 75-89.

④ Bonetta L. Scientists enter the blogosphere[J]. Cell, 2007, 129(3): 443-445.

⑤ Tenopir C, Volentine R, King D W. Social media and scholarly reading [J]. Online Information Review, 2013, 37(2): 193-216.

⑥ Gruzd A, Staves K, Wilk A. Connected scholars: Examining the role of social media in research practices of faculty using the UTAUT model[J]. Computers in Human Behavior, 2012, 28: 2340-2350.

⑦ Mewburn I, Thomson P. Why do academics blog? An analysis of audiences, purposes and challenges [J]. Studies in Higher Education, 2013, 38(8): 1105-1119.

方面可以提升自身的声誉和知名度，另一方面可以向社会大众传播信息和知识并与其他用户进行交流。在本书的研究环境中，学术信息是指人们在工作或学习过程中进行学术科研活动所收集或产生的一些学术类信息，主要为了方便和满足学习或科研所需。社会化媒体中产生的学术信息以非正式的和非常规的信息为主，包括重要的讨论对话、学术前沿动态、最新的学科资讯、学术报告、学术会议信息、个人学术观点和研究成果、学术机构发布的日常动态与新闻、科技研究报告、政策报告以及相关统计数据等。这些信息通常具有一定的可靠性和权威性，同时也不失趣味性。学术信息用户可以在使用社会化媒体的过程中了解到相关的学科资讯、前沿动态等，也可以通过搜寻完成当前面临的工作或学习任务所需要的相关信息以满足自己的信息需求，解决工作或学习中的相关问题及任务。作为非正式的学术信息源，社会化媒体在传播、搜寻、获取和共享学术信息等方面具有很多传统媒体所无法比拟的优势，用户在社会化媒体中的学术信息搜寻行为也将表现出其特有的规律。

2.2 信息行为

信息行为是图书情报学领域中的重要研究方向之一。① 关于信息行为的定义，不同的学者对其定义也有所差异，如，Taylor② 将信息行为等同于使信息变得有意义的所有活动。Wilson③ 认为信息行为是指与信息源和信息渠道相关的人类行为的总和，包括主动的

① Fisher K E. Information grounds [M]. In Fisher K E, Erdelez S, McKechnie L E F. (Eds.), Theories of Information Behavior. Medford, NJ: Information Today Inc., 2005: 185-190.

② Taylor R S. Information use environments [M]. In Dervin B (Ed.), Progress in Communication Sciences. Norwood, NJ: Ablex, 1991, 10: 217-255.

③ Wilson T D. Human information behavior[J]. Informing Science, 2000, 3(2): 49-55.

和被动的信息搜寻与信息使用。Spink 等①认为信息行为是关于单一主题或多个主题的信息搜寻、信息觅食、意义构建、信息搜索、信息组织和信息使用的一个整合过程。根据 Wilson 的研究②，本书认为信息行为是指个人识别自己的信息需求，并以某种方式寻找、使用或传递信息时所参与的活动。信息行为是获取和使用信息的过程中所有活动的总和③，主要包括信息搜寻和信息偶遇④。信息学家对于信息行为的研究源于图书馆学和文献学⑤，早在"信息科学"(Information Science)一词出现之前就已开始⑥，最早可追溯至 1916 年以及 20 世纪二三十年代⑦，第二次世界大战之后军事和工业发展项目的信息需求是促使信息行为研究发展的直接原因⑧。1948 年的皇家学会科学信息会议(Royal Society Scientific Information Conference)标志着现代人类信息搜寻行为研究的开端⑨，促使人们开始关注如何在工作中真正地使用信息以及如何将信息应用于科技

---

① Spink A, Park M, Cole C. Multitasking and coordinating framework for human information behavior[M]. In Spink A, Cole C. (Eds.), New Directions in Human Information Behavior. Dordrecht: Springer, 2006: 137-154.

② Wilson T D. Models in information behaviour research[J]. Journal of Documentation, 1999, 55(3): 249-270.

③ Badilescu-Buga E. Knowledge behaviour and social adoption of innovation[J]. Information Processing & Management, 2013, 49: 902-911.

④ Ford N. New cognitive directions[M]. In Spink A, Cole C (Eds.), New directions in cognitive information retrieval. Dordrecht, The Netherlands: Springer, 2005: 81-96.

⑤ Lu C J. Accidental discovery of information on the user-defined social web: A mixed-method study[D]. Pittsburgh: University of Pittsburgh, 2012.

⑥ Wilson T D. Models in information behaviour research[J]. Journal of Documentation, 1999, 55(3): 249-270.

⑦ Wilson T D. Human information behavior[J]. Informing Science, 2000, 3(2): 49-55.

⑧ Lilley D B, Trice R W. A history of information science, 1945—1985[M]. San Diego: Academic Press, 1989.

⑨ Wilson T D. Human information behavior[J]. Informing Science, 2000, 3(2): 49-55.

发展之中。7 年之后，“信息科学”一词由 Chris Hanson 提出①。在计算机应用于信息存储与检索之前，信息来源十分有限，学者们的研究主要围绕文献使用而开展，之后开始关注科学家及其信息使用的问题，例如，1963—1964 年以英国科学政策咨询委员会的名义进行的一项调查，以物理学家和化学家为调查对象，展现了科学工作者的信息行为问题。② Palmer 以一个农业研究站的生物化学家、昆虫学家和统计学家为样本，研究了个性、学科和组织结构对这些人的信息行为的影响③。进入 20 世纪 80 年代以后，随着认知科学的引入，信息行为的研究范式发生了转变，用户的信息需求和行为成为研究的核心，逐渐取代了以信息和系统本身为中心的研究④。学术界和产业界越来越多地关注各种信息活动中用户行为方面的问题，以满足用户个性化信息需求为目标。

2.2.1 信息行为模型

人类信息行为研究产出大量的以用户为中心的信息行为理论、模型和研究成果。在信息行为领域中，大多数的信息行为模型描述的是信息搜寻活动、信息搜寻活动的原因与结果或者信息搜寻行为各个阶段之间的关系。⑤ Wilson 提出的一系列信息行为模型为现代信息行为研究提供了坚实的理论基础。本书即在其基础上，研究现今社会化媒体环境下用户学术信息搜寻行为规律。Wilson⑥ 于 1981

① Wilson T D. Models in information behaviour research [J]. Journal of Documentation, 1999, 55(3): 249-270.

② Aims A. Survey of information needs of physicists and chemists [J]. Journal of Documentation, 1965, 21(2): 83-112.

③ Palmer J. Scientists and information: Using cluster analysis to identify information style[J]. Journal of Documentation, 1991, 47(2): 105-226.

④ Kim K S. Information seeking on the web: Effects of user and task variables[J]. Library and Information Science Research, 2001, 23(3): 233-255.

⑤ Wilson T D. Models in information behaviour research [J]. Journal of Documentation, 1999, 55(3): 249-270.

⑥ Wilson T D. On user studies and information needs [J]. Journal of Documentation, 1981, 37(1): 3-15.

年提出的信息行为模型建立在信息需求、信息搜寻、信息交流和信息使用等概念的基础上，用图形的方式展现个体在面临需求时要寻找信息的行为，清晰地描述了信息用户从需求产生到信息利用的总体框架①，有助于理解用户信息行为的各个方面。图 2-1 所示的模

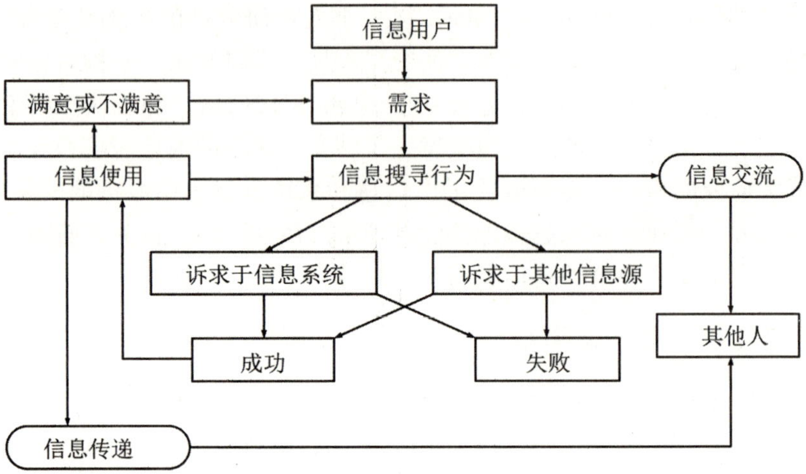

图 2-1 Wilson 信息行为模型

资料来源：Wilson，1999②

型框架是 Wilson 在其 1981 年所提出的信息行为模型基础上做调整之后的模型。信息用户在产生需求之后，需求激发用户的信息搜寻行为。为了寻找所需信息，用户将诉求于各种正式的和非正式的信息源，或者与其他人进行信息交流。如果能成功地找到所需信息，用户经过使用这些信息，根据对信息的满意度以及需求的满足程度决定是否重新搜寻信息。与此同时，经过信息使用环节，用户还可能会将该信息传递给其他人，使信息得到扩散与传播。该模型最初

① Wilson T D. On user studies and information needs [J]. Journal of Documentation, 1981, 37(1): 3-15.

② Wilson T D. Models in information behaviour research [J]. Journal of Documentation, 1999, 55(3): 249-270.

目的是概括信息搜寻行为所包含的各个方面，但实际上它的范围要大得多，已经涵盖了信息行为中多个行为类型。① 值得注意的是，用户的信息搜寻行为因用户的信息需求而产生，为了满足其需求，他们会通过正式的信息系统或其他非正式的信息源搜寻自己所需的信息。其中，Wilson 认为信息搜寻行为属于人类信息行为的一种形式，是人们为了满足某种目标的需求而有目的的搜寻信息的人类信息行为，在搜寻信息过程中，个体可能会与人工信息系统（如一份报纸或一个图书馆）或者基于计算机的系统（如万维网）进行交互。②

之后，Wilson 于 1996 年在借鉴信息科学领域之外的多个领域的研究（包括决策支持、心理学、创新、健康传播和消费者研究等）③的基础上对其 1981 年提出的影响需求和信息搜寻行为的因素模型进行了修改④，如图 2-2 所示。与 Wilson 前期的信息行为模型相比，在该模型中，信息搜寻行为的障碍因素用干预变量（Intervening Variables）代替；信息搜寻行为包括更多种类型（如被动关注、被动搜索、主动搜索以及持续的搜索等）；考虑到信息处理与使用是满足用户信息需求的必要组成部分，因此将该阶段也包括在这一循环过程中；此外，模型中还包括三个理论：压力/应对理论（Stress/Coping Theory）、风险/回报理论（Risk/Reward Theory）以及社会学习理论（Social Learning Theory）。⑤ 尽管该模型依然是一个宏观性的行为模型，但与之前的模型相比，它为后来的研究提

① Wilson T D. Models in information behaviour research [J]. Journal of Documentation, 1999, 55(3): 249-270.

② Wilson T D. Human information behaviour[J]. Informing Science, 2000, 3(2): 49-56.

③ Wilson T D. Models in information behaviour research [J]. Journal of Documentation, 1999, 55(3): 249-270.

④ Wilson T D, Walsh C. Information behaviour: An interdisciplinary perspective [D]. Sheffield: University of Sheffield Department of Information Studies, 1996.

⑤ Wilson T D. Models in information behaviour research [J]. Journal of Documentation, 1999, 55(3): 249-270.

供了更为丰富的理论基础。用户整个信息行为过程中，信息需求产生的情境、影响因素(心理因素、个人背景特征、个人角色或人际特征、环境因素以及信息源特征)、信息搜寻行为以及信息处理和使用仍然是用户信息行为研究中需要关注的重点，用户的信息搜寻行为受到信息需求以及干预变量等多种因素的影响。

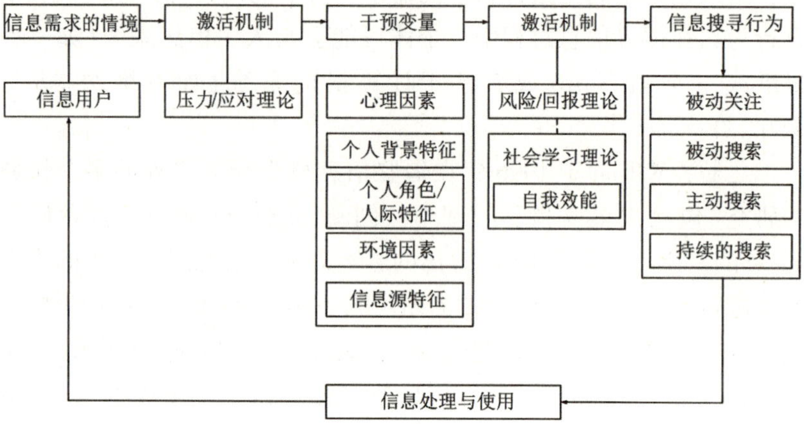

图 2-2 Wilson1996 年的信息行为模型

资料来源：Wilson，1999①

2.2.2 信息行为类型

信息资源在当今社会和经济发展中发挥着重要作用，高效地获取和利用信息资源成为信息时代国家、企业和个人发展的有力保障。随着信息与通信技术的发展，互联网作为一种重要的信息和交流媒介②，已成为人们日常生活和工作中不可或缺的组成部分，正在极大地改变着人们的活动方式与行为方式。互联网中聚集了各种

① Wilson T D. Models in information behaviour research[J]. Journal of Documentation, 1999, 55(3): 249-270.

② Buente W, Robbin A. Trends in Internet information behavior, 2000-2004[J]. Journal of the American Society for Information Science and Technology, 2008, 59(11): 1743-1760.

来源的海量信息资源，为用户获取和利用信息提供了便捷的渠道。通过互联网，人们可以查找和定位、传播和共享绝大多数日常生活和工作问题的相关信息，如医疗健康、科技、教育、经济、政治、旅游、娱乐等。互联网环境下，用户不仅可以搜索和查询信息，还可以创造和交流信息，如通过电子邮件和即时通讯软件收发信息、在网络论坛中就某些特定主题表达观点、创建和维护个人网页与博客等①。网络信息用户不再局限于被动地接受信息，也会主动地参与各种信息活动，以满足其个性化信息需求。信息用户的角色发生巨大转变，他们既是信息的消费者，也是信息的传播者、生产者、探索者(Explorer)、收集者(Collector)和玩家(Player)。② 这些变化对用户的信息能力和需求认知提出了更高的要求，同时也带来了信息生产过剩、信息质量参差不齐、信息利用不足等新现象和新问题。当前，用户信息行为研究受到多个学科研究人员的关注，图书情报学、计算机科学、管理学、经济学、传播学、医学等领域的大量学者对信息行为展开了全面系统的研究。

用户信息行为研究离不开与之相关的环境，信息与通信技术的发展为人类的信息活动提供了丰富多样的信息源、信息获取渠道和交流工具，用户信息行为的发生环境从传统的物理环境向虚拟环境转移。③ 查先进等④⑤对国内外图书情报学领域的用户信息行为研究进行分析，发现信息行为类型主要涉及信息源选择行为、信息搜

---

① Huang C Y, Shen Y C, Chiang I P, et al. Characterizing web users' online information behavior[J]. Journal of the American Society for Information Science and Technology, 2007, 58(13): 1988-1997.

② Huang C Y, Shen Y C, Chiang I P, et al. Characterizing web users' online information behavior[J]. Journal of the American Society for Information Science and Technology, 2007, 58(13): 1988-1997.

③ 查先进，张晋朝，严亚兰．基于国外图书情报领域六种主流期刊的网络信息行为研究综述[J]. 情报学报，2014，33(7)：752-764.

④ 查先进，张晋朝，严亚兰．基于国外图书情报领域六种主流期刊的网络信息行为研究综述[J]. 情报学报，2014，33(7)：752-764.

⑤ 查先进，张晋朝，严亚兰，等．网络信息行为研究现状及发展动态述评[J]. 中国图书馆学报，2014，40(4)：100-115.

寻行为、信息交流行为、信息使用行为、社会化标注行为、移动信息行为等。具体来讲，信息源选择行为研究包括传统纸质资源环境和互联网环境下各类电子资源的选择偏好研究、信息源选择影响因素和影响规律研究等。信息搜寻行为指用户有目的地搜寻信息以实现某项目标①，是用户为获取所需信息以满足自身信息需求所必须实施的行为，是人类信息活动中非常重要的一个环节，其研究包括信息搜寻行为模式研究、信息搜寻行为影响因素研究(如认知因素和心理因素等)、特定用户群体的信息搜寻行为研究、信息搜寻过程中的一些特定行为研究、信息检索行为研究等。信息检索行为作为信息搜寻行为的下位概念②，相关研究包括检索性能、相关性以及检索结果评估方面的研究；用户采用的检索策略、检索式对其检索过程的影响；用户使用不同检索系统或技术的感知研究；用户使用检索系统搜索所需信息时会受到多种因素的影响等。信息交流行为研究包括社会化媒体工具及其对用户信息交流作用的研究、依托于虚拟平台的信息交流行为的表现研究、虚拟社区中用户信息共享和知识共享行为研究等。信息使用行为研究包括学术信息使用行为研究以及其他信息使用行为等。此外，社会化标注行为是社会化媒体环境下一种新型的大众化信息组织行为。移动互联网技术的发展使用户通过移动设备(如智能手机、掌上电脑等)接入互联网进行信息搜寻、共享和交流等活动，移动信息行为逐渐得到研究人员的关注，成为信息行为研究的又一个重要主题。

新信息环境下，Web 2.0 技术推动维基、博客、社交网络、社会化问答网站、微博、微信等社会化媒体应用的兴起与发展，为人们之间的联系和交流提供了丰富多样的平台资源，同时，这些开放式虚拟平台的发展也离不开用户的参与。有研究指出，相对于表达

---

① Wilson T D. Human information behavior[J]. Informing Science, 2000, 3(2): 49-55.

② Wilson T D. Models in information behaviour research[J]. Journal of Documentation, 1999, 55(3): 249-270.

信息需求和搜寻信息而言，社会化媒体主要用于交流和共享信息①②。社会化媒体环境下，用户的信息行为将受到社会化媒体应用的影响，其行为方式与传统纸质媒介环境下的行为方式存在较大的差异，因而，社会化媒体的发展及用户信息行为的变化与规律得到人们的关注。用户信息行为包括从识别信息需求到信息搜寻、选择、吸收利用、交流、共享等一系列活动。社会化媒体信息环境下，用户参与和用户生成内容成为信息活动的重要特征，用户不仅搜寻和使用信息，而且生产和传播信息，并参与在线创造活动，如，Koh③ 的研究指出数字环境下青少年信息创造行为(Information-creating Behavior)的过程，包括信息内容开发、组织和展示，以及创造模式，包括可视化、重新混合(Remixing)、修补(Tinkering)和授权意识。用户信息行为类型得以拓展，用户主动参与社会化媒体中各类信息活动的行为类型受到重视。同样地，用户的学术信息行为也受社会化媒体的影响，与传统环境下的学术信息行为有所不同。

2.2.3 信息搜寻行为

在人类社会生活中，人们经常进行搜寻活动以解决与生存和生活相关的问题。根据意义建构(Sense-making)理论④，存在信息需求的人会经历认知上的空缺，这种空缺阻碍了人们了解某一特定的环境。为弥补这种认知空缺，人们会努力地搜寻和获取信息以改变

① Williamson K, Qayyum A, Hider P, et al. Young adults and everyday-life information: The role of news media[J]. Library and Information Science Research, 2012, 34(4): 258-264.

② Savolainen R. Asking and sharing information in the blogosphere: The case of slimming blogs[J]. Library and Information Science Research, 2011, 33(1): 73-79.

③ Koh K. Adolescents' information-creating behavior embedded in digital media practice using scratch[J]. Journal of the American Society for Information Science and Technology, 2013, 64(9): 1826-1841.

④ Dervin B. An overview of sense-making research: Concepts, methods, and results to date[C]. Paper presented at the Annual Meeting of the International Communications Association, TX: Dallas, 1983.

他们的知识水平，满足他们的信息需求。① 信息搜寻行为指用户有目的地搜寻信息以实现某项目标，被认为是一个意义建构的过程，个体在这一过程中搜索与其个人观点相匹配的信息，以支持其减少不确定性并作出决策，从而理性地解决问题。②③④⑤ 信息搜寻行为因具体情境和行为个体的不同而具有动态性和多变性⑥，用户为获取所需信息以满足自身信息需求而进行信息搜寻，是人类信息活动中非常重要的一个环节。信息搜寻有 4 种模式：搜索（Searching）、浏览（Browsing）、偶遇（Encountering）和监控（Monitoring），其中，搜寻和浏览属于主动的信息搜寻，偶遇和追踪属于被动的信息搜寻⑦⑧。Jiang⑨ 研究基于 Web 2.0 站点的社会图书馆系统环境下用户的信息搜寻模式，发现大多数用户倾向于合

① Marchionini G. Information seeking in electronic environments [M]. Cambridge, UK: Cambridge University Press, 1995.

② Wilson T D. Human information behavior[J]. Informing Science, 2000, 3(2): 49-55.

③ Kuhlthau C C. Inside the search process: Information seeking from the user's perspective [J]. Journal of the American Society for Information Science, 1991, 42(5): 361-371.

④ Savolainen R. Everyday life information seeking: Approaching information seeking in the context of "way of life" [J]. Library and Information Science Research, 1995, 17(3): 259-294.

⑤ Heinström J. Fast surfing, broad scanning and deep diving: The influence of personality and study approach on students' information-seeking behavior [J]. Journal of Documentation, 2005, 61(2): 228-247.

⑥ Heinström J. Fast surfing, broad scanning and deep diving: The influence of personality and study approach on students' information-seeking behavior [J]. Journal of Documentation, 2005, 61(2): 228-247.

⑦ Bates M J. Toward an integrated model of information seeking and searching[J]. New Review of Information Behaviour Research, 2002, 3: 1-15.

⑧ Williamson K. Discovered by chance: The role of incidental information acquisition in an ecological model of information use[J]. Library and Information Science Research, 1998, 20(1): 23-40.

⑨ Jiang T. An exploratory study on social library system users' information seeking modes[J]. Journal of Documentation, 2013, 69(1): 6-26.

并两种或更多的模式，而每个用户通常有一个占据主导地位的模式。Webber① 的研究发现信息偶遇是虚拟世界中信息发现的重要模式，同时，浏览、追踪、有目的的搜索和验证等行为模式也同样存在。社会化媒体不仅仅是建立、维持与拓展人际关系的社交场域，更是资源丰富的信息场域。信息搜寻是社会化媒体中的一种基本活动，用户搜寻和获取的信息内容包括日常生活信息、热点事件和时事新闻、商业产品及评论信息、学术信息、健康医疗信息等，而且，社会化媒体的特性，如社会性、自主性等，增强了用户通过社会化媒体搜寻信息的动机。Whiting 和 Williams② 指出在其调查的样本中，80%的被调查对象使用社会化媒体搜寻他们所需要的信息，同时也使用社会化媒体进行自我学习。现今，学术机构、专家学者、高校图书馆等会通过社会化媒体平台发布或共享一些实时有用的学术类信息，因此，社会化媒体中存在着大量被人们忽略的有价值的学术信息资源。人们通常选择使用具备特定领域丰富知识、拥有有价值的信息、能够及时获得信息以及获取信息成本较低的信息源搜寻信息，并且，在搜寻信息的过程中，信息源的身份也备受重视。③④ Yan 等⑤⑥⑦指出虚拟社区作为一类非传统的和非正式的信息源，

---

① Webber S. Blended information behavior in Second Life[J]. Journal of Information Science, 2013, 39(1): 85-100.

② Whiting A, Williams D. Why people use social media: A uses and gratifications approach[J]. Qualitative Market Research: An International Journal, 2013, 16(4): 362-369.

③ Borgatti S P, Cross R. A relational view of information seeking and learning in social networks[J]. Management Science, 2003, 49(4): 432-445.

④ Park J H, Gu B, Leung A C M, et al. An investigation of information sharing and seeking behaviors in online investment communities[J]. Computers in Human Behavior, 2014, 31: 1-12.

⑤ Yan Y L, Zha X J. Comparison between user affinity with digital libraries and virtual communities[J]. Learned Publishing, 2014, 27(2): 135-143.

⑥ Yan Y L, Zha X J, Zhang J C, et al. Comparing digital libraries with virtual communities from the perspective of e-quality[J]. Library Hi Tech, 2014, 32(1): 173-189.

⑦ Yan Y L, Zha X J, Xiao Z L. Exploring users' perception of conventional and unconventional electronic resources[J]. Serials Review, 2013, 39(2): 105-113.

与高校数字图书馆学术资源相互促进、相互补充，为用户获取信息资源提供多种渠道。Kim 等①研究发现大多数的社会化媒体平台被学生用作信息源，很多学生使用社会化媒体进行各种信息搜寻，其中，维基、用户评论以及媒体共享平台是较为常用的信息源。学术信息对科研人员等用户的工作和学习至关重要，是知识增长与创新以及科学发展的必备资源。社会化媒体中的信息资源主要由大众群体创造，有些信息内容无法直接通过其他媒体获取，面对社会化媒体中存在的大量学术信息，用户对社会化媒体中学术信息的态度、用户搜寻和获取其中的学术信息的方式、用户的学术信息搜寻行为表现及变化规律等主题是社会化媒体信息环境下用户信息搜寻行为研究的重要主题，应受到人们的重视。

2.3 信息需求理论

在图书情报学领域，信息需求应该是一个最为普遍的描述信息搜寻动机的构念。② 具有代表性的信息需求研究包括 Taylor 在 1968 年提出的信息需求理论以及 Wilson 在 1981 年对信息需求类别的详细分析。本节主要介绍两位学者对信息需求的研究，为后面信息需求问题的界定和不同信息需求水平下社会化媒体用户学术信息搜寻行为影响规律的研究提供基础。

2.3.1 Taylor 信息需求理论

围绕对图书馆咨询接谈(Reference Interview)的研究，Taylor 在 1968 年提出了在这一过程中信息需求被表达出来的 4 个特质水平，包括本能的信息需求(Visceral Need)、意识的信息需求(Conscious

① Kim K S, Sin S C J, Tsai T I. Individual differences in social media use for information seeking[J]. The Journal of Academic Librarianship, 2014, 40(2): 171-178.

② Naumer C M, Fisher K E. Information needs[M]. In Bates M J, Maack M N (Eds.), Encyclopedia of library and information sciences (3rd ed.). London: Taylor & Francis, 2010: 2452-2458.

Need)、正式的信息需求(Formalized Need)以及妥协的信息需求(Compromised Need)。① 这4个水平是一个连续的统一体，层次依次从低到高。Taylor 认为在本能的信息需求层次上，信息需求表现为一种对信息不满足的模糊状态，它是真实存在的，但用语言难以表达出来。意识的信息需求指的是在询问者头脑中描述的需求，在这一需求层次上，人们对犹豫不决的问题中不明确的方面有一个心理上的描述。尽管在表达时可能会模糊不清、杂乱无章，但信息需求在这个层次可以被描述出来。询问者可以与其他人进行交谈，以突出他们关注的重点。在正式的信息需求层次上，询问者可以对自己的问题形成一个有效合理的陈述，此时，询问者能用具体的术语描述他们有疑问的方面。最后，妥协的信息需求表示提交给系统的问题。在这一信息需求水平上，为了能得到某一系统文件提供的答案，询问者的问题在这一阶段会被重新调整然后提交给系统，以获得能满足需求的答案。前三个层次水平的信息需求发生在用户的脑海中，最后一个水平的信息需求是用户提交给系统的被明确表达出来的需求。Bruce② 认为 Taylor 的信息需求模型为更深层次地概念性地理解信息搜寻的原因和动机奠定了基础。

在 Taylor 提出该信息需求模型之后，学者们针对该模型进行了大量讨论。Pintrich 和 De Groot③ 的研究认为，Taylor 的模型指出在与图书馆员进行对话的过程中，询问者对信息需求的表达可能会变得越来越复杂，但是，该模型仅仅隐晦地回答了询问者完成信息搜寻任务的能力及其对该任务重要性的感知问题，并未明确地反映询问者执行某一特定信息搜寻任务的动机和原因。因此，在解释用户进行信息搜寻的原因时，Taylor 的模型并不能被定性为一个成熟的

---

① Taylor R S. Question-negotiation and information seeking in libraries[J]. College & Research Libraries, 1968, 29(3): 178-194.

② Bruce H. Personal, anticipated information need [J]. Information Research, 2005, 10(3), http://informationr.net/ir/10-3/paper232.html.

③ Pintrich P R, De Groot E V. Motivational and self-regulated learning components of classroom academic performance [J]. Journal of Educational Psychology, 1990, 82(1): 33-40.

方法。

Savolainen① 在研究信息需求的情境时指出，通过观察 Taylor 的模型中 4 个水平的信息需求特征，可以看出情境因素在后 3 个水平的信息需求中表现明显，而在最低层次，即本能的信息需求水平上，情境因素是潜在模糊的。在意识到的信息需求水平上，情境因素通过询问者与图书馆员之间的交谈逐渐变得明显。在正式的信息需求水平上，当询问者与图书馆员之间的对话开始后，形成信息需求的情境因素变得更为清晰明显。最后，在妥协的信息需求水平上，由于询问者期望图书馆资源可以满足他们的需求，原始的信息需求得以折中妥协，因而，情境的范围变大，从原来的对话情境扩展到整个机构或组织的情境当中。

Chang② 运用文献计量分析的方法和引文分析法考察了 1969—2010 年引用 Taylor 论文的文献，以确定该文中主要概念的影响，研究发现该文的影响不仅仅局限于图书情报学领域，其中，4 个层次的需求水平(Four Levels of Information Needs)是被引最多的一个概念，并且，信息检索方面的研究对其关注最多。

通过对 Taylor 模型的详细分析，Cole③ 提出了一个针对信息检索的信息需求理论，包括 6 个主要命题，该理论认为信息需求并非由不同的阶段构成，而是由不同的层次水平组成的，并且在执行任务的过程中，用户的信息需求会有不同的表现。

信息检索领域对信息需求的研究在于用户如何构造系统查询式并提交给系统，检索系统如何能很好地满足用户的检索需求，关注的是 Taylor 理论中后面两个水平的信息需求，即用户形成的对于有

---

① Savolainen R. Conceptualizing information need in context[J]. Information Research, 2012, 17(4), http://informationr.net/ir/17-4/paper534.html.

② Chang Y W. The influence of Taylor's paper, question-negotiation and information-seeking in libraries[J]. Information Processing & Management, 2013, 49: 983-994.

③ Cole C. A theory of information need for information retrieval that connects information to knowledge[J]. Journal of the American Society for Information Science and Technology, 2011, 62(7): 1216-1231.

疑问的问题的清晰陈述。而信息行为研究则从 Taylor 理论的前两个需求水平出发，从认知科学的角度探讨用户的信息需求问题，研究的是用户模糊的未能清晰表达出来的信息需求问题。本书基于这一基础，探讨用户信息需求的测量问题及其对社会化媒体用户学术信息搜寻行为的影响。

2.3.2 Wilson 信息需求理论

在信息科学领域，Wilson 对用户研究和信息需求问题进行了专门论述，他的研究对信息科学的发展具有重要的影响。在 Wilson 的研究出现之前，大量的用户研究将重点集中在人们搜寻信息的方式上，也就是说，用户应该如何搜寻信息，而不是将重点集中在信息搜寻行为的最终目的上。① 信息搜寻行为问题的根源在于信息需求。探讨用户研究领域中的信息需求是一个棘手的问题，相对用户研究而言，信息需求理论研究的进展较慢。② 需求是一种只发生在有需求的人的脑海中的主观体验，不容易被其他人直接观察到而只能通过对人的行为进行推断或者通过有需求的人的报告来发现。③ 通过对信息需求以及人类需求的分析，信息需求被认为包含基本需求的内涵，在特质上与其他基本的人类需求类似，因此，可以分为生理需求、情感(或心理)需求和认知需求，并且，三者之间是相互联系的，如图 2-3 所示。④ 其中，生理需求可能引发认知需求和/或情感需求，情感需求可能引发认知需求，而且与满足认知需

① Wilson T D. On user studies and information needs [J]. Journal of Documentation, 1981, 37(1): 3-15.

② Wilson T D. On user studies and information needs [J]. Journal of Documentation, 2006, 62(6): 658-670.

③ Wilson T D. Information behaviour: An interdisciplinary perspective [J]. Information Processing & Management, 1997, 33(4): 551-572.

④ Wilson T D. On user studies and information needs [J]. Journal of Documentation, 2006, 62(6): 658-670.

求相关的问题可能会引起情感需求。① 从图 2-3 中可以看出，用户信息搜寻行为的目的是为了满足这些需求，因此，Wilson 提出将“信息需求”这一专业术语改为“满足需求的信息搜寻”会比较合理。② 他认为信息需求属于次级的人类需求，并突出基本的人类需求所处的社会环境。如果人们的需求是信息搜寻行为动机的根源，那么我们就必须认识到这些需求源于个体所处的社会生活中的各种角色。③ 用户需求的研究应该置于特定的情境中进行分析，人们的工作角色、工作环境、社会文化环境、政治经济环境以及自然环境都会对用户需求产生一定的影响。

Wilson④ 在 1996 年对该模型进行修改，简洁全面地概述了影响信息需求的情境因素，将影响信息搜寻行为的激活机制(Activating Mechanisms)和干预变量(Intervening Variables)与信息需求的产生区分开来进行分析。他认为人们所处的各种社会情境(如工作、生活或政治经济环境等)会影响人们是否有信息需求产生以及后续的信息搜寻行为。当用户的信息需求产生时，认知变量、生理变量和情感变量可以相互作用⑤⑥⑦，进而影响用户的信息搜寻

① Wilson T D. On user studies and information needs [J]. Journal of Documentation, 1981, 37(1): 3-15.

② Wilson T D. On user studies and information needs [J]. Journal of Documentation, 1981, 37(1): 3-15.

③ Wilson T D. On user studies and information needs [J]. Journal of Documentation, 1981, 37(1): 3-15.

④ Wilson T D. Models in information behaviour research [J]. Journal of Documentation, 1999, 55(3): 249-270.

⑤ Case D O. Looking for Information: A Survey of Research on Information Seeking, Needs and Behavior [M]. San Diego, CA: Academic Press/Elsevier Science, 2002.

⑥ Wilson T D. Models in information behaviour research [J]. Journal of Documentation, 1999, 55(3): 249-270.

⑦ Niedźwiedzka B. A proposed general model of information behaviour [J]. Information Research, 2003, 9 (1), http: //informationr. net/ir/9-1/paper164. html.

行为。

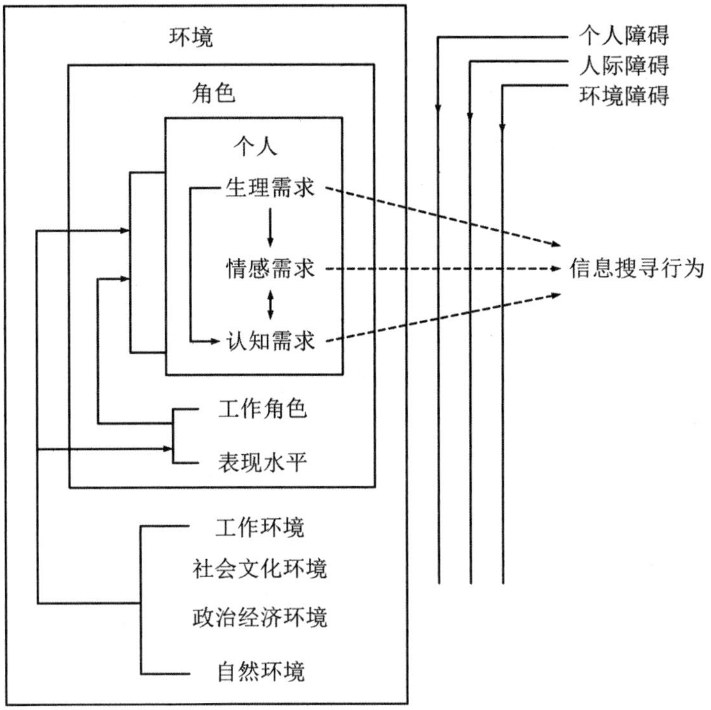

图 2-3 影响需求和信息搜寻行为的因素

资料来源：Wilson，1981①

2.4 理论模型

2.4.1 精细加工可能性模型

精细加工可能性模型(Elaboration Likelihood Model，ELM)也被

① Wilson T D. On user studies and information needs [J]. Journal of Documentation, 2006, 62(6): 658-670.

称作双路径模型(Dual-Route Model),由 Petty 和 Cacioppo①② 提出,是社会心理学领域的一个重要理论(图 2-4)。精细加工可能性模型刻画了当个体接触一条消息时,该消息的特征如何影响个体态度的形成,继而如何影响个体行为。③ 该理论模型为组织、分类以及理解有效且具有说服力的交流沟通中的基本认知过程提供了一个非常全面的框架④,被广泛应用于营销学、管理学和传播学等领域的研究中。根据需要深思型信息加工的数量的多少以及个人主观精确性需求的不同,精细加工可能性模型从中枢路径和边缘路径的双重路径角度解释了信息线索与特征如何影响个人的行为态度及其行为变化。⑤⑥ 其中,中枢路径是指人们需要对与任务相关的信息进行精细深入的认知思考并仔细考察这些信息的相对优势和相关性,从而形成对目标行为的认知判断;而边缘路径则指人们通过简单的线索或推理对目标行为进行评判,并不涉及深入的认知思考。⑦ 两

① Petty R E, Cacioppo J T. Communication and persuasion: Central and peripheral routes of attitude change[M]. New York: Springer, 1986.

② Petty R E, Cacioppo J T. The elaboration likelihood model of persuasion[J]. Advances in Experimental Social Psychology, 1986, 19(4): 123-205.

③ Ho S Y, Bodoff D. The effects of web personalization on user attitude and behavior: An integration of the elaboration likelihood model and consumer search theory[J]. MIS Quarterly, 2014, 38(2): 497-520.

④ Tang L R, Jang S S, Morrison A. Dual-route communication of destination websites[J]. Tourism Management, 2012, 33(1): 38-49.

⑤ Petty R E, Cacioppo J T. The elaboration likelihood model of persuasion[J]. Advances in Experimental Social Psychology, 1986, 19(4): 123-205.

⑥ Bhattacherjee A, Sanford C. Influence processes for information technology acceptance: An elaboration likelihood model[J]. MIS Quarterly, 2006, 30(4): 805-825.

⑦ Petty R E, Cacioppo J T. The elaboration likelihood model of persuasion[J]. Advances in Experimental Social Psychology, 1986, 19(4): 123-205.

条路径以加工深度(Depth of Processing)为特征①。在中枢路径上，人们需要花费更多的时间，使用诸如信息质量等标准对相关信息线索进行慎重周密的加工处理，从而做出理性反应，而在边缘路径上，人们仅使用信息源可信度或信息数量等简单的启发式线索进行积极的或消极的判断。②③ 通过中枢路径处理信息比通过边缘路径处理信息需要更多的认知努力④，因此，中枢路径上形成的态度变化更稳定、持久且可预测⑤，而边缘路径上发生的态度变化则并不持久和稳定。在信息系统科学领域，学者们利用精细加工可能性模型或者对该模型进行扩展来研究用户的信息或信息系统接受行为，如，基于基础的精细加工可能性模型和技术接受模型，Bhattacherjee 和 Sanford⑥ 的研究发现论据质量(信息质量)和信息源可信度影响用户对文档管理系统的态度。Angst 和 Agarwal⑦ 利用

---

① Ho S Y, Bodoff D. The effects of web personalization on user attitude and behavior: An integration of the elaboration likelihood model and consumer search theory[J]. MIS Quarterly, 2014, 38(2): 497-520.

② Petty R E, Cacioppo J T, Goldman R. Personal involvement as a determinant of argument-based persuasion[J]. Journal of Personality and Social Psychology, 1981, 41(5): 847-855.

③ Petty R E, Cacioppo J T, Schumann D. Central and peripheral routes to advertising effectiveness: The moderating role of involvement [J]. Journal of Consumer Research, 1983, 10 (2): 135-146.

④ Kim T. Observation on copying and pasting behavior during the Tohoku earthquake: Retweet pattern changes [J]. International Journal of Information Management, 2014, 34(4): 546-555.

⑤ Petty R E, Cacioppo J T. Communication and persuasion: Central and peripheral routes of attitude change[M]. New York: Springer, 1986.

⑥ Bhattacherjee A, Sanford C. Influence processes for information technology acceptance: An elaboration likelihood model[J]. MIS Quarterly, 2006, 30(4): 805-825.

⑦ Angst C M, Agarwal R. Adoption of electronic health records in the presence of privacy concerns: The elaboration likelihood model and individual persuasion[J]. MIS Quarterly, 2009, 33(2): 339-370.

精细加工可能性模型研究人们对于电子病历的接受行为。Yi 等①基于双路径模型和 Toulmin 的论证模型研究网络健康信息初始信任的影响因素。Chen 和 Ku② 基于双路径模型研究虚拟社区用户忠诚度问题。基于双路径多过程的说服性消息处理模型——精细加工可能性模型，Tang 等③研究网站的传播路径，发现与通过边缘路径形成的态度相比，从中心路径经过认真思考形成的态度更能影响意向和行为(信息搜索和旅行意愿)。

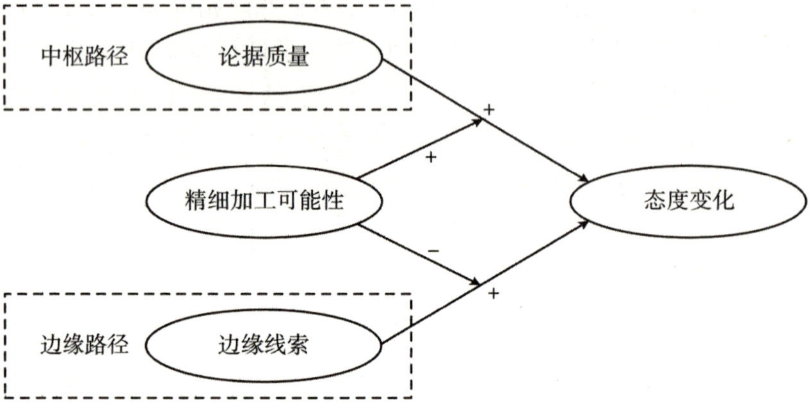

图 2-4　精细加工可能性模型

资料来源：Bhattacherjee 和 Sanford，2006④

① Yi M Y, Yoon J J, Davis J M, et al. Untangling the antecedents of initial trust in web-based health information: The roles of argument quality, source expertise, and user perceptions of information quality and risk[J]. Decision Support Systems, 2013, 55(1): 284-295.

② Chen C D, Ku E C S. Bridging indistinct relationships and online loyalty: Evidence from online interest-based communities[J]. Online Information Review, 2013, 37(5): 731-751.

③ Tang L R, Jang S S, Morrison A. Dual-route communication of destination websites[J]. Tourism Management, 2012, 33(1): 38-49.

④ Bhattacherjee A, Sanford C. Influence processes for information technology acceptance: An elaboration likelihood model[J]. MIS Quarterly, 2006, 30(4): 805-825.

理论上，精细加工可能性模型的本质在于精细加工的连续性，其范围从低水平精细加工(浅层思考)到高水平精细加工(深度思考)。① 其中，精细加工指个体认真思考论据的程度。② 精细加工可能性模型认为中枢路径和边缘路径对用户态度变化的影响会因信息接受者精细加工水平(如卷入度、专业知识等)的不同而不同，即，当个体的精细加工程度较高时，他们会通过中枢路径来评估信息；相反，当个体的精细加工程度较低时，他们则更愿意选择边缘路径来判断信息的可信度，此时，中枢路径的影响将减弱。③ 具体来说，影响精细加工可能性的因素包括动机和能力两个方面，人们选择中枢路径还是边缘路径取决于他们加工信息的动机和能力，并且，加工处理信息的深度随着他们的动机和能力的提升而增加。当动机较强或能力较高时，人们会倾向于通过中枢路径来加工处理信息，而当动机不充分或能力不足时，他们通过边缘路径加工处理信息。除了精细加工可能性这一变量外，其他的诸如反面信息、重点搜索等情境因素也将调节中枢路径和边缘路径对信息接受者态度的影响。④ 尽管由中枢路径而引起的态度变化是最理想的状态，但也是难度较大的一条路径，因为人们必须具备充分的动机和能力对主题进行精细加工。⑤

① Filieri R, McLeay F. E-WOM and accommodation: An analysis of the factors that influence travelers' adoption of information from online reviews [J]. Journal of Travel Research, 2014, 53(1): 44-57.

② Petty R E, Cacioppo J T. The elaboration likelihood model of persuasion[J]. Advances in Experimental Social Psychology, 1986, 19(4): 123-205.

③ Luo C, Wu J, Shi Y, et al. The effects of individualism-collectivism cultural orientation on eWOM information[J]. International Journal of Information Management, 2014, 34(4): 446-456.

④ Zhang W, Watts S A. Capitalizing on content: Information adoption in two online communities[J]. Journal of the Association for Information Systems, 2008, 9(2): 73-94.

⑤ Petty R E, Cacioppo J T. Communication and persuasion: Central and peripheral routes of attitude change[M]. New York: Springer, 1986.

已有研究指出动机和能力会改变人们精细加工可能性的水平①②③，因此，动机和能力在评价说服性消息中发挥着关键作用。相同的信息会以不同的方式影响不同的人。④ 精细加工可能性模型研究的是个体特征，特别是“动机、能力和人格特征”⑤，如何决定人们加工处理信息时所选择的路径。目前，基于精细加工可能性模型的研究主要来自信息系统领域和电子商务领域，表 2-1 列出的文献都是以精细加工可能性模型为理论基础，解释用户的动机和能力如何影响认知态度和行为选择。这些研究表明中枢路径或边缘路径的变量并不会对用户的认知和行为产生持续的影响，路径变量的影响作用被精细加工调节变量改变。

现有研究已经从经验上证实精细加工可能性模型的有效性，这些文献通常将论据/信息质量作为中枢路径变量；对于边缘路径来说，研究人员通常考虑将信息源可信度、信息一致性和信息评级等作为典型的影响因素，其他的边缘路径线索还包括论据的个人相关性、论据/信息数量等。但是，特定的信息线索因研究目的和研究环境的不同而具有多种作用，可以作为中枢路径线索影响态度变化，也可以作为边缘路径线索影响态度变化，如表 2-1 中的信息多

---

① Bhattacherjee A, Sanford C. Influence processes for information technology acceptance: An elaboration likelihood model[J]. MIS Quarterly, 2006, 30(4): 805-825.

② Zhang W, Watts S A. Capitalizing on content: Information adoption in two online communities[J]. Journal of the Association for Information Systems, 2008, 9(2): 73-94.

③ Tam K Y, Ho S Y. Web personalization as a persuasion strategy: An elaboration likelihood model perspective[J]. Information Systems Research, 2005, 16(3): 271-291.

④ Sussman S W, Siegal W S. Informational influence in organizations: An integrated approach to knowledge adoption[J]. Information Systems Research, 2003, 14(1): 47-65.

⑤ Tam K Y, Ho S Y. Web personalization as a persuasion strategy: An elaboration likelihood model perspective[J]. Information Systems Research, 2005, 16(3): 271-291.

面性等，此外，网站的美感质量(Aesthetic Quality)以及网站的反馈机会、网站信息的准确性、信息的相关性、信息的时效性和网站的易用性等特征通过边缘路径影响用户①②。根据本书的研究环境，将信息质量和信息源可信度分别作为中枢路径和边缘路径，结合用户的信息需求来研究社会化媒体用户学术信息搜寻行为的影响规律。

表 2-1　精细加工可能性模型的研究变量及研究结论

来源文献	调查对象	路径表征变量		精细加工的表征变量		主要研究结论
		中枢路径	边缘路径	动机	能力	
Sussman 和 Siegal (2003)③	知识工作者	论据质量	信息源可信度	卷入度	专业知识	专业知识水平高、卷入度高的用户更可能通过论据质量感知知识有用性，进而影响知识采纳；而专业知识水平低、卷入度低的用户更可能通过知识源可信性感知知识有用性，进而影响知识采纳

① Van Birgelen M J H, Wetzels M G M, Van Dolen W M. Effectiveness of corporate employment web sites: How content and form influence intentions to apply[J]. International Journal of Manpower, 2008, 29(8): 731-751.

② Maurer S D, Cook D P. Using company web sites to e-recruit qualified applicants: A job marketing based review of theory-based research[J]. Computers in Human Behavior, 2011, 27(1): 106-117.

③ Sussman S W, Siegal W S. Informational influence in organizations: An integrated approach to knowledge adoption [J]. Information Systems Research, 2003, 14(1): 47-65.

续表

来源文献	调查对象	路径表征变量		精细加工的表征变量		主要研究结论
		中枢路径	边缘路径	动机	能力	
Bhattacharjee 和 Sanford (2006)①	政府工作者	论据质量	信息源可信度	工作相关度	专业知识	工作相关度高、专业知识水平高的用户更可能通过论据质量形成信息技术接受意愿；而工作相关度低、专业知识水平低的用户则更可能通过信息源可信性形成信息技术接受意愿
Yang 等 (2006)②	高校学生	商品信息质量	第三方标记	商品卷入度	性格焦虑	商品卷入度高、性格焦虑程度低的用户更可能通过商品信息质量形成购买信任，而商品卷入度低、性格焦虑程度高的用户更可能通过第三方标记形成购买信任
Park 和 Kim (2008)③	高校学生	评论信息的类型	评论信息的数量	—	专业知识	专业知识水平高的消费者，更可能通过评论信息的类型形成购买意愿；而专业知识水平低的消费者则更可能通过评论信息的数量形成购买意愿

① Bhattacherjee A, Sanford C. Influence processes for information technology acceptance: An elaboration likelihood model[J]. MIS Quarterly, 2006, 30(4): 805-825.

② Yang S C, Hung W C, Sung K, et al. Investigating initial trust toward e-tailers from the elaboration likelihood model perspective[J]. Psychology and Marketing, 2006, 23(5): 429-445.

③ Park D H, Kim S. The effects of consumer knowledge on message processing of electronic word-of-mouth via online consumer reviews[J]. Electronic Commerce Research and Applications, 2008, 7(4): 399-410.

续表

来源文献	调查对象	路径表征变量		精细加工的表征变量		主要研究结论
		中枢路径	边缘路径	动机	能力	
Kim 等(2010)①	网络用户	网络广告的忠诚度	网络广告的娱乐性	商品卷入度	—	商品卷入度高的网络消费者更可能借助于广告的忠诚度形成购买意愿；而商品卷入度低的网络消费者则更可能通过广告的娱乐性形成购买意愿
Zhou(2012)②	高校学生	信息质量、服务质量	系统质量、信誉、制度保证	—	自我效能	自我效能高的用户更可能通过信息质量和服务质量形成初始信任；而自我效能低的用户则更可能通过系统质量和制度保证形成初始信任，自我效能对信誉和初始信任的关系的调节作用不显著
Cheung 等(2012)③	网络用户	论据质量	信息源可信度、评论一致性、评论多面性	卷入度	专业知识	卷入度低、专业知识水平高的在线消费者认为评论多面性对评论可信性影响更强烈

① Kim J U, Kim W J, Park S C. Consumer perceptions on web advertisements and motivation factors to purchase in the online shopping[J]. Computers in Human Behavior, 2010, 26(5): 1208-1222.

② Zhou T. Understanding users' initial trust in mobile banking: An elaboration likelihood perspective[J]. Computers in Human Behavior, 2012, 28(4): 1518-1525.

③ Cheung C M Y, Sia C L, Kuan K K Y. Is this review believable? A study of factors affecting the credibility of online consumer reviews from an ELM perspective[J]. Journal of the Association for Information Systems, 2012, 13(8): 618-635.

续表

来源文献	调查对象	路径表征变量		精细加工的表征变量		主要研究结论
		中枢路径	边缘路径	动机	能力	
Lee (2012)①	大学新生	论据质量	信息源可信度	—	时间推移	随着教育课程的进行，用户对于信息技术使用的知识和经验的积累促使他们的技能和期望得以提升。因此，随着教育课程的推进，论据质量对态度形成的作用会增加；反之，信息来源可信性对态度形成的作用减弱
Chen 和 Ku (2013)②	虚拟社区用户	论据质量	信息源可信度	个人相关性	专业知识	高水平的个人相关性、高水平的专业知识可以强化论据质量对用户关系质量形成的影响；反之，低水平的个人相关性、低水平的专业知识可以强化信息源可信性对用户关系质量形成的影响

① Lee W K. An elaboration likelihood model based longitudinal analysis of attitude change during the process of IT acceptance via education program［J］. Behaviour & Information Technology，2012，31(12)：1161-1171.

② Chen C D，Ku E C S. Bridging indistinct relationships and online loyalty：Evidence from online interest-based communities［J］. Online Information Review，2013，37(5)：731-751.

续表

来源文献	调查对象	路径表征变量		精细加工的表征变量		主要研究结论
		中枢路径	边缘路径	动机	能力	
Luo 等(2014)①	电子口碑论坛注册用户	论据质量、信息多面性	信息源可信度、信息一致性、信息评级	—	—	信奉个人主义文化的用户倾向于从信息多面性来感知信息可信性；而信奉集体主义文化的用户倾向于从信息一致性和信息评级来感知信息可信性
Filieri 和 McLeay(2014)②	旅客	信息的及时性、可理解性、相关性、准确性、增值性、完整性	信息数量、商品排名	卷入度	—	信息的准确性、增值性、相关性、及时性以及商品排名显著影响旅客对于在线点评信息的采纳。结果发现卷入度水平高的旅游者通过中心路径(信息质量)和边缘路径(商品排名)处理在线点评信息

社会化媒体使用户可以自主地生成、搜寻和获取信息，但由于社会化媒体缺少专家评审等质量控制机制，因此，与传统信息环境

① Luo C, Wu J, Shi Y, et al. The effects of individualism-collectivism cultural orientation on eWOM information[J]. International Journal of Information Management, 2014, 34(4): 446-456.

② Filieri R, McLeay F. E-WOM and accommodation: An analysis of the factors that influence travelers' adoption of information from online reviews[J]. Journal of Travel Research, 2014, 53(1): 44-57.

相比，社会化媒体使用户获取有用的信息变得更为困难，他们需要付出更多的时间和精力对相关线索和因素进行处理和判断以确定信息的价值。社会化媒体用户在搜寻学术信息的过程中根据自身的个性化认知对信息线索进行不同程度的思考与处理，对影响学术信息搜寻行为态度变化的线索进行精细加工的程度则由用户的信息需求以及所要完成的任务决定。精细加工可能性模型认为无论通过中枢路径还是边缘路径，信息线索都会影响信息接受者①，这为本书社会化媒体用户学术信息搜寻行为的研究提供了一个非常有用的理论框架，据此，本书从中枢路径和边缘路径的双重路径角度考察学术信息搜寻过程中用户态度的变化以及学术信息搜寻行为的规律。

2.4.2 信息采纳模型

现有的信息系统研究文献中，双路径理论常被用来解释人们在采纳观点、信息和知识时是如何被影响的。②③ 在精细加工可能性模型的基础上，Sussman 和 Siegal 提出了信息采纳模型(Information Adoption Model)(见图 2-5)，在该模型中，论据质量(Argument Quality)和信息源可信度通过信息有用性影响信息采纳，这里的论据质量属于中枢路径，而信息源可信度属于边缘路径。信息采纳模型可以用来解释人们在网络交流环境中采纳信息时的影响机制。④社会化媒体用户搜寻学术信息的目的主要是为了接受和使用信息，

① Shih H, Lai K, Cheng T C E. Informational and relational influences on electronic word of mouth: An empirical study of an online consumer discussion forum[J]. International Journal of Electronic Commerce, 2013, 17(4): 137-165.

② Sussman S W, Siegal W S. Informational influence in organizations: An integrated approach to knowledge adoption [J]. Information Systems Research, 2003, 14(1): 47-65.

③ Cheung C M K, Lee M K O, Rabjohn N. The impact of electronic word-of-mouth: The adoption of online opinions in online customer communities[J]. Internet Research, 2008, 18(3): 229-247.

④ Cheung C M K, Lee M K O, Rabjohn N. The impact of electronic word-of-mouth: The adoption of online opinions in online customer communities[J]. Internet Research, 2008, 18(3): 229-247.

以满足自己的信息需求，信息搜寻行为在某种程度上也反映用户对信息的采纳和使用行为。学者们的研究已证明了信息质量和信息源可信度在信息行为研究中的重要作用，如，Lu 和 Yuan① 研究信息搜寻者在选择信息源时信息质量和信息源可达性(Information Accessibility)对其信息行为的影响。Xu 等②在其提出的搜寻者—信源—信息需求框架的基础上研究人际任务信息搜寻中的信息源选择问题，发现信息源质量对信息搜寻者的信息源偏好有显著影响。Sundar 等③研究了新闻线索中的信息源可信度问题。因此，本书基于信息采纳模型研究在用户搜寻学术信息的过程中信息质量和信息源可信度对用户行为态度的影响。

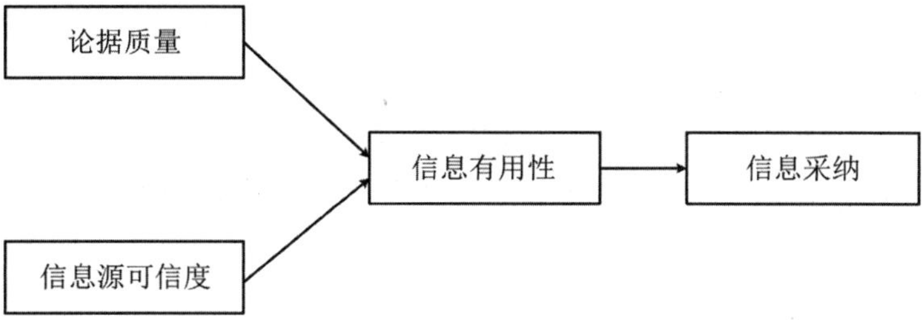

图 2-5 信息采纳模型

资料来源：Sussman 和 Siegal，2003④

① Lu L, Yuan Y C. Shall I google it or ask the competent villain down the hall? The moderating role of information need in information source selection[J]. Journal of the American Society for Information Science and Technology, 2011, 62(1): 133-145.

② Xu Y, Tan C Y, Yang L. Who will you ask? An empirical study of interpersonal task information seeking[J]. Journal of the American Society for Information Science and Technology, 2006, 57(12): 1666-1677.

③ Sundar S S, Knobloch-Westerwick S, Hastall M R. News cues: Information scent and cognitive heuristics[J]. Journal of the American Society for Information Society and Technology, 2007, 58(3): 366-378.

④ Sussman S W, Siegal W S. Informational influence in organizations: An integrated approach to knowledge adoption[J]. Information Systems Research, 2003, 14(1): 47-65.

精细加工可能性模型认为被激励或愿意加工处理信息的人更有可能采用中枢路径，他们需要花费更多的时间与精力，根据信息质量这样的线索做出理性的反应。① 在信息科学领域和信息系统领域，大多数研究认为信息质量是一个多维变量，有的从客观视角出发，认为信息质量指信息满足用户参与的特定活动的要求②；有的从主观视角出发，认为信息质量指人们在特定的信息环境中参照他们对信息的期望或者其他信息而对信息的良好性和有用性做出的主观判断③，如，Gorla 等④认为信息质量是一个与信息系统输出的质量有关的概念，可以根据输出对用户的有用性、与决策制定的相关性和易理解性来描述，即将信息系统质量描述为价值（Representing IS Quality as Value），也可以根据输出满足用户的信息规范来描述，即将信息系统质量描述为符合规范（Representing IS Quality as Conformance to Specification）；还有从客观和主观两个视角出发，认为信息质量是指适合使用（Fitness for Use）⑤。现有文献对信息质量的潜在维度进行大量研究，如，Wang 和 Strong⑥ 于

① Petty R E, Cacioppo J T, Schumann D. Central and peripheral routes to advertising effectiveness: The moderating role of involvement [J]. Journal of Consumer Research, 1983, 10 (2): 135-146.

② Taylor R S. Value-Added processes in information systems[M]. Norwood, NJ: Ablex, 1986.

③ Hilligoss B, Rieh S Y. Developing a unifying framework of credibility assessment: Construct, heuristics, and interaction in context [J]. Information Processing & Management, 2008, 44(4): 1467-1484.

④ Gorla N, Somers T M, Wong B. Organizational impact of system quality, information quality, and service quality [J]. The Journal of Strategic Information Systems, 2010, 19(3): 207-228.

⑤ Wang R Y, Strong D M. Beyond accuracy: What data quality means to data consumers[J]. Journal of Management Information Systems, 1996, 12(4), 5-33.

⑥ Wang R Y, Strong D M. Beyond accuracy: What data quality means to data consumers[J]. Journal of Management Information Systems, 1996, 12(4), 5-33.

1996 年提出内在信息质量、情景信息质量、表象信息质量和可访问性信息质量之后，Lee 等①提出合理的信息、可靠的信息、有用的信息和可用的信息等对信息质量进行分类。Arazy 等②从准确性、客观性(内在的信息质量"Intrinsic Information Quality")、完整性(情境信息质量"Contextual Information Quality")、代表性(表征信息质量"Representational Information Quality")4 个维度研究维基百科信息质量问题。Filieri 和 McLeay③ 从信息完整性、及时性、准确性、相关性、可理解性和增值性 6 个维度探讨在线评论的信息质量。Rabjohn 等④将信息质量的具体特征要素，即相关性、及时性、准确性和完整性，纳入网络环境下信息采纳模型的研究中，拓展了双路径理论的应用范围。这些研究提出了很多信息质量的基本属性，可以看出信息质量是由多个属性构成的，并且这些基本属性可以被归为更高层次的信息质量属性类别。

表 2-2 列出了有关信息质量维度及其定义的相关研究，它们分别从不同的维度定义信息质量，其中，准确性、及时性等常被用作信息质量的维度和测量题项。高质量的信息既要满足用户需求，也

① Lee Y W, Strong D W, Kahn B K, et al. AIMQ: A methodology for information quality assessment[J]. Information & Management, 2002, 40(2): 133-146.

② Arazy O, Nov O, Patterson R, et al. Information quality in Wikipedia: The effects of group composition and task conflict[J]. Journal of Management Information Systems, 2011, 27(4): 71-98.

③ Filieri R, McLeay F. E-WOM and accommodation: An analysis of the factors that influence travelers' adoption of information from online reviews[J]. Journal of Travel Research, 2014, 53(1): 44-57.

④ Rabjohn N, Cheung C M K, Lee M K O. Examining the perceived credibility of online opinions: Information adoption in the online environment[C]. Proceedings of the 41st Annual Hawaii International Conference on System Sciences, IEEE, 2008, DOI: 10.1109/HICSS.2008.156.

要符合客观实际。① 社会化媒体中的信息内容由用户生成，并且社会化媒体平台对于谁将发布什么样的信息以及何时发布缺乏有效的质量控制，因此，用户对社会化媒体中信息质量的感知有别于对传统信息系统中信息质量的感知。考虑到信息质量决定了高水平精细加工可能性条件下信息影响的程度②，将信息质量作为用户处理信息线索时的中枢路径变量，重点关注信息质量有限的几个维度，而不是包括信息质量的全部属性。本书中的信息质量由准确性、及时性和全面性 3 个维度来反映，以测量和考察用户对于社会化媒体学术信息质量的感知。

表 2-2　　**信息质量维度及定义**

文献来源	信息质量维度	定　义
McKinney 等 (2002)③	易理解性	信息的含义清晰、容易理解与阅读的程度
	可靠性	信息的准确性、可信性和一致性的程度
	有用性	用户对信息可以提高他们决策的可能性的评估
Zhang (2010)④	形式	用户对信息是如何呈现的感知
	准确性	用户关于信息的正确性的感知
	实时性	用户对信息是最新的程度的感知
	范围	系统提供范围广泛的信息的程度
	易理解性	用户对信息是容易理解的感知

① Eppler M J. Managing information quality: Increasing the value of information in knowledge intensive products and processes[M]. Berlin: Springer-Verlag, 2003: 56-79.

② Petty R E, Cacioppo J T. Communication and persuasion: Central and peripheral routes of attitude change[M]. New York: Springer, 1986.

③ McKinney V, Yoon K, Zahedi F M. The measurement of web-customer satisfaction: An expectation and disconfirmation approach[J]. Information Systems Research, 2002, 13(3): 296-315.

④ Zhang Z. Feeling the sense of community in social networking usage[J]. IEEE Transactions on Engineering Management, 2010, 57(2): 225-239.

续表

文献来源	信息质量维度	定 义
Gorla 等(2010)①	信息内容	信息内容测量的是在报告/调查屏幕上呈现给用户的信息的相关性以及信息的准确性和完整性
	信息形式	信息形式测量的是展现信息的风格以及信息是否以容易理解的形式被提供
Chen (2010)②	资讯性	与用户群体相关的所有可能状态被存储信息所展现的程度或信息精确地反映它所表示的世界当前状态的程度
	准确性	信息正确、明确、有意义、可信和一致的程度
Moores (2012)③	准确性	用户认为系统没有错误的程度
	内容	用户认为系统提供所有的开展他们的工作所需的信息的程度
	形式	用户认为系统的输出容易阅读和理解的程度
	及时性	当用户需要信息时，他们认为系统提供所需信息的程度
Zheng 等(2013)④	可靠性	信息被认为真实、可信和可靠的程度
	客观性	信息公平、公正及无偏见的程度
	增值性	信息是有益的并提供使用该信息优势的程度
	及时性	对于手头的任务，信息充分更新的程度
	丰富性	信息足以满足特定需求的程度
	形式	信息以容易理解的方式被呈现的程度

① Gorla N, Somers T M, Wong B. Organizational impact of system quality, information quality, and service quality[J]. The Journal of Strategic Information Systems, 2010, 19(3): 207-228.

② Chen C W. Impact of quality antecedents on taxpayer satisfaction with online tax-filling systems — An empirical study[J]. Information & Management, 2010, 47(5-6): 308-315.

③ Moores T T. Towards an integrated model of IT acceptance in healthcare[J]. Decision Support Systems, 2012, 53(3): 507-516.

④ Zheng Y M, Zhao K, Stylianou A. The impact of information quality and system quality on users' continuance intention in information-exchange virtual communities: An empirical investigation[J]. Decision Support Systems, 2013, 56: 513-524.

2.4.3 信息系统成功模型

Babalhavaeji 等①认为质量可以反映卓越的程度(A Degree of Excellence)。本书在 DeLone 和 McLean 于 2003 年提出的更新后的信息系统成功模型(图 2-6)基础上考察社会化媒体质量及其影响作

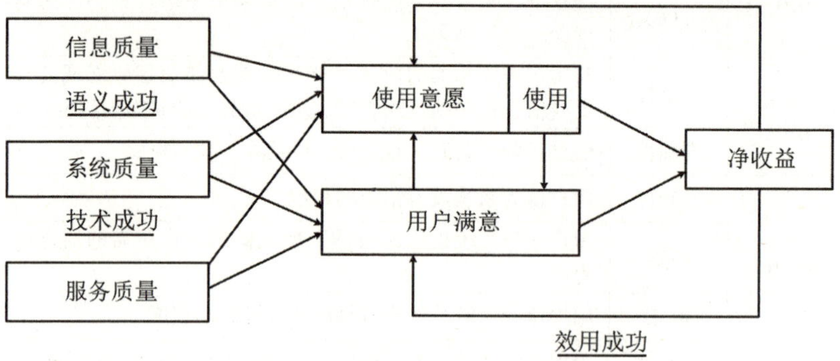

图 2-6 更新后的信息系统成功模型

资料来源：DeLone 和 McLean，2003②

用。更新后的信息系统成功模型是评定信息系统质量的重要起点③，包括 3 个重要的质量维度④，即测量语义成功的信息质量、

---

① Babalhavaeji F，Isfandyari-Moghaddam A，Aqili S V，et al. Quality assessment of academic libraries' performance with a special reference to information technology-based services：Suggesting an evaluation checklist[J]. The Electronic Library，2010，28(4)：592-621.

② DeLone W H，McLean E R. The DeLone and MeLean model of information systems success：A ten-year update [J]. Journal of Management Information Systems，2003，19(4)：9-30.

③ Cody-Allen E，Kishore R. An extension of the UTAUT model with e-quality，trust，and satisfaction constructs[C]. Proceedings of the 2006 ACM SIGMIS CPR Conference on Computer Personnel Research：Forty four years of computer personnel research：Achievements，challenges & the future，ACM，2006：82-89.

④ DeLone W H，McLean E R. The DeLone and MeLean model of information systems success：A ten-year update [J]. Journal of Management Information Systems，2003，19(4)：9-30.

测量技术成功的系统质量以及服务质量。其中，服务质量源自产品质量和消费者满意度的研究文献。①② 在信息系统成功模型中，DeLone 和 McLean 未提及服务质量可以测量信息系统哪个方面的成功，但 Zha 等③④⑤认为服务质量可以用来测量信息系统的应用成功。根据 DeLone 和 McLean 的研究，本书从信息质量、系统质量和服务质量 3 个方面研究社会化媒体的质量对用户学术信息搜寻行为的影响。信息质量指社会化媒体中以在线内容的形式提供的学术信息内容的质量⑥，与完整性、准确性和实时性相关联⑦。系统质量指社会化媒体处理自身功能应用和数据组件的质量，测量的是社会化媒体技术系统的可靠程度⑧，与可靠性、高效的导航和清晰的

---

① DeLone W H, McLean E R. The DeLone and MeLean model of information systems success: A ten-year update [J]. Journal of Management Information Systems, 2003, 19(4): 9-30.

② Lin H F. The impact of website quality dimensions on customer satisfaction in the B2C e-commerce context [J]. Total Quality Management & Business Excellence, 2007, 18(4): 363-378.

③ Zha X J, Zhang J C, Yan Y L, et al. User perceptions of e-quality of and affinity with virtual communities: The effect of individual differences[J]. Computers in Human Behavior, 2014, 38: 185-195.

④ Zha X J, Zhang J C, Yan Y L, et al. Does affinity matter? Slow effects of e-quality on information seeking in virtual communities[J]. Library and Information Science Research, 2015, 37(1): 68-76.

⑤ Zha X J, Zhang J C, Yan Y L, et al. Sound information seeking in Web 2.0 virtual communities: The moderating effect of mindfulness[J]. Behaviour & Information Technology, 2015, 34(9): 920-935.

⑥ Gorla N, Somers T M, Wong B. Organizational impact of system quality, information quality, and service quality[J]. The Journal of Strategic Information Systems, 2010, 19(3): 207-228.

⑦ Zhou T. Examining the critical success factors of mobile website adoption[J]. Online Information Review, 2011, 35(4): 636-652.

⑧ Gorla N, Somers T M, Wong B. Organizational impact of system quality, information quality, and service quality[J]. The Journal of Strategic Information Systems, 2010, 19(3): 207-228.

布局相关联①。服务质量是社会化媒体服务提供者依据可靠性、响应性、保证和移情作用传递给用户的服务水平②，涉及可信性、及时性、个性化和专业化等方面③。

结合精细加工可能性模型，前面一节已对信息质量作为中枢路径变量来考虑做过论述。关于服务质量，由于用户在使用社会化媒体搜寻学术信息的过程中，需要根据自身的认知对社会化媒体的服务质量进行判断，而准确地判断社会化媒体所提供的服务水平需要用户付出充分的精力和努力，因此，将服务质量作为中枢路径变量进行研究。与信息质量和服务质量不同，用户通过社会化媒体是否容易使用、布局是否清晰、页面导航是否有效等特征可直观地判断系统质量水平，且无需花费很多精力和认知努力便可评估系统质量的高低，因此，将系统质量作为边缘路径变量进行研究。

考虑到社会化媒体在人们日常生活和工作中的重要性，研究人员对社会化媒体环境下的质量问题进行了大量研究，如，Cho 和 Lee④ 指出寻求优质信息将理性驱动用户在虚拟环境中的信息搜寻行为。Pearson 等⑤考察电子服务质量和信息质量对感知价值和网站忠诚度的作用。Lin⑥ 研究系统特征对虚拟社区成功的影响，发

① Zhou T. Examining the critical success factors of mobile website adoption[J]. Online Information Review, 2011, 35(4): 636-652.

② Gorla N, Somers T M, Wong B. Organizational impact of system quality, information quality and service quality[J]. The Journal of Strategic Information Systems, 2010, 19(3): 207-228.

③ Zhou T. Understanding users' initial trust in mobile banking: An elaboration likelihood perspective[J]. Computers in Human Behavior, 2012, 28(4): 1518-1525.

④ Cho H, Lee J S. Collaborative information seeking in intercultural computer-mediated communication groups: Testing the influence of social context using social network analysis[J]. Communication Research, 2008, 35(4): 548-573.

⑤ Pearson A, Tadisina S, Griffin C. The role of e-service quality and information quality in creating perceived value: Antecedents to web site loyalty[J]. Information Systems Management, 2012, 29(3): 201-215.

⑥ Lin H F. Determinants of successful virtual communities: Contributions from system characteristics and social factors[J]. Information & Management, 2008, 45(8): 522-527.

现信息质量和系统质量影响虚拟社区成员对虚拟社区的满意度。Lin 和 Lee① 认为质量感知维度是在线社区有效的主要前提。Lu 和 Lee② 研究博客黏性的前提因素(博客质量、认知需求和社会影响),结果显示男性用户认为系统质量是决定是否再次访问博客的重要因素,而女性用户仅关注内容质量。Zha 等③④研究了虚拟社区中用户的信息搜寻行为,发现信息质量、系统质量和服务质量对信息搜寻行为存在不同程度的直接或间接的显著影响。Lim 和 Kwon⑤ 研究维基百科中用户信息行为的性别差异,发现与女生相比,男生对维基百科的信息质量有更多积极的体验。Lim⑥ 发现学生对维基百科有积极的过往体验,但是他们认为维基百科的信息质量并不高。Jin 等⑦发现当用户认为网络信息的有用性是由信息质量决定时,他们会继续使用社交网络中的信息。Wang 和 Lin⑧ 考

---

① Lin H F, Lee G G. Determinants of success for online communities: An empirical study[J]. Behaviour & Information Technology, 2006, 25(6): 479-488.

② Lu H P, Lee M R. Demographic differences and the antecedents of blog stickiness[J]. Online Information Review, 2010, 34(1): 21-38.

③ Zha X J, Zhang J C, Yan Y L, et al. Does affinity matter? Slow effects of e-quality on information seeking in virtual communities[J]. Library and Information Science Research, 2015, 37(1): 68-76.

④ Zha X J, Zhang J C, Yan Y L, et al. Sound information seeking in Web 2.0 virtual communities: The moderating effect of mindfulness[J]. Behaviour & Information Technology, 2015, 34(9): 920-935.

⑤ Lim S, Kwon N. Gender differences in information behavior concerning Wikipedia, an unorthodox information source? [J]. Library and Information Science Research, 2010, 32(3): 212-220.

⑥ Lim S. How and why do college students use Wikipedia? [J]. Journal of the American Society for Information Science and Technology, 2009, 60(11): 2189-2202.

⑦ Jin X L, Cheung C M K, Lee M K O, et al. How to keep members using the information in a computer-supported social network[J]. Computers in Human Behavior, 2009, 25(5): 1172-1181.

⑧ Wang S, Lin J C C. The effect of social influence on bloggers' usage intention[J]. Online Information Review, 2011, 35(1): 50-65.

察了社会影响、博客平台质量与用户使用意愿间的关系，发现用户使用博客的意愿会受到信息质量、系统质量、博客功能质量以及社会影响等因素的影响。

2.4.4 性格特质模型

作为引导个体行为的一种关键的心理机制①，性格特质被定义为人们特有的思想、情感与行为的模式，它不因时间和环境的变化而变化，具有持续性和稳定性，可用于区分人与人之间的不同②。目前，五大性格特质模型是测量人们性格特质最常用的模型。该模型认为大多数人在性格上的差异可以分为五大类域③，即外向、随和、开放、尽责和情绪。

根据 McCrae 和 Costa④ 以及 Peeters 等⑤的研究，外向表示一个人开朗和健谈的程度，性格外向的人与诸如善于交际、合群、自信和积极主动的行为相关，他们喜欢冒险和社交，性格直率，健谈开朗；而内向的人则较为安静、矜持和害羞。⑥⑦ 随和表示一个人

① Kwon N, Song H. Personality traits, gender, and information competency among college students[J]. Malaysian Journal of Library & Information Science, 2011, 16(1): 87-107.

② Phares E J. Introduction to psychology (3rd ed.)[M]. New York, NY: Harper Collins Publishers, 1991: 4.

③ Gosling S D, Rentfrow P J, Swann W B. A very brief measure of the Big-Five personality domains[J]. Journal of Research in Personality, 2003, 37(6): 504-528.

④ McCrae R R, Costa P T. Updating Norman's "adequate taxonomy": Intelligence and personality dimensions in natural language and questionnaires[J]. Journal of Personality and Social Psychology, 1985, 49(3): 710-721.

⑤ Peeters M A G, Rutte C G, van Tuijl H F J M, et al. The big-five personality traits and individual satisfaction with the team[J]. Small Group Research, 2006, 37(2): 187-211.

⑥ Mohamed N, Hussein R, Zamzuri N H A, et al. Insights into individual's online shopping continuance intention[J]. Industrial Management & Data Systems, 2014, 114(9): 1453-1476.

⑦ Costa P T Jr, McCrae R R. Revised NEO personality inventory (NEO-PI-R) and NEO Five-Facotr inventory (NEO-FFI) professional manual[M]. Odessa, FL: Psychological Assessment Resources, 1992: 49.

友善的程度，随和的人的行为表现有礼貌、灵活、信任、善良、热情、宽厚、富有同情心等。①② 开放是指一个人创造性和好奇的程度，表示人们享受新体验和兴趣广泛的倾向。③ 开放性水平较高的人通常有广泛的兴趣，追求新奇，心胸开阔，聪明，具有原创性；而开放性水平较低的人则偏好熟悉的和习惯性的事物。④ 尽责反映一个人是自律的、可靠的、关注细节的、有计划的、勤奋的、成就导向的以及持之以恒的程度⑤，是对目标导向行为和控制冲动程度的测量⑥。尽责性水平较高的人通常倾向于设定实质性目标、行为上尽职尽责、讲求道义、条理清晰、勤奋努力、有强烈的成就需求并表现为目标激励型行为，而且成就导向和有计划的行为会促使人们寻找必要的信息来实现目标；而尽责性水平较低的人往往比较粗

① Barrick M R, Mount M K, Gupta R. Meta-analysis of the relationship between the five-factor model of personality and Holland's occupational types[J]. Personnel Psychology, 2003, 56(1): 45-74.

② Costa P T Jr, McCrae R R. Revised NEO personality inventory (NEO-PI-R) and NEO Five-Facotr inventory (NEO-FFI) professional manual[M]. Odessa, FL: Psychological Assessment Resources, 1992: 49.

③ McCrae R R, Costa P T Jr. Validation of the five-factor model of personality across instruments and observers[J]. Journal of Personality and Social Psychology, 1987, 52(1): 81-90.

④ Heinström J. Five personality dimensions and their influence on information behaviour[J]. Information Research, 2003, 9(1), http://informationr.net/ir/9-1/paper165.html.

⑤ Gosling S D, Rentfrow P J, Swann W B. A very brief measure of the Big-Five personality domains[J]. Journal of Research in Personality, 2003, 37(6): 504-528.

⑥ Heinström J. Five personality dimensions and their influence on information behaviour[J]. Information Research, 2003, 9(1), http://informationr.net/ir/9-1/paper165.html.

心而且容易改变立场。①②③ 情绪表示一个人处于情绪不稳定的状态、悲观以及自尊心低落的程度④⑤，是对人的情感和情绪控制的测量，与诸如焦虑、抑郁、愤怒、尴尬、不安之类的行为相关。情绪性处于高水平时，人们较为敏感、紧张和焦虑，缺乏安全感，有担心的倾向，特别容易受潜在损失和风险的困扰，也不太可能接受新事物；而当情绪性处于低水平时，人们较为冷静，能很好地控制情绪，此时，人的情绪具有稳定性。⑥⑦⑧ 这些特征反映了人类性格特征的基本方面，Heinström⑨ 认为人们在性格特征上有不同的

① Hough L M, Eaton N K, Dunnette M D, et al. Criterion-related validities of personality constructs and the effects of response distortion on those validities[J]. Journal of Applied Psychology, 1990, 75(5): 581-595.

② Chen S W, Behm-Morawitz E. Deciphering blog users: Young adults' personalities, motivations, and perceived importantce of blog features [J]. Information, Communication & Society, 2018, 21(10): 1493-1505.

③ Zhou T, Lu Y B. The effects of personality traits on user acceptance of mobile commerce[J]. International Journal of Human-Computer Interaction, 2011, 27 (6): 545-561.

④ Lin N P, Chiu H C, Hsieh Y C. Investigating the relationship between service providers' personality and customers' perceptions of service quality across gender[J]. Total Quality Management, 2001, 12(1): 57-67.

⑤ Walczuch R, Lundgren H. Psychological antecedents of institution-based consumer trust in e-retailing[J]. Information & Management, 2004, 42(1): 159-177.

⑥ Zhou T, Lu Y B. The effects of personality traits on user acceptance of mobile commerce[J]. International Journal of Human-Computer Interaction, 2011, 27 (6): 545-561.

⑦ Heinström J. Five personality dimensions and their influence on information behaviour[J]. Information Research, 2003, 9(1), http: //informationr. net/ir/9-1/paper165. html.

⑧ Chen S W, Behm-Morawitz E. Deciphering blog users: Young adults' personalities, motivations, and perceived importantce of blog features [J]. Information, Communication & Society, 2018, 21(10): 1493-1505.

⑨ Heinström J. Fast surfing, broad scanning and deep diving: The influence of personality and study approach on students' information-seeking behavior [J]. Journal of Documentation, 2005, 61(2): 228-247.

水平变化，即各个维度描述的是两个极端值之间的连续变化。

个体的不同性格特征决定他们的在线行为①。五大类性格特质模型已被普遍应用于社会化媒体和信息行为等各种情境的研究中，如，Jadin 等②研究虚拟的开放内容社区中性格特征对知识共享的影响。性格开放的用户倾向于更多地使用 Facebook③。Jenkins-Guarnieri 等④指出外向与使用 Facebook 之间存在正向关联。Sin 和 Kim⑤ 分析留学生的日常生活信息需求、使用社交网络搜寻信息的情况，以及人口统计学特征、性格特征、社交网络使用和获取日常生活信息的有用性之间的关系。Özgüven 和 Mucan⑥ 调查虚拟社区与用户性格因素之间的关系，发现尽责和开放是影响用户使用虚拟社区的重要因素。Heinström⑦ 的研究发现信息行为与性格特征的五个维度都有联系。Heinström⑧ 从心理学角度研究信息行为，将

① McCrae R R, Costa P T. Validation of five-factor model of personality across instruments and observers[J]. Journal of Personality and Social Psychology, 1987, 52(1): 81-90.

② Jadin T, Gnambs T, Batinic B. Personality traits and knowledge sharing in online communities[J]. Computers in Human Behavior, 2013, 29(1): 210-216.

③ Ross C, Orr E S, Sisic M, et al. Personality and motivations associated with Facebook use[J]. Computers in Human Behavior, 2009, 25(2): 578-586.

④ Jenkins-Guarnieri M A, Wright S L, Hudiburgh L M. The relationship among attachment style, personality traits, interpersonal competency, and Facebook use[J]. Journal of Applied Developmental Psychology, 2012, 33(6): 294-301.

⑤ Sin S C J, Kim K S. International students' everyday life information seeking: The informational value of social networking sites [J]. Library and Information Science Research, 2013, 35(2): 107-116.

⑥ Özgüven N, Mucan B. The relationship between personality traits and social media use[J]. Social Behavior and Personality, 2013, 41(3): 517-528.

⑦ Heinström J. Five personality dimensions and their influence on information behaviour[J]. Information Research, 2003, 9(1), http://informationr.net/ir/9-1/paper165.html.

⑧ Heinström J. Fast surfing, broad scanning and deep diving: The influence of personality and study approach on students' information-seeking behavior [J]. Journal of Documentation, 2005, 61(2): 228-247.

信息搜寻与性格特征、学习方式相联系，根据性格特征的不同组合确定了3种独特的信息搜寻模式。此外，Heinström① 研究信息搜寻模式与性格特征之间的关系，发现具有深度的策略性学习方法的尽责型性格的学生会专注于优质信息的精确搜索。

① Heinström J. Broad exploration or precise specificity: Two basic information seeking patterns among students[J]. Journal of the American Society for Information Science and Technology, 2006, 57(11): 1440-1450.

3 信息需求及其量表开发

本章从用户认知的角度出发对信息需求进行研究，用户认知强调的是以用户为中心，并承认用户对信息需求的个体感知与信息对该信息需求反应的主观的相关性评价。① 为了研究信息需求在社会化媒体用户学术信息搜寻行为过程中的影响机制，需要对用户在信息活动中的信息需求进行测量。一般地，信息需求的测量可以通过两种方法来进行：第一，通过计算用户现有的信息量与达到信息充裕时的信息量的差值来测量用户的信息需求，如，Lu 和 Yuan② 在研究用户的信息源选择行为时，信息需求的测量是通过计算用户已有信息与充裕值之间的差值实现的；第二，将信息需求作为一个潜在变量测量和评估用户对自身信息需求的感知。由于准确地测量用户学术信息搜寻行为过程中的信息需求需依赖相关的测量题项，本章的研究目的是从用户认知的角度出发，将信息需求看作一个潜在变量，通过抽取和分析用户对其自身信息需求的认知开发能够测量用户信息需求的测量量表。

---

① Borlund P. The cognitive viewpoint: The essence of information retrieval interaction[J]. In Larsen B, Schneider J W, Åström F. (Eds.), The Janus faced scholar. A festschrift in honor of Peter Ingwersen. Copenhagen: Royal School of Library and Information Science, 2010: 23-34.

② Lu L, Yuan Y C. Shall I google it or ask the competent villain down the hall? The moderating role of information need in information source selection[J]. Journal of the American Society for Information Science and Technology, 2011, 62(1): 133-145.

3.1 信息需求研究视角

用户信息需求的研究历史悠久，最早可追溯至 1916 年对图书馆用户的调查研究①，发展至 20 世纪 80 年代，该领域得到蓬勃发展②。与人类的基本需求不同，信息需求对于个体而言更多地表现为无形性、未知性、模糊不清且不易表达。在信息科学领域，信息需求研究经历了从以系统为导向到以用户为导向再到关注信息需求发生情境的过程。在信息需求研究的初期，大多数研究局限于需求的系统概念，系统对需求的响应是从系统的角度出发，而不是从用户的角度出发来考虑。③ 为了给构建实践与研究的概念框架提供一个坚实的研究基础，Dervin 和 Nilan 等提出以用户角度的新范式研究信息需求问题。④⑤ 之后，随着认知科学的引入，用户个体的信息需求得到关注，满足用户个性化信息需求的研究视角逐渐取代了以信息和系统为中心的研究。到 20 世纪 80 年代，信息需求被认为是解释人们参与信息搜寻的相对稳定的类似实体的因素的假设受到越来越多的批判⑥。根据 Taylor 信息需求模型中信息需求的模糊性和不易表达的特征以及 Wilson 对信息需求问题的探究，研究人员对信息需求问题的研究重点转向了信息需求发生的情境，这使得用

---

① Wilson T D. Information needs and uses: Fifty years of progress? [J]. Fifty Years of Information Progress: A Journal of Documentation Review, 1994: 15-51.

② Bawden D. Users, user studies and human information behaviour [J]. Journal of Documentation, 2006, 62(6): 671-679.

③ Dervin B, Nilan M. Information needs and uses [J]. Annual Review of Information Science and Technology, 1986, 21: 3-33.

④ Dervin B, Nilan M. Information needs and uses [J]. Annual Review of Information Science and Technology, 1986, 21: 3-33.

⑤ Kuhlthau C C. A principle of uncertainty for information seeking [J]. Journal of Documentation, 1993, 49(4): 339-355.

⑥ Dervin B, Nilan M. Information needs and uses [J]. Annual Review of Information Science and Technology, 1986, 21: 3-33.

户信息需求产生的情境变得非常重要。进入20世纪90年代，信息需求发生的情境被进一步具体化为激发用户产生信息需求的任务或者需要解决的问题。① 学者们认为研究利用信息以解决引起信息需求产生的问题这一建构过程比研究信息搜寻与获取显得更为重要。②③④⑤ 此后，学者们在分析用户信息需求的维度及其相关问题时，将情境因素考虑进来，如，Westbrook⑥ 强调应该根据信息需求产生的情境对其进行概念化。Choo⑦ 认为信息需求包括认知、情感和情境3个维度。Savolainen⑧ 指出信息需求由认知因素、情感因素、情境因素和社会因素组成。Byström 和 Järvelin⑨ 认为信息需求和信息搜寻过程依赖于员工的工作任务，随着任务复杂度的增加，用户所需信息的复杂性也会增加，并且对领域信息和解决问题

① Cole C. A theory of information need for information retrieval that connects information to knowledge [J]. Journal of the American Society for Information Science and Technology, 2011, 62(7): 1216-1231.

② Buckland M. Information and information systems [M]. New York: Praeger, 1991.

③ Ellis D. The physical and cognitive paradigms in information retrieval research[J]. Journal of Documentation, 1992, 48: 45-64.

④ Ingwersen P. Information retrieval interaction [M]. London: Taylor Graham, 1992.

⑤ Wilson T D. On user studies and information needs [J]. Journal of Documentation, 1981, 37(1): 3-15.

⑥ Westbrook L. E-government support for people in crisis: An evaluation of police department website support for domestic violence survivors using person-in-situation information need analysis[J]. Library and Information Science Research, 2008, 30(1): 22-38.

⑦ Choo C W. The knowing organization: How organizations use information to construct meaning, create knowledge, and make decisions (2nd ed.) [M]. New York, NY: Oxford University Press, 2006.

⑧ Savolainen R. Elaborating the motivational attributes of information need and uncertainty[J]. Information Research, 2012, 17(2), http://informationr.net/ir/17-2/paper516.html.

⑨ Byström K, Järvelin K. Task complexity affects information seeking and use[J]. Information Processing & Management, 1995, 31(2): 191-213.

型信息的需求也将随之提升，但是，信息搜寻的成功率则会降低。Savolainen① 利用概念分析的方法对信息需求的情境特性进行研究，发现 3 个主要影响信息需求形成和满意的情境，即行动情境、任务绩效情境和对话情境。

信息需求是用户信息行为研究中的重要概念之一，现有研究都认为只有个体意识到自身的需求才会激发相应的信息行为②。在以往关于信息需求的研究中，信息需求往往被误解为③：需求评估的实证研究中用户对信息渠道或信息源的使用频率、使用偏好或满意度；或者，用户将命令输入系统启动或将其运行，得到事实类型的系统输出结果。由于测量用户的信息需求比较困难，对信息需求的描述和测度缺乏系统性和准确性，导致信息需求研究受到阻碍。④从传统意义上看，信息需求表示个人搜寻信息的起始状态⑤，学者们对信息需求的研究主要从两种视角出发，一种是基于计算机科学的视角，一种是基于信息科学的视角。前者在现有研究中占据主导地位，认为用户需要为界定明确的问题找到相应的答案，这种情况对用户来说，信息需求是清晰具体的，并且可以被明确地表述出

① Savolainen R. Conceptualizing information need in context[J]. Information Research, 2012, 17(4), http://informationr.net/ir/17-4/paper534.html.

② Fourie I. A call for libraries to go green: An information behaviour perspective to draw interest from twenty-first century librarians[J]. Library Hi Tech, 2012, 30(3): 428-435.

③ Cole C. A theory of information need for information retrieval that connects information to knowledge[J]. Journal of the American Society for Information Science and Technology, 2011, 62(7): 1216-1231.

④ Eager C, Oppenheim C. An observational method for undertaking user needs studies[J]. Journal of Librarianship and Information Science, 1996, 28(1): 15-23.

⑤ Cole C. A theory of information need for information retrieval that connects information to knowledge[J]. Journal of the American Society for Information Science and Technology, 2011, 62(7): 1216-1231.

来，构造系统查询式是容易的；后者则认为信息需求是一个黑匣子①，难以通过查询式具体地表述，是不可知的②。这两种视角与Taylor的信息需求理论所提出的4个水平的信息需求相对应。从计算机科学视角出发的用户信息需求研究主要关注的是Taylor模型中后两个水平的信息需求，即正式的信息需求和妥协的信息需求，属于可以被具体描述的需求。而从信息科学视角出发的用户信息需求研究主要关注的则是前两个水平的信息需求，即本能的信息需求和意识的信息需求，属于无形的、模糊的、无法被直接表达的需求。研究人员认为信息需求的产生源于个体对所处现状存在潜在的不满③。个体意识到的知识不足④、不确定状态⑤⑥⑦等都会激发人们去搜寻解决问题的答案。在信息科学领域，研究人员针对用户的信息需求进行大量研究，虽然这些研究解释了信息需求的一些共同

① Taylor R S. Question-negotiation and information seeking in libraries[J]. College & Research Libraries, 1968, 29(3): 178-194.

② Cole C. A theory of information need for information retrieval that connects information to knowledge [J]. Journal of the American Society for Information Science and Technology, 2011, 62(7): 1216-1231.

③ Shenton A K, Dixon P. The nature of information needs and strategies for their investigation in youngsters [J]. Library and Information Science Research, 2004, 26: 296-310.

④ Belkin N J. Anomalous state of knowledge[M]. In Fisher K E, Elderez S, McKechnie L E F (Eds.), Theories of Information Behavior. American Society of Information Science and Technology Monograph Series. Medford, NJ: Information Today Inc, 2005: 44-49.

⑤ Krikelas J. Information-seeking behaviour: Patterns and concepts [J]. Drexel Library Quarterly, 1983, 19: 5-20.

⑥ Kuhlthau C C. Inside the search process: Information seeking from the user's perspective [J]. Journal of the American Society for Information Science, 1991, 42(5): 361-371.

⑦ Nahl D. Social-biological information technology: An integrated conceptual framework [J]. Journal of the American Society for Information Science and Technology, 2005, 58: 2021-2046.

的元素特征，但是依然缺少对信息需求的共识。①② 现有的具有代表性的解释，如，Wilson 认为信息需求是基于具有生理特性、认知特性和心理/情感特性的基本的人类需求而产生③，信息行为以用户个人识别出自己的信息需求为前提而展开④。Ford⑤ 认为信息需求是“不知道”的意识或者某些概念上的不协调，即用户的认知结构不足以胜任所面临的任务。由于信息需求不会凭空产生，而是依赖于一些历史、目标和影响等情境所产生，Case⑥ 引入目的维度，认为信息需求是认识到个体的知识不足以满足其现有的目标。Atkin⑦ 认为信息需求是由用户对于重要环境对象现有的确定性水平的感知与其试图要达到的标准状态之间的差异所产生的外部不确定性的函数。Raper⑧ 认为信息需求可以从意愿和任务两个方面进行定义，分别与 Popper⑨ 的主观的精神世界和客观的具象世界相

---

① Shenton A K, Dixon P. The nature of information needs and strategies for their investigation in youngsters [J]. Library and Information Science Research, 2004, 26: 296-310.

② Church K, Cherubini M, Oliver N. A large-scale study of daily information needs captured in situ [J]. ACM Transactions on Computer-Human Interaction, 2014, 21(2), Article 10, DOI: http: //dx. doi. org/10. 1145/2552193.

③ Wilson T D. On user studies and information needs [J]. Journal of Documentation, 1981, 37(1): 3-15.

④ Wilson T D. Models in information behaviour research [J]. Journal of Documentation, 1999, 55(3): 249-270.

⑤ Ford G. Research in user behaviour in university libraries [J]. Journal of Documentation, 1973, 29(1): 85-106.

⑥ Case D O. Looking for Information: A Survey of Research on Information Seeking, Needs and Behavior [M]. San Diego, CA: Academic Press/Elsevier Science, 2002.

⑦ Atkin C. Instrumental utilities and information seeking [M]. In Clarke P. (Ed.), New Models for Mass Communication Research. Beverly Hills, CA: Sage, 1973: 205-242.

⑧ Raper J. Geographic relevance [J]. Journal of Documentation, 2007, 63 (6): 836-852.

⑨ Popper K. Objective Knowledge: An evolutionary approach [M]. Oxford: Clarendon Press, 1973.

对应。

在一定程度上，信息需求的产生和满足分别构成信息行为的出发点和归宿①，是信息行为研究的重要内容。用户信息需求与信息行为研究离不开特定的情境。本书从信息科学的研究视角出发，认为信息需求是指人们面对特定的任务时所意识到的还需进一步获取的信息，反映出当前所拥有的信息与信息充裕临界值之间的差距，被看作一种存在于人们心理的、难以表达的、模糊的和无意识的状态。② 在社会化媒体环境下，用户的信息需求主要来自学习和工作任务的驱动，任务的要求越高则信息需求越强烈，面对海量的正式与非正式的学术信息资源，准确地把握用户信息需求并发现影响用户学术信息搜寻行为规律显得尤为必要。

3.2 信息需求维度研究

信息需求反映了人们经历认知鸿沟时的主观感知，是一个复杂的多维构念。根据任务或问题的要求、个人的知识水平以及外部环境等方面的差异，信息需求可以是潜在的、客观的或主观的③。研究人员对信息需求的构成维度与特性进行了探讨和研究，如，Wilson④⑤ 指出需求是一种主观体验，认为信息需求产生于人类的

---

① 查先进，张晋朝，严亚兰．基于国外图书情报领域六种主流期刊的网络信息行为研究综述[J]．情报学报，2014，33(7)：752-764.

② Lu L，Yuan Y C. Shall I google it or ask the competent villain down the hall? The moderating role of information need in information source selection[J]. Journal of the American Society for Information Science and Technology，2011，62(1)：133-145.

③ Wersig G. Informationssoziologie. Hinweise zu einem informationswissenschaftlichen Teilbereich [Information sociology. References to a sub-field of information science][M]. Frankfurt am Main，Germany：Athenäum Fischer，1973.

④ Wilson T D. On user studies and information needs [J]. Journal of Documentation，1981，37(1)：3-15.

⑤ Wilson T D. Information behaviour：An interdisciplinary perspective[J]. Information Processing & Management，1997，33(4)：551-572.

基本需求，具有认知需求、生理需求、心理/情感需求的特质，因此，可以从认知需求、生理需求和心理/情感需求的维度研究用户的信息需求。Ingwersen① 对于公共图书馆用户与图书馆员之间的会话进行观察和分析，认为信息需求可以分为可确认的信息需求、有意识主题的信息需求和模糊主题的信息需求 3 种类型。Choo② 认为信息需求包括认知、情感和情境 3 个维度。Ormandy③ 将目标/目的维度纳入信息需求的范畴，认为激发信息需求的主要概念可以归为 4 个理论维度，即目标/目的、语境、情境和时间。基于期望价值理论，Savolainen④ 分析了信息需求的认知动机属性和情感动机属性，其中，认知属性集中在信息搜寻者的目标和能力上，情感属性着重于行为者对信息搜寻任务的感知，在该研究中，Savolainen 进一步指出认知属性涉及个体执行任务的能力以及任务重要性的问题，更为具体的问题表述为："我可以执行这一项信息搜寻任务吗?""我为什么要执行这一项信息搜寻任务?"前者需要根据个体对于任务的感知难易程度以及当前对于某一主题领域所拥有的知识水平来判断，后者需要根据个体对该特定任务的目标来判断，个体认为所面临的信息搜寻任务越重要，他们就越愿意进行信息搜寻获取更多的信息。情感属性涉及的问题是"我对该信息搜寻任务的感受如何"，需要根据个体对于该任务的内在愉悦感或不愉

① Ingwersen P. Cognitive analysis and the role of the intermediary in information retrieval [M]. In Davies R (Ed.), Intelligent information systems. Chichester, West Sussex: Horwood, 1986: 206-237.

② Choo C W. The knowing organization: How organizations use information to construct meaning, create knowledge, and make decisions (2nd ed.) [M]. New York, NY: Oxford University Press, 2006.

③ Ormandy P. Defining information need in health — Assimilating complex theories derived from information science[J]. Health Expectations, 2011, 14(1): 92-104.

④ Savolainen R. Elaborating the motivational attributes of information need and uncertainty [J]. Information Research, 2012, 17 (2). http://informationr.net/ir/17-2/paper516.html.

悦感来判断。Church 等①研究了情境因素、技术因素和个人背景特征对人们日常信息需求的影响。

随着信息需求研究的发展和深入，现有关于信息需求的研究文献大多采用定性研究的方法对信息需求的维度问题进行了广泛的讨论和分析，其中，认知、情感和情境等是大多数研究认可的信息需求的维度，但仍然没有形成一个统一的、系统的描述信息需求维度的集合，而且对于信息需求的定量分析较少，如，Lu 和 Yuan② 将信息需求作为权变因素研究用户的信息源选择行为时，信息需求的测量是通过计算用户已有信息与充裕值之间的差距来实现的。由于信息需求往往被看作存在于个人心理的、难以表达的、模糊的和无意识的状态③，从而描述和测量用户信息需求比较困难，信息需求的研究受到一定的阻碍。本章将在现有研究的基础上，结合访谈法，抽取用户对信息需求的认知，通过定性与定量相结合的研究方法探索性地开发可用于测度信息需求水平的测量量表，以期能准确直接地测量用户面对特定任务时对信息需求的感知，为研究社会化媒体用户学术信息搜寻行为中信息需求的调节作用奠定基础。

3.3 用户访谈

访谈法是一种耗时耗力的研究方法，因此，访谈人数通常有限。④

---

① Church K, Cherubini M, Oliver N. A large-scale study of daily information needs captured in situ [J]. ACM Transactions on Computer-Human Interaction, 2014, 21(2), Article 10, DOI: http://dx.doi.org/10.1145/2552193.

② Lu L, Yuan Y C. Shall I google it or ask the competent villain down the hall? The moderating role of information need in information source selection [J]. Journal of the American Society for Information Science and Technology, 2011, 62 (1): 133-145.

③ Lu L, Yuan Y C. Shall I google it or ask the competent villain down the hall? The moderating role of information need in information source selection [J]. Journal of the American Society for Information Science and Technology, 2011, 62 (1): 133-145.

④ Zhang Y. Beyond quality and accessibility: Source selection in consumer health information searching [J]. Journal of the Association for Information Science and Technology, 2014, 65(5): 911-927.

由于研究人员可以通过访谈法与受访者进行面对面的交流，从而获得受访者对于某一问题多角度、全方位的理解和认识①，在用户信息行为研究中，访谈法是一种常用的探索用户认知活动的研究方法②③。现有的研究从不同角度对信息需求进行解释，并且探讨和分析信息需求的构成维度，但是对于定量测度用户的信息需求来说，仍显不足。鉴于信息需求的多维性和复杂性，本章从用户认知的角度出发，探索信息需求的测量量表有利于更准确地把握用户对于信息需求的感知。在信息需求量表开发的探索性研究阶段，由于缺乏足够的资料和数据，将通过半结构化访谈，运用定性研究的方法确定用户对信息需求维度及其特征的认知，以作为信息需求测量量表开发的基础。

3.3.1 访谈提纲

由于用户的信息需求离不开特定的情境与行为，在设计访谈提纲时，首先询问受访者所了解的信息行为类型，并请受访者尽可能详细地描述对于各个类型信息行为已有的认识和理解。然后，在此基础上，将信息需求引入访谈的话题中，询问受访者信息需求会在哪些类型的信息行为中有所体现。继而，询问受访者对信息需求的维度和特征的认识与了解。为了进一步确认受访者对信息需求维度及特征的认知，在访谈过程中，会追问信息需求应该从哪些方面进行测量等问题。初始访谈提纲设计完成之后，邀请了本学科领域内的3位专业研究人员从可行性和措辞等方面对访谈提纲进行修改或提出改进建议。最后，根据3位专业研究人员的反馈意见，对访谈提纲进行调整，形成最终的访谈提纲，详细的访谈提纲内容和说明见附录1。访谈主要围绕以下6个问题展开，在访谈过程中会根据

---

① 文军，蒋逸民. 质性研究概述[M]. 北京：北京大学出版社，2010.

② Wildemuth B M. Applications of social research methods to questions in information and library science[M]. Englewood，CO：Libraries Unlimited，2009.

③ Zhang Y. Beyond quality and accessibility：Source selection in consumer health information searching[J]. Journal of the Association for Information Science and Technology，2014，65(5)：911-927.

访谈的实际情况做适当调整：

第一，如果提到信息行为，您能想到的信息行为类型有哪些？请尽可能详细地列举或说明。

第二，对于第一题您所提到的信息行为类型中，您认为信息需求会在哪些行为类型中有所体现？为什么？

第三，您认为信息需求的维度有哪些？为什么？

第四，根据您第二题的回答，您能想到的信息需求的特征有哪些？请尽可能详细地列举或说明。

第五，如果要对信息需求进行测量，您认为应该从哪些方面对其进行测量？如何测量？为什么？

第六，您对信息需求还有其他想法或建议吗？请说明。

3.3.2 访谈过程及结果

本章通过一对一面谈与一对一在线访谈相结合的方式进行访谈资料收集。首先，联系受访者，询问其是否愿意参与此次访谈，如果愿意则安排时间进行面对面访谈。同时，由于受到地理条件的限制，少数几个受访者的访谈通过在线形式进行。为了确保访谈效果并尽可能充分地收集研究资料，会先将访谈提纲提供给愿意参加在线访谈的受访者，让其根据访谈提纲填写开放式访谈问题，然后根据受访者反馈的回答内容，采用一对一在线访谈的形式酌情进行追问。其中，不会将访谈提纲提供给面对面访谈的受访者。此次访谈所邀请的受访对象均是来自本学科领域的具备相关知识和经验的专业人员，主要包括博士研究生和高校教学科研及管理人员两类。在访谈过程中，访谈者首先向受访者介绍此次研究主题与研究目的，告知受访者根据自己掌握的知识和经验畅所欲言，回答没有对错之分，访谈过程中尽量不要被访谈之外的其他事情中断，然后，请受访者先填写基本信息调查表(附录 1 第一部分)，之后进入半结构化访谈。每位受访者的访谈时间在 45 分钟至 60 分钟。受访者基本信息统计如表 3-1 所示，表中对基本信息中样本量较少的类别信息做了合并处理。

表 3-1　　**受访者基本信息统计**

基本信息	类别	数量	百分比
性别	男	10	58.82%
	女	7	41.18%
	合计	17	100%
年龄	18~25 岁	1	5.88%
	26~30 岁	13	76.47%
	31~40 岁	0	0%
	41 岁及以上	3	17.65%
	合计	17	100%
身份	博士研究生	9	52.94%
	高校教学科研及管理人员	8	47.06%
	合计	17	100%
学术经验	小于 1 年	5	29.41%
	1~3 年	6	35.29%
	3~5 年	4	23.53%
	5 年以上	2	11.76%
	合计	17	100%

通过半结构化访谈，本研究收集到了充足有效的关于受访者对信息需求认知的定性研究材料，为信息需求初始量表的拟定与开发奠定了坚实的研究基础。经过对访谈材料的提炼和整理，受访者对信息需求维度的回答主要有“数量肯定是它的一个维度和衡量标准，足够多的信息才能满足你的需求，才能辅助你决策，例如，对旅游景点了解较少可能会让游客走弯路”“时间或及时性，因为在多长时间内要满足这种需求，过了一个时间，这种需求就会消失”“时间、空间以及需求自身”“对某一事物的信息需求可以根据深度和广度来衡量，比如，对某一事物只需要认知层面的信息需求，还

是深层次的研究了解等”“我在理解自己的信息需求的时候，如果想要的信息不是很明确，会倾向于选择权威性的信息源”“从信息需求表达的角度看，信息需求应该有明确表达的信息需求和潜在信息需求两个维度”“任务维度”“主观需求维度、客观需求维度”“时间维度，因为不同时间对信息需求不同；个人特点，年龄、家庭状况、个人爱好等的不同，信息需求不同”“可以分为信息需求的外部和内部两个维度，信息需求的外部指的是用户满足信息需求的及时性和易获取；信息需求的内部指的是用户满足信息需求的内容质量”“信息内容维度，比如，正式学术信息、非正式学术信息、非学术信息需求等”“我认为信息需求和信息本身类型有关，不同类别的信息特性会影响到信息需求的特性”“按马斯洛需求层次，生理方面的信息需求、安全方面的信息需求、社交方面的信息需求、尊重层面的信息需求和自我实现的信息需求”等。从这些内容可以看出，受访者认为信息需求的维度应该包括：时间、数量、任务、主观与客观、内容等维度。其中，时间维度涉及信息获取的时效性和及时性；数量涉及满足信息需求的信息量；任务涉及问题或特定任务驱动的信息需求；内容维度涉及满足信息需求的内容质量、信息类型；对应马斯洛的需求层次，信息需求又可以归纳为生理层面的信息需求、认知层面的信息需求和情感层面的信息需求等。

受访者对信息需求特征的回答主要有“客观性，信息需求离不开客观的环境，不可脱离人所在的环境”“信息需求模糊性，很多时候我需要一些信息，但是我不知道如何准确的描述”“问题或特定任务驱动的信息需求，特征有针对性、阶段性；无特定问题或任务驱动的信息需求，特征在于无指向性”“隐蔽性，因为很多时候人们很难认知到自身信息需求的，更多的是感受到某种情绪，不一定能联想到是有信息需求。比如，首先我在面对新事物时，第一感觉很可能是焦虑，或者是不知所措，或者做出某种草率的感性价值判断，而不一定会马上反应到信息需求上，也就是对该事物的信息搜寻上。其次，我认为是个性化和碎片化，信息需求因人而异，不同的人对同一事物的信息需求不管是深度、广度还是获取方式都会不同，此外，信息需求充斥在生活每一个碎片中，难以衡量”“动态性，用户的信息需求不是一成不变的，用户在(信息活动)过程中不断修正信息需求，直到获得满足；时效性，用户的信息需求是在具体环境或具体时间下(产生)的，需要及时得以满足”“动态变化性、阶段性、与手头任务相关性，比如，我有时需要论文的信息但有时需要项目相关(的信息)，在不同的科研阶段我需要不同的信息需求满足”等。从受访者的这些回答中可以看出，受访者对信息需求特征的认识包括：客观性，指信息需求离不开与特定的环境；隐蔽性，指信息需求不容易被用户察觉；时效性，指在特定时间和环境下产生的信息需求需要及时得到满足；任务相关性，指信息需求与特定的任务相关；动态性，指信息需求会随着信息活动的开展而不断调整和变化；个性化，指信息需求因人而异；模糊性，指信息需求不容易被用户准确表达。

部分受访者认为可以从信息需求动机的强烈程度以及是否容易被满足等方面对信息需求进行测量，多数受访者认为信息需求应与特定的情境相关联，离不开人们所处的生活、工作和社会环境。可见，用户的信息行为因信息需求的驱动而产生，而信息需求的强烈程度依赖于用户所面临的特定任务与情境。不同水平的信息需求将导致不同的信息行为方式，用户在搜寻信息的过程中所考虑的因素也将依信息需求强烈程度而有所差异。

3.4 初始量表拟定

根据对已有的信息需求研究相关文献的分析以及从访谈资料中抽取的用户对于信息需求的认知，把信息需求作为一个潜在变量，本节将对信息需求的测量题项进行编写，以设计测量用户信息需求水平的量表。虽然现有研究大多采用定性研究的方法探讨信息需求问题，但部分研究结果可以直接作为编写信息需求量表测量题项的参考，例如，Savolainen① 指出信息需求由认知因素、情感因素、情境因素和社会因素组成，如，用于处理手头现有任务的可用时间即是一个情境因素，它会影响所面临的信息需求的紧急性②；同样地，信息需求的形成可能会受到社会因素数量的影响，如，一个社区或组织中的规范和角色③；身边较为具体的社会因素的例子，如，强制执行的搜索任务，学生写论文的信息需求至少部分是为了满足老师的期望④。通过整理访谈材料，同样可以发现，有的受访者的回答也可以作为编写信息需求量表测量题项的参考，如，"很多时候人们是很难认知到自身信息需求的，更多的是感受到某种情绪，不一定能联想到是有信息需求。如，我在面对新事物时，第一感觉很可能是焦虑或者是不知所措或者做出某种草率的感性价值判断""信息需求离不开客观的环境，不可能脱离人所在的环境""信息需求是否容易得到满足，估计满足信息需求的信息量进行测量""……信息需求不总是保持不变的，但是这些需求都是与我当前的科研任务密切相关……""很多时候我需要一些信息，但是我不知道如何准确的描述"等，此处不再一一列举。在这些已掌握的资料的基础上，本节拟定了用于测量用户信息需求的测量题项，初步拟定的题项共 36 个，形成初始量表，详见附录 2。

① Savolainen R. Elaborating the motivational attributes of information need and uncertainty[J]. Information Research, 2012, 17(2), http://informationr.net/ir/17-2/paper516.html.

② Byström K, Järvelin K. Task complexity affects information seeking and use[J]. Information Processing & Management, 1995, 31(2): 191-213.

③ Sundin O, Johannisson J. The instrumentality of information needs and relevance[C]. In Crestani I F, Ruthven I (Eds.), Information context: Nature, impact, and role: 5th International Conference on Conceptions of Library and Information Sciences, CoLIS 2005, Glasgow, UK, June 4-8, 2005: 107-118.

④ Gross M. Youth information needs and behavior[M]. In Bates M J, Maack M N (Eds.), Encyclopedia of library and information sciences (3rd ed.). London: Taylor & Francis, 2010: 5728-5734.

3.5 量表预检验

信息需求的初始量表设计完成后，为了保证量表的内容效度，特邀请24位来自本学科领域的教学科研人员和学生对初始量表的内容进行审阅，主要是分析量表是否适合测量信息需求以及测量题项在表意上的清晰度，之后由笔者对每位参与者的反馈意见进行汇总和整理，经过反复思考与斟酌，删除了14个表述重复和有歧义的测量题项，剩余的22个测量题项进入第二轮预检验，第一轮预检验过程共持续了两周的时间。然后，再次邀请其中的3位专业研究人员对22个题项进行审阅，以检验量表的可行性和题项的含义是否清晰，在此过程中，如果三位参与者的意见出现不一致，则进行面对面讨论，经过反复的修改、提炼和筛选，最终保留了20个题项用于大范围的问卷调查以便抽取和确定可以有效测量用户信息需求的测量题项，此轮预检验历时一周的时间。

3.6 信息需求量表题项抽取

3.6.1 数据收集

经过信息需求量表的初步拟定以及两轮的预检验，用于测量用户信息需求的量表由20个测量题项组成，根据这些题项，形成了关于用户信息需求的调查问卷，详见附录3。为了保证被调查者能够准确理解问卷中所提到的专业术语，问卷的开始部分对信息需求的定义进行了介绍，即，信息需求指人们面临特定的任务所感受到的还需进一步获取的信息，反映出当前所拥有的信息与信息充裕值之间的差额。由于信息需求的产生离不开特定的情境，被调查者在填写问卷过程中同样需要与相关的情境相联系，因此，在问卷中对涉及的情境问题进行了说明，即，“下列陈述句中提到的任务/问题是指您日常工作/学习中所面临的特定的任务，它可以是完成老师布置的作业、准备一个学术报告、撰写一篇学术论文/学术著作等，也可以指您想到的其他的任务。请根据您想到的任务判断下列陈述句”。调查问卷采用 7 点李克特量表进行测量，从 1 到 7 表示“强烈不同意”到“强烈同意”。问卷设计完成后展开大范围的调查。

大范围的问卷调查共持续四周的时间。本研究的目的之一是分析信息需求在社会化媒体用户学术信息搜寻行为中的调节作用及影响规律，涉及用户搜寻学术信息的相关活动，考虑到高校学生和教师是使用学术信息的主要群体，因此，选取这一群体作为调查对象进行样本数据收集。经过四周的问卷收集，共回收问卷 222 份，删除那些所有题项答案相同的问卷（如一份问卷第二部分的 20 个题目的答案都选择 4 或者 7 等），最终保留 212 份有效问卷，用于下文的数据分析。此次问卷调查的样本基本信息统计如表 3-2 所示，其中，由于问卷中年龄段在 41 岁及以上的 3 个类别的样本量均为零，表 3-2 对它们做了合并处理。

表 3-2　　**样本基本信息统计（N=212）**

基本信息	类别	数量	百分比
性别	男	83	39.15%
	女	129	60.85%
	合计	212	100.00%
年龄	18 岁以下	0	0.00%
	18~25 岁	146	68.87%
	26~30 岁	60	28.30%
	31~35 岁	4	1.89%
	36~40 岁	2	0.94%
	41 岁及以上	0	0.00%
	合计	212	100.00%

续表

基本信息	类别	数量	百分比
身份	本科生	61	28.77%
	硕士研究生	106	50.00%
	博士研究生	28	13.21%
	高校教学科研及管理人员	12	5.66%
	其他	5	2.36%
	合计	212	100.00%
学科	自然科学	28	13.21%
	社会科学	142	66.98%
	人文科学	35	16.51%
	其他	7	3.30%
	合计	212	100.00%

3.6.2 探索性因子分析

为了能够科学地确定信息需求量表的测量题项，除了采用文献分析法和访谈法拟定初始量表，本章还利用探索性因子分析的方法进一步分析与抽取信息需求变量的测量题项。通过因子分析，一方面可以了解所要开发的信息需求变量测量题项的因子结构，另一方面有助于根据因子载荷筛选简化信息需求测量量表中题项的数量。方差旋转的主成分分析法对于确定一组特定变量的潜在因子是一种特别有用的技术①，因此，这里采用主成分分析法进行因子分析，其中，因子旋转方法采用方差极大法。在因子分析中，样本量应该

① Lapierre J, Giroux V P. Creativity and work environment in a high-tech context[J]. Creativity and Work Environment, 2003, 12(1): 11-23.

是测量题项数量的 5 倍到 10 倍。①② 本节涉及的信息需求的测量题项共 20 个，问卷调查回收数据样本 212 个，样本量大于测量题项数目的 10 倍，对于因子分析而言，样本量是充分的。

在进行因子分析之前，首先要对测量题项之间是否适合做因子分析进行判断，方法是依据取样适度性测量值(Kaiser-Meyer-Olkin Measure of Sampling Adequacy，KMO)的大小与巴特利特球度检验是否显著来判断③。一般认为 KMO 值越接近于 1 表示测度项越适合做因子分析，巴特利特球度检验显著表示所取样本数据来自于多元正态分布的总体。从表 3-3 可以看到，KMO 测量值为 0.838，巴特利特球度检验在 0.000 的水平上显著，表明此次问卷中信息需求的测量题项之间适合做因子分析。

表 3-3　　　**取样适度性测量值与巴特利特球度检验**

KMO 与巴特利特球度检验		
取样适度性 KMO 测量值		0.838
巴特利特的球形度检验	近似卡方	1202.402
	自由度	190
	Sig.	0.000

利用统计分析软件 SPSS 进行因子分析，提取因子的方法为抽取特征值大于 1 的因子的主成分分析法，因子旋转方法为方差极大法，最终提取 5 个因子，总体方差贡献率为 55.74%(表 3-4)。此

① MacCallum R C, Widaman K F, Zhang S, et al. Sample size in factor analysis[J]. Psychological Methods, 1999, 4(1): 84-99.

② Zeng L, Salvendy G, Zhang M. Factor structure of web site creativity[J]. Computers in Human Behavior, 2009, 25: 568-577.

③ Aladwani A M, Palvia P C. Developing and validating an instrument for measuring user-perceived web quality[J]. Information & Management, 2002, 39: 467-476.

次因子分析提取的 5 个因子的方差贡献率大于 55%，因子分析效果较好。

表 3-4 总方差分解表

成分	初始特征值			被提取的载荷平方和			旋转载荷平方和		
	总计	方差贡献率%	累计方差贡献率%	总计	方差贡献率%	累计方差贡献率%	总计	方差贡献率%	累计方差贡献率%
1	5. 376	26. 88	26. 88	5. 376	26. 88	26. 88	3. 396	16. 98	16. 98
2	1. 795	8. 98	35. 86	1. 795	8. 98	35. 86	2. 776	13. 88	30. 86
3	1. 657	8. 29	44. 14	1. 657	8. 29	44. 14	1. 850	9. 25	40. 11
4	1. 219	6. 10	50. 24	1. 219	6. 10	50. 24	1. 648	8. 24	48. 34
5	1. 101	5. 51	55. 74	1. 101	5. 51	55. 74	1. 480	7. 40	55. 74
6	0. 980	4. 90	60. 64						
7	0. 940	4. 70	65. 34						
8	0. 888	4. 44	69. 78						
9	0. 797	3. 98	73. 76						
10	0. 710	3. 55	77. 31						
11	0. 653	3. 27	80. 58						
12	0. 565	2. 83	83. 41						
13	0. 534	2. 67	86. 08						
14	0. 497	2. 48	88. 56						
15	0. 467	2. 34	90. 90						
16	0. 425	2. 13	93. 03						
17	0. 396	1. 98	95. 00						
18	0. 390	1. 95	96. 95						
19	0. 347	1. 74	98. 69						
20	0. 262	1. 31	100. 00						

有效的测量量表必须具有良好的信度，而信度的水平通常由内

部一致性系数(Cronbach's Alpha)表示，但 Cronbach's Alpha 对潜在变量的题项数量非常敏感①②，因此，本章尽量用较少数量的题项来反映信息需求这一潜在变量，这样不仅可以精简测量信息需求的题项数量，而且可以减少将来被调查对象填写问卷时的工作量和负担。关于判断因子解释观测变量程度的标准，一般地认为，当因子载荷大于 0.50 时，该因子可以解释观测变量 25%的变异量，表示好的状况，而当因子载荷大于 0.70 时，则可以解释观测变量 50%的变异量，表示非常理想的状况。③ 基于上述两个原因，为了更精准地测量信息需求，从表 3-5 的旋转成分矩阵中，将因子载荷大于 0.70 的 7 个测量题项提取出来，作为信息需求量表的测量题项，并对提取的 7 个测量题项进行信度检验，以确保新开发的量表具有良好的稳定性和可靠性。

表 3-5　**旋转成分矩阵**

测量题项	成分				
	1	2	3	4	5
1. 我的信息需求是容易满足的	0.008	0.107	-0.021	-0.067	0.652
2. 当有信息需求产生时我会感到不知所措和焦虑	0.079	0.017	0.694	-0.177	0.003
3. 我现有的信息量可以满足我大部分的信息需求	-0.027	-0.031	0.055	0.289	0.608

① Koopman R J, Petroski G F, Canfield S M, et al. Development of the PRE-HIT instrument: Patient readiness to engage in health information technology [J]. BMC Family Practice, 2014, 15(18), http://www.biomedcentral.com/1471-2296/15/18.

② Cronbach L J, Warrington W G. Time-limit tests: Estimating their reliability and degree of speeding[J]. Psychometrika, 1951, 16: 167-188.

③ Hair J F, Black W C, Babin B J, et al. Multivariate data analysis (7th ed.)[M]. Upper Saddle River, NJ: Prentice Hall, 2010.

续表

测量题项	成分				
	1	2	3	4	5
4. 我经常需要大量的信息以满足我的信息需求	0.635	0.118	0.098	-0.114	-0.175
5. 我经常需要高质量的信息以满足我的信息需求	0.715	0.269	0.020	0.049	0.026
6. 我经常有非常规性的或临时性的信息需求	0.520	0.087	-0.002	0.196	-0.449
7. 我经常会产生一些新的信息需求	0.701	0.155	-0.075	0.092	-0.310
8. 当我明白我需要什么样的信息时，我已经不再需要该信息	-0.092	-0.053	0.601	0.104	-0.175
9. 我强烈地想要获得我所需要的信息	0.702	0.148	-0.091	0.102	0.332
10. 当我所需要的信息没有被提供或不容易获得时，我会积极地寻找	0.619	0.320	-0.177	0.295	0.281
11. 在完成特定任务的过程中，信息需求得到满足会让我体验到满足感和成就感	0.395	0.509	-0.098	-0.036	0.299
12. 对信息的需求会推进我所面临的任务步入一个崭新的阶段	0.256	0.671	-0.081	0.115	0.016
13. 之前我很清楚为什么会产生某些信息需求，但现在我不知道是否应该继续处理这些信息需求	-0.003	0.115	0.732	0.040	0.156
14. 解决特定任务的信息需求对我是重要且有用的	0.332	0.770	-0.027	0.006	0.060
15. 我不知道我的信息需求是什么时候产生的	-0.098	-0.306	0.614	0.049	0.029
16. 对信息的需求能让我学习到很多我感兴趣的事物	0.316	0.704	-0.074	0.148	-0.014
17. 为满足特定任务的信息需求，我需要了解与其相关的特定的政治、经济和社会环境问题的信息	-0.032	0.637	0.067	0.353	-0.033

续表

测量题项	成分				
	1	2	3	4	5
18. 在我的工作/学习中，有大量的问题需要信息	0.567	0.314	-0.085	0.287	0.091
19. 当满足我的信息需求比较困难时，我会坚持直到需求得到满足为止	0.255	0.068	-0.010	0.796	0.091
20. 如果我有其他事情要处理，我仍会分出时间来处理所面临的信息需求	0.031	0.323	0.032	0.690	-0.008

3.7 量表检验

由于本章从拟定初始测量量表到发放正式调查问卷之前，开展了两轮严谨的预调研，对信息需求的所有测量题项进行分析和审阅，信息需求量表的内容效度是良好的。前面一节利用主成分分析法并依据相关的判断标准，从测量信息需求的所有 20 个题项中抽取了 7 个测量题项，形成信息需求测量量表。为了进一步检验所设计量表的一致性、稳定性和可靠性，对信息需求量表进行信度分析，测量指标为 Cronbach's Alpha。当 Cronbach's Alpha 大于 0.7 时，表示量表信度较高；当其介于 0.35 与 0.70 之间时，表示信度属于可以接受的水平；当其小于 0.35 时，表示信度不高。① 通过量表信度检验，从表 3-6 可以看到，7 个测量题项的 Cronbach's Alpha 的值为 0.684，处于可接受的信度水平。同时，观察项被删除之后 Cronbach's Alpha(Cronbach's Alpha if Item Deleted) 值的改变，如果删除某题项之后该值有显著提高，则相应的测量题项应被删除，从表 3-6 的结果可以看到，删除"之前我很清楚为什么会产生某些信息需求，但现在我不知道是否应该继续处理这些信息需求"之后，

① Emory W C, Cooper D R. Business research methods (4th ed.) [M]. Boston: Irwin/McGrawHill, 1991.

Cronbach's Alpha 值提高到 0.759，并且，考虑到校正项目总体相关性(Corrected Item-Total Correlation)的值小于 0.3 的项应予以删除①，因此，将这一题项删除，剩余 6 个测量题项。

表 3-6　　测量题项描述性统计及信度检验(N=212)

测量题项	均值	标准差	校正项目总体相关性	项被删除的 Cronbach's Alpha	Cronbach's Alpha
5. 我经常需要高质量的信息以满足我的信息需求	5.778	1.157	0.570	0.597	0.684
7. 我经常会产生一些新的信息需求	5.623	1.016	0.446	0.637	
9. 我强烈地想要获得我所需要的信息	5.797	1.140	0.494	0.620	
13. 之前我很清楚为什么会产生某些信息需求，但现在我不知道是否应该继续处理这些信息需求	4.311	1.291	0.011	0.759	
14. 解决特定任务的信息需求对我是重要且有用的	5.618	1.127	0.526	0.612	
16. 对信息的需求能让我学习到很多我感兴趣的事物	5.637	1.023	0.522	0.617	
19. 当满足我的信息需求比较困难时，我会坚持直到需求得到满足为止	4.934	1.121	0.301	0.674	

与上述步骤相同，继续对剩下的 6 个测量题项进行信度检验，

① Churchill G A. A paradigm for developing better measures of marketing constructs[J]. Journal of Marketing Research, 1979, 16(1): 64-73.

检验结果如表3-7左半部分所示，可以看到，Cronbach's Alpha的值为0.759，删除测量题项"当满足我的信息需求比较困难时，我会坚持直到需求得到满足为止"之后，Cronbach's Alpha的值提高到0.777，同时，该题项对应的校正项目总体相关性的值小于0.3，因此，将这一题项删除①。然后，继续对剩下的5个测量题项进行信度检验，结果如表3-7右半部分所示，Cronbach's Alpha的值为0.777，表示可信度水平较高②，此外，与Cronbach's Alpha相比，5个测量题项的项被删除的Cronbach's Alpha值均没有提高，校正项目总体相关性的值均大于0.5，表明5个测量题项所构成的信息需求量表具有充分的稳定性和可靠性。

经过前文的量表设计与数据分析过程，本章最终确定5个测量题项形成信息需求测量量表，用于测量用户的信息需求水平，具体题项如下：

① 我经常会产生一些新的信息需求；

② 我强烈地想要获得我所需要的信息；

③ 解决特定任务的信息需求对我是重要且有用的；

④ 对信息的需求能让我学习到很多我感兴趣的事物；

⑤ 我经常需要高质量的信息以满足我的信息需求。

总的来看，本章运用定性分析与定量分析相结合的混合研究方法对信息需求量表进行构造和验证，整个量表的开发过程、每一个阶段的参与人数以及量表题项数量的变化如表3-8所示。以上5个测量题项将被用于社会化媒体用户学术信息搜寻行为影响因素的研究中，以测量用户学术信息搜寻行为过程中的信息需求水平，探讨信息需求对社会化媒体用户学术信息搜寻行为的调节作用和影响规律。

---

① Churchill G A. A paradigm for developing better measures of marketing constructs[J]. Journal of Marketing Research, 1979, 16(1): 64-73.

② Emory W C, Cooper D R. Business research methods (4th ed.)[M]. Boston: Irwin/McGrawHill, 1991.

表 3-7　**项被删除后测量题项描述性统计及信度检验(N=212)**

测量题项	测量题项数目为 6			测量题项数目为 5		
	校正项目总体相关性	项被删除的 Cronbach's Alpha	Cronbach's Alpha	校正项目总体相关性	项被删除的 Cronbach's Alpha	Cronbach's Alpha
5. 我经常需要高质量的信息以满足我的信息需求	0. 594	0. 698	0. 759	0. 619	0. 711	0. 777
7. 我经常会产生一些新的信息需求	0. 500	0. 725		0. 502	0. 751	
9. 我强烈地想要获得我所需要的信息	0. 531	0. 716		0. 517	0. 747	
14. 解决特定任务的信息需求对我是重要且有用的	0. 547	0. 712		0. 558	0. 732	
16. 对信息的需求能让我学习到很多我感兴趣的事物	0. 550	0. 713		0. 556	0. 734	
19. 当满足我的信息需求比较困难时，我会坚持直到需求得到满足为止	0. 299	0. 777		—	—	

表 3-8 **量表开发过程**

量表开发阶段		参与人数	题项数量
文献研究		—	—
半结构化访谈		17	—
拟定初始测量题项		—	36
量表预检验	第一轮	24	36
	第二轮	3	22
问卷调查		212	20
测量题项提取		—	20
量表检验		—	7
最终量表		—	5

4 社会化媒体用户学术信息搜寻行为影响因素模型构建与分析

信息搜寻者的行为动因问题是信息学家面临的最困难的研究问题之一，正如Case① 所提到的一样，研究人员在研究信息搜寻行为动机问题时，很容易遇到因引发与推动信息搜寻过程的复杂因素而导致的动机难题。在社会化媒体中，用户的身份都是虚拟不可见的，相互之间并不了解，研究新信息环境下人们的信息搜寻行为对信息行为理论的发展是非常必要的。对于社会化媒体而言，信息搜寻是用户使用社会化媒体的原因之一②，是保证社会化媒体持续地成功运营的重要前提。社会化媒体用户的学术信息搜寻行为受多种因素的驱动，如，个性特征、信息源可信度、信息质量、系统特征等。在某种程度上，信息需求被认为是用户信息行为的起点，本章从用户信息需求出发，结合精细加工可能性模型、信息采纳模型、信息系统成功模型以及性格特质模型，考察社会化媒体用户学术信息搜寻行为的动因及其作用规律。

4.1 研究假设与概念模型

用户对有用性的感知是与他们对目标行为的信念相关的，有用

---

① Case D O. Looking for information: A survey of research on information seeking, needs and behavior (2nd ed.)[M]. San Diego, CA: Academic Press, 2007.

② Whiting A, Williams D. Why people use social media: A uses and gratifications approach[J]. Qualitative Market Research: An International Journal, 2013, 16(4): 362-369.

性被认为是用户采纳行为的一个重要的预测因素，与用户的采纳行为之间存在着显著联系。① 这里的信息有用性是指用户在搜寻学术信息过程中形成的对于社会化媒体中学术信息的价值与有用性的认知，如，用户因使用社会化媒体中的学术信息而获益，或满足自身的信息需求，包括解决问题、提升工作效率等，从而对社会化媒体中的学术信息会形成正面的和积极的有用性感知。有用性是个体行为动机的有力源泉，也是信息行为过程中的重要影响因素，影响着用户的信息搜寻行为。由于现有的大多数社会化媒体应用平台以建立、维持和拓展人际关系为主，其学术性价值较弱，因此，社会化媒体中学术信息的有用性将直接影响用户是否使用社会化媒体搜寻学术信息以满足他们的学术信息需求。已有研究对信息有用性与信息行为之间的影响关系进行了研究，如，Sussman 和 Siegal② 在研究知识性员工的意见采纳行为时发现信息有用性直接影响用户的信息采纳行为。Koufaris③ 研究发现感知有用性显著地影响到在线消费者的行为。Liu 和 Zhang④ 在研究消费者在线反馈对消费者购买决策的影响时发现信息有用性直接影响在线消费者对反馈信息的采纳。Cheung 等⑤研究网络消费者社区中的在线意见采纳时发现信

---

① Davis F D. Perceived usefulness, perceived ease of use, and user acceptance of information technology[J]. MIS Quarterly, 1989, 13(3): 319-340.

② Sussman S W, Siegal W S. Informational influence in organizations: An integrated approach to knowledge adoption [J]. Information Systems Research, 2003, 14(1): 47-65.

③ Koufaris M. Applying the technology acceptance model and flow theory to online consumer behavior[J]. Information Systems Research, 2002, 13(2): 205-223.

④ Liu R R, Zhang W. Informational influence of online customer feedback: An empirical study [J]. Journal of Database Marketing & Customer Strategy Management, 2010, 17(2): 120-131.

⑤ Cheung C M K, Lee M K O, Rabjohn N. The impact of electronic word-of-mouth: The adoption of online opinions in online customer communities[J]. Internet Research, 2008, 18(3): 229-247.

息有用性显著地影响用户的信息采纳行为。Park 等①在研究用户在网络投资社区中的信息搜寻行为时发现感知有用性是影响用户信息搜寻行为的重要因素。同样地，用户在使用社会化媒体中的学术信息时所形成的对于信息有用性的感知也会影响到他们在产生学术信息需求时是否会通过社会化媒体平台搜寻所需的学术信息。因此，提出假设：

H1：用户对社会化媒体学术信息有用性的感知显著地影响用户的学术信息搜寻行为。

由于社会化媒体的趣味性和学术信息资源的特殊性，用户在判断社会化媒体中学术信息的实用价值及有用性时，会参考多种信息线索进行思考和判断。精细加工可能性模型为组织、分类和理解有效的具有说服性的沟通中的基本认知过程提供了一个全面的框架②，它从中枢路径和边缘路径的双重路径角度解释信息线索对人们的行为态度以及行为变化的影响方式③④。这两条路径以加工深度为标准⑤，在中枢路径上，人们需要花费大量的时间和精力对相关的信息线索进行精细深入的认知思考和判断，从而形成对目标行为的态度；而在边缘路径上，人们无需投入大量的时间和精力，通过简单的线索即可形成对目标行为的态度。可见，通过中枢路径处

---

① Park J H, Gu B, Leung A C M, et al. An investigation of information sharing and seeking behaviors in online investment communities[J]. Computers in Human Behavior, 2014, 31: 1-12.

② Tang L R, Jang S S, Morrison A. Dual-route communication of destination websites[J]. Tourism Management, 2012, 33(1): 38-49.

③ Petty R E, Cacioppo J T. The elaboration likelihood model of persuasion[J]. Advances in Experimental Social Psychology, 1986, 19(4): 123-205.

④ Bhattacherjee A, Sanford C. Influence processes for information technology acceptance: An elaboration likelihood model[J]. MIS Quarterly, 2006, 30(4): 805-825.

⑤ Ho S Y, Bodoff D. The effects of web personalization on user attitude and behavior: An integration of the elaboration likelihood model and consumer search theory[J]. MIS Quarterly, 2014, 38(2): 497-520.

理信息所付出的认知努力大于通过边缘路径处理信息时付出的认知努力①。结合精细加工可能性模型、信息采纳模型和信息系统成功模型，根据中枢路径和边缘路径的判断标准将信息质量和服务质量归入中枢路径，将系统质量和信息源可信度归入边缘路径，考察各个路径变量对社会化媒体中学术信息有用性的影响作用。

社会化媒体环境下，用户不仅是信息消费者，也是信息生产者和创造者，这使得在社会化媒体这样的开放式虚拟平台中，人人都可以自由地生产信息和发布信息，但这种缺乏质量控制机制的开放性和自由性造成信息杂乱无序，加重了用户搜寻和使用信息的认知负担，因此，社会化媒体中的信息质量问题引起人们的重视。信息科学和信息系统领域的学者对信息质量问题进行了相关的研究，具有代表性的是 DeLone 和 McLean 的信息系统成功模型，他们指出信息质量可以从准确性、相关性、可理解性、完整性、实时性、动态性、个性化和多样性等维度进行测量②。同时，学者也对信息质量与有用性之间的关系进行了研究，如，Shu③ 在研究用户持续使用 Twitter 的行为时发现消息质量显著影响用户对微博的感知有用性。Lee④ 研究用户在信息技术接受过程中的态度变化时发现信息质量显著地影响用户的行为态度。Cheung 等⑤发现在线消费者社

① Kim T. Observation on copying and pasting behavior during the Tohoku earthquake: Retweet pattern changes [J]. International Journal of Information Management, 2014, 34(4): 546-555.

② DeLone W H, McLean E R. The DeLone and McLean model of information systems success: A ten-year update [J]. Journal of Management Information Systems, 2003, 19(4): 9-30.

③ Shu W. Continual use of microblogs [J]. Behaviour & Information Technology, 2014, 33(7): 666-677.

④ Lee W K. An elaboration likelihood model based longitudinal analysis of attitude change during the process of IT acceptance via education program [J]. Behaviour & Information Technology, 2012, 31(12): 1161-1171.

⑤ Cheung C M K, Lee M K O, Rabjohn N. The impact of electronic word-of-mouth: The adoption of online opinions in online customer communities [J]. Internet Research, 2008, 18(3): 229-247.

区中，信息的相关性、详尽性等质量维度显著地影响信息有用性，进而影响信息采纳。Zhang 和 Watts① 的研究发现在线社区中的信息质量越高，用户采纳信息的可能性越大。Jin 等②研究了用户持续使用社交网络信息的行为，发现网络信息质量显著影响信息有用性。本研究认为高质量的学术信息可以促进用户对社会化媒体中的学术信息产生高水平的有用性感知，从而进一步影响用户在社会化媒体中的学术信息搜寻行为。因此，提出假设：

H2：信息质量显著地影响用户对社会化媒体学术信息有用性的感知。

服务质量可以衡量信息系统服务提供商传递给用户的服务水平③，涉及服务的可靠性、及时性、个性化和专业化④。用户在社会化媒体中搜寻学术信息时，需要根据亲身体验与经历并投入充足的时间和精力对社会化媒体所提供的服务质量的高低进行深入地认知思考和判断。系统质量衡量的是信息系统本身技术的可靠程度，与系统界面、导航等特征相关。由于社会化媒体在人们生活和工作中的重要性日益突出，研究人员对虚拟环境下的服务质量和系统质量问题进行了相关的研究，如，Pearson 等⑤研究了电子服务质量

---

① Zhang W, Watts S A. Capitalizing on content: Information adoption in two online communities[J]. Journal of the Association for Information Systems, 2008, 9(2): 73-94.

② Jin X L, Cheung C M K, Lee M K O, et al. How to keep members using the information in a computer-supported social network[J]. Computers in Human Behavior, 2009, 25(5): 1172-1181.

③ Gorla N, Somers T M, Wong B. Organizational impact of system quality, information quality, and service quality[J]. The Journal of Strategic Information Systems, 2010, 19(3): 207-228.

④ Zhou T. Understanding users' initial trust in mobile banking: An elaboration likelihood perspective[J]. Computers in Human Behavior, 2012, 28(4): 1518-1525.

⑤ Pearson A, Tadisina S, Griffin C. The role of e-service quality and information quality in creating perceived value: Antecedents to web site loyalty[J]. Information Systems Management, 2012, 29(3): 201-215.

对感知价值和网站忠诚度的作用。Lin① 在研究系统特征对虚拟社区成功的影响时发现系统质量影响虚拟社区成员对虚拟社区的满意度。Lin 和 Lee② 认为质量感知维度(系统质量、服务质量和信息质量)是在线社区有效的主要前提。Lu 和 Lee③ 研究博客黏性的前提因素(博客质量、认知需求和社会影响),发现男性用户认为系统质量是决定是否再次访问博客的重要因素。Wang 和 Lin④ 的研究发现,用户使用博客的意愿会受信息质量、系统质量、博客功能质量等因素的影响。然而,从信息系统成功模型的角度研究用户在社会化媒体中进行学术信息搜寻的研究依然较少。本研究认为衡量社会化媒体服务水平和系统可靠程度的服务质量和系统质量是用户判断社会化媒体学术信息有用性的重要参考线索,影响着用户对于社会化媒体中学术信息有用性认知的形成。因此,提出假设:

H3:服务质量显著地影响用户对社会化媒体学术信息有用性的感知。

H4:系统质量显著地影响用户对社会化媒体学术信息有用性的感知。

信息源可信度指的是信息接受者对信息源可靠性和可信性程度的感知,与信息本身并无关系。⑤ 一般情况下,人们倾向于通过具备丰富的领域知识、拥有有价值的信息、可以及时获得信息以及获

① Lin H F. Determinants of successful virtual communities: Contributions from system characteristics and social factors[J]. Information & Management, 2008, 45(8): 522-527.

② Lin H F, Lee G G. Determinants of success for online communities: An empirical study[J]. Behaviour & Information Technology, 2006, 25(6): 479-488.

③ Lu H P, Lee M R. Demographic differences and the antecedents of blog stickiness[J]. Online Information Review, 2010, 34(1): 21-38.

④ Wang S, Lin J C C. The effect of social influence on bloggers' usage intention[J]. Online Information Review, 2011, 35(1): 50-65.

⑤ Chaiken S. Heuristic versus systematic information processing and the use of source versus message cues in persuasion[J]. Journal of Personality and Social Psychology, 1980, 39(5): 752-766.

取信息的成本较低的信息源搜寻信息①，而且在信息搜寻过程中，信息源的身份也很重要②。可信的信息源通常被认为具备相关主题的专业知识并且可以提供可靠的信息③。社会化媒体环境中，可信的学术信息源包括专业的学术虚拟社区、专家学者的博客和微博、官方认证微博、学术机构的微博、权威的微信公众号等，但由于提供和生产学术信息的信息源层次不同，信息源的可信度也有所差异。信息源可信度是影响个体态度的重要因素。Shu④ 在研究用户对微博的持续使用行为时发现信息源可信度对用户关于微博的感知有用性不存在显著影响。Tam 和 Ho⑤ 认为从可信的信息源获取的信息可以通过转移注意力和重新配置认知资源来影响人们。Zhang 等⑥基于信息处理的启发式-系统式模型研究内容因素和情境因素对微博帖子流行度的影响，发现信息源可信度(如用户的权威性)以及微博帖子的信息量在微博转发行为中有重要作用。Bhattacherjee 和 Sanford⑦ 认为信息源可信度可以影响用户对信息技

① Borgatti S P, Cross R. A relational view of information seeking and learning in social networks[J]. Management Science, 2003, 49(4): 432-445.

② Park J H, Gu B, Leung A C M, et al. An investigation of information sharing and seeking behaviors in online investment communities[J]. Computers in Human Behavior, 2014, 31: 1-12.

③ McCracken G. Who is the celebrity endorser? Cultural foundations of the endorsement process[J]. Journal of Consumer Research, 1989, 16(3): 310-321.

④ Shu W. Continual use of microblogs [J]. Behaviour & Information Technology, 2014, 33(7): 666-677.

⑤ Tam K Y, Ho S Y. Web personalization as a persuasion strategy: An elaboration likelihood model perspective[J]. Information Systems Research, 2005, 16(3): 271-291.

⑥ Zhang L, Peng T Q, Zhang Y P, et al. Content or context: Which matters more in information processing on microblogging sites[J]. Computers in Human Behavior, 2014, 31: 242-249.

⑦ Bhattacherjee A, Sanford C. Influence processes for information technology acceptance: An elaboration likelihood model[J]. MIS Quarterly, 2006, 30(4): 805-825.

术接受的感知有用性。Jin 等①在研究用户持续使用社交网络信息的行为时发现信源息可信度显著影响信息有用性。信息有用性是人们在处理和使用信息时产生的对信息内容价值与有用程度的感知。根据已有的研究，本研究认为信源息可信度是用户搜寻学术信息过程中的重要参考线索，并将其作为用户判断社会化媒体中学术信息有用性的边缘路径变量之一。一般来说，人们认为从可信度较高的信息源获取的信息的价值和有用性也较高，也就是说，如果社会化媒体中的学术信息源的可信度越高，那么这些信息源提供的学术信息对用户而言越是有用。因此，提出假设：

H5：信息源可信度显著地影响用户对社会化媒体学术信息有用性的感知。

精细加工连续体是精细加工可能性模型的基本原理②，中枢路径与边缘路径对用户态度变化的影响因信息接受者精细加工程度的不同而不同，当用户精细加工程度较高时，他们通过中枢路径来处理信息或线索以形成对目标行为的认知判断；相反地，当用户精细加工程度较低时，他们通过边缘路径来判断和处理信息或线索。调节变量可以定量地或定性地影响自变量对因变量之间关系的强度或方向③，因此，中枢路径和边缘路径变量对用户认知及态度的影响作用会因精细加工可能性这一调节变量的影响而发生变化，其中，动机是精细加工可能性的一个重要因素。在人们的信息活动中，当人们对事物的认知存在空缺时，便会产生信息需求，而信息需求是

① Jin X L, Cheung C M K, Lee M K O, et al. How to keep members using the information in a computer-supported social network[J]. Computers in Human Behavior, 2009, 25(5): 1172-1181.

② Filieri R, McLeay F. E-WOM and accommodation: An analysis of the factors that influence travelers' adoption of information from online reviews[J]. Journal of Travel Research, 2014, 53(1): 44-57.

③ Baron R M, Kenny D A. The moderator-mediator variable distinction in social psychological research: Conceptual, strategic and statistical considerations[J]. Journal of Personality and Social Psychology, 1986, 51(6): 1173-1182.

信息搜寻行为产生的一个重要动机。不同水平的信息需求作用下，用户的信息搜寻行为过程将表现出不同的规律。在现有的研究中，Lu 和 Yuan① 将信息需求作为调节变量，研究用户在选择信息源时如何平衡易获取性和质量这两个因素以及不同类型的信息源对用户选择的影响，发现信息需求水平较高和信息需求水平较低的用户注重信息源质量，而中等水平信息需求的用户注重信息源的易获取性，并且随着信息需求的提升用户会偏向选择相关性高的信息源。根据精细加工可能性模型中精细加工可能性因素对中枢路径和边缘路径变量影响的调节机制，提出假设：

H6：信息需求对信息质量与信息有用性之间的关系具有正向调节作用，即当用户的信息需求水平较高时，信息质量对用户关于社会化媒体中学术信息有用性感知的影响作用会变强烈。

H7：信息需求对服务质量与信息有用性之间的关系具有正向调节作用，即当用户的信息需求水平较高时，服务质量对用户关于社会化媒体中学术信息有用性感知的影响作用会变强烈。

H8：信息需求对系统质量与信息有用性之间的关系具有负向调节作用，即当用户的信息需求水平较低时，系统质量对用户关于社会化媒体中学术信息有用性感知的影响作用会变强烈。

H9：信息需求对信息源可信度与信息有用性之间的关系具有负向调节作用，即当用户的信息需求水平较低时，信息源可信度对用户关于社会化媒体中学术信息有用性感知的影响作用会变强烈。

性格特征可被看作引导人们行为活动的一种心理机制，并且能用于区分人与人之间的不同。这里的性格特征是指目前测量性格最常用的五大类性格特质模型，包括外向、随和、开放、尽责

① Lu L, Yuan Y C. Shall I google it or ask the competent villain down the hall? The moderating role of information need in information source selection[J]. Journal of the American Society for Information Science and Technology, 2011, 62(1): 133-145.

和情绪①。人们在性格特征上的差异导致他们对特定情境刺激的反应有所不同②，从而形成不同的行为方式。因此，对个体性格特征及其影响的分析有助于深入理解社会化媒体环境下学术信息搜寻行为的特点与规律。社会化媒体使用和用户信息行为方面的相关研究对性格特征的影响及作用进行了探讨，如，Heinström③ 的研究发现信息行为与性格特征的 5 个维度都有联系。Sin 和 Kim④ 分析了留学生的日常生活信息需求、使用社交网络搜寻信息的情况，以及人口统计学特征、性格特征、社交网络使用和获取日常生活信息的有用性之间的关系，结果发现性格外向的学生更可能使用社交网站搜寻日常生活信息。Özgüven 和 Mucan⑤ 调查虚拟社区与用户性格因素之间的关系，发现尽责和开放是影响用户使用虚拟社区的重要因素。Heinström⑥ 从心理学角度研究信息行为，将信息搜寻与性格特征、学习方式相联系，根据性格特征的不同组合确定了 3 种特定的信息搜寻模式，其中，快速浏览(Fast Surfing)与负面情绪、低开放型和低尽责型性格有关，广泛浏览(Broad Scanning)与外向型、

① Gosling S D, Rentfrow P J, Swann W B. A very brief measure of the Big-Five personality domains[J]. Journal of Research in Personality, 2003, 37(6): 504-528.

② Denissen J J A, Penke L. Motivational individual reaction norms underlying the five-factor model of personality: First steps towards a theory-based conceptual framework[J]. Journal of Research in Personality, 2008, 42(5): 1285-1302.

③ Heinström J. Five personality dimensions and their influence on information behaviour[J]. Information Research, 2003, 9(1), http://informationr-net/ir/9-1/paper165.html.

④ Sin S C J, Kim K S. International students' everyday life information seeking: The informational value of social networking sites[J]. Library and Information Science Research, 2013, 35(2): 107-116.

⑤ Özgüven N, Mucan B. The relationship between personality traits and social media use[J]. Social Behavior and Personality, 2013, 41(3): 517-528.

⑥ Heinström J. Fast surfing, broad scanning and deep diving: The influence of personality and study approach on students' information-seeking behavior[J]. Journal of Documentation, 2005, 61(2): 228-247.

开放型和低随和型性格有关。此外，Heinström① 研究信息搜寻模式与性格特征之间的关系，发现有着深刻的策略性学习方法的尽责型性格的学生会专注于精确地搜索优质信息。Zha 等②研究性格特征对虚拟社区用户关于信息质量、服务质量和系统质量感知的影响，发现不同性格特征的用户对虚拟社区信息质量和系统质量的感知存在显著差异。在社会化媒体平台中，用户因性格特征的不同而表现出不同的认知模式与行为方式，如，性格随和的人会对外界持宽容、善良的态度，相应地对社会化媒体中的学术信息也会较为包容；性格开放的人善于接受新事物，对于社会化媒体中充斥的各种非正式的学术信息存有好奇心；情绪型性格的人可能会因为担心潜在的损失而不太愿意接受新事物，对社会化媒体及其中的学术信息存有排斥的态度；尽责的人可能会关注于细节，在使用社会化媒体中的学术信息之前会仔细审查其质量、可信度等标准，以实现自己的既定目标。当用户在社会化媒体中搜寻学术信息时，性格特征作为心理特征因素，对用户的认知态度和行为可能产生潜在的影响，因此，提出假设：

H10a-H10e：性格特征(外向、随和、开放、尽责及情绪)对用户关于社会化媒体中学术信息质量的感知存在显著影响。

H11a-H11e：性格特征(外向、随和、开放、尽责及情绪)对用户关于社会化媒体服务质量的感知存在显著影响。

H12a-H12e：性格特征(外向、随和、开放、尽责及情绪)对用户关于社会化媒体系统质量的感知存在显著影响。

H13a-H13e：性格特征(外向、随和、开放、尽责及情绪)对用户关于社会化媒体中学术信息源可信度的感知存在显著影响。

基于前文研究假设的论述，构建研究模型如图 4-1 所示。

---

① Heinström J. Broad exploration or precise specificity: Two basic information seeking patterns among students[J]. Journal of the American Society for Information Science and Technology, 2006, 57(11): 1440-1450.

② Zha X J, Zhang J C, Yan Y L, et al. User perceptions of e-quality of and affinity with virtual communities: The effect of individual differences[J]. Computers in Human Behavior, 2014, 38: 185-195.

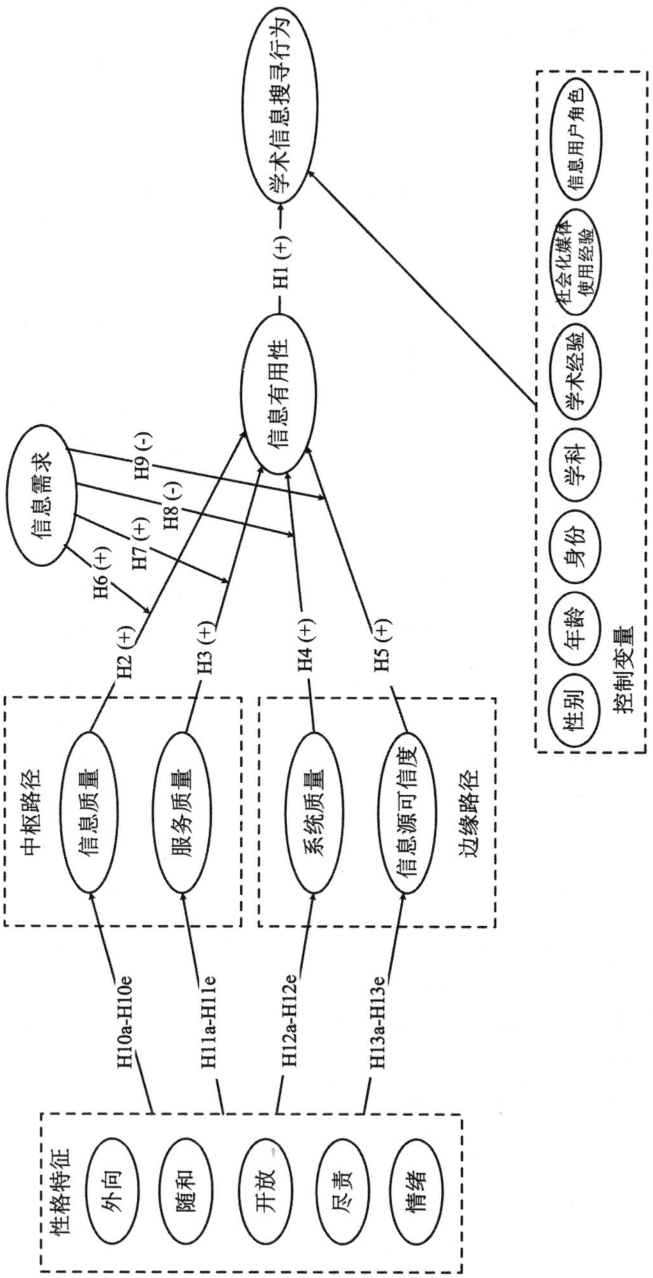
性格特征
外向
随和
开放
尽责
情绪
H10a-H10e
H11a-H11e
H12a-H12e
H13a-H13e
中枢路径
信息质量
服务质量
系统质量
信息源可信度
边缘路径
H2 (+)
H3 (+)
H4 (+)
H5 (+)
信息需求
H6 (+)
H7 (+)
H8 (-)
H9 (-)
信息有用性
H1 (+)
学术信息搜寻行为
控制变量
性别
年龄
身份
学科
学术经验
社会化媒体使用经验
信息用户角色

图4-1 研究模型

4.2 问卷设计与数据收集

4.2.1 问卷设计

问卷调查法是用户信息行为研究中常用的一种研究方法，可以更直观地搜集用户对特定事物认知的一手数据，因此，采用问卷调查法收集用户对社会化媒体学术信息搜寻行为感知的相关数据，作为分析社会化媒体用户学术信息搜寻行为影响因素的数据基础。本章的问卷包括基本信息、社会化媒体用户学术信息搜寻行为影响因素以及性格特征三个部分。为了保证所有参与问卷调查的被调查者对问卷中的术语有一致的认识和理解，在问卷中给出了社会化媒体的定义，即社会化媒体，也称社交媒体或社会性媒体，是指建立在Web2.0思想和技术基础上的允许用户生成内容创造和交流的一类基于互联网的应用。① 然后，列举了一些常见的社会化媒体作为示例，如微博(如新浪微博、腾讯微博等)、微信、博客(如科学网博客、新浪博客等)、社交网站(如人人网、豆瓣网、开心网等)、社会化问答网站(如百度知道、雅虎问答等)、在线论坛(如人大经济论坛、小木虫等)、维基、播客等。同时，问卷也针对学术信息这一概念做了说明，即学术信息指您在工作或学习中进行学术科研活动所涉及的一些学术类信息，如与课程作业相关的信息、学术前沿动态、最新学科资讯、与科研项目相关的信息、学术报告信息、学术文章、学术会议信息、个人学术观点、学术机构发布的信息、科技研究报告、政策报告、统计数据等。

为了保证问卷中各个测量变量的内容效度，除了本书自开发的信息需求测量题项之外，其他所有的潜在变量和测量题项均改编自已有文献，量表题项及其来源如表4-1所示，所有题项均采用7点李克特量表进行测量，从1到7表示强烈不同意到强烈同意。

---

① Kaplan A, Haenlein M. Users of the world, unite! The challenges and opportunities of social media[J]. Business Horizons, 2010, 53(1): 59-68.

表 4-1 **量表及其来源**

潜在变量	编号	题 项	量表来源
学术信息搜寻行为(Academic Information Seeking Behavior)	Seek1	我经常在社会化媒体中搜寻学术信息	改编自 Kankanhalli 等，2005①；Venkatesh 等，2003②
	Seek2	我频繁地在社会化媒体中搜寻学术信息	
	Seek3	我花很多时间在社会化媒体中搜寻学术信息	
信息有用性(Information Usefulness)	IU1	社会化媒体中的学术信息是有价值的	改编自 Sussman 和 Siegal，2003③
	IU2	社会化媒体中的学术信息是内容详实的	
	IU3	社会化媒体中的学术信息是有帮助的	
信息质量(Information Quality)	IQ1	社会化媒体中的学术信息是及时更新的	改编自 Wixom 和 Todd，2005④；Zha 等，2014⑤
	IQ2	社会化媒体中的学术信息是准确的	
	IQ3	社会化媒体中的学术信息是全面的	

① Kankanhalli A, Tan B C Y, Wei K K. Contributing knowledge to electronic knowledge repositories: An empirical investigation[J]. MIS Quarterly, 2005, 29(1): 113-143.

② Venkatesh V, Morris M G, Davis G B, et al. User acceptance of information technology: Toward a unified view[J]. MIS Quarterly, 2003, 27(3): 425-478.

③ Sussman S W, Siegal W S. Informational influence in organizations: An integrated approach to knowledge adoption[J]. Information Systems Research, 2003, 14(1): 47-65.

④ Wixom B H, Todd P A. A theoretical integration of user satisfaction and technology acceptance[J]. Information Systems Research, 2005, 16(1): 85-102.

⑤ Zha X J, Zhang J C, Yan Y L, et al. User perceptions of e-quality of and affinity with virtual communities: The effect of individual differences[J]. Computers in Human Behavior, 2014, 38: 185-195.

续表

潜在变量	编号	题　项	量表来源
服务质量(Service Quality)	SerQ1	社会化媒体提供可靠的服务	改编自 Zha 等，2014①
	SerQ2	社会化媒体提供及时的服务	
	SerQ3	社会化媒体提供个性化的服务	
	SerQ4	社会化媒体提供专职的服务	
系统质量(System Quality)	SysQ1	社会化媒体是可靠的	改编自 Wixom 和 Todd，2005②；Zha 等，2014③
	SysQ2	社会化媒体的导航是有效的	
	SysQ3	社会化媒体的布局是清晰的	
信息源可信度(Source Credibility)	SC1	社会化媒体中的学术信息源是知识丰富的	改编自 Bhattacherjee 和 Sanford，2006④
	SC2	社会化媒体中的学术信息源是可信赖的	
	SC3	社会化媒体中的学术信息源是可靠的	
	SC4	社会化媒体中的学术信息源是专业的	

① Zha X J, Zhang J C, Yan Y L, et al. User perceptions of e-quality of and affinity with virtual communities: The effect of individual differences[J]. Computers in Human Behavior, 2014, 38: 185-195.

② Wixom B H, Todd P A. A theoretical integration of user satisfaction and technology acceptance[J]. Information Systems Research, 2005, 16(1): 85-102.

③ Zha X J, Zhang J C, Yan Y L, et al. User perceptions of e-quality of and affinity with virtual communities: The effect of individual differences[J]. Computers in Human Behavior, 2014, 38: 185-195.

④ Bhattacherjee A, Sanford C. Influence processed for information technology acceptance: An elaboration likelihood model[J]. MIS Quarterly, 2006, 30(4): 805-825.

续表

潜在变量	编号	题　　项	量表来源
信息需求（Information Need）	IN1	我经常会产生一些新的学术信息需求	本书开发
	IN2	我强烈地想要获得我所需要的学术信息	
	IN3	解决与工作或学习任务相关的学术信息需求对我是重要且有用的	
	IN4	对学术信息的需求能让我学习到很多我感兴趣的事物	
	IN5	我经常需要高质量的信息以满足我的学术信息需求	
外向（Extraversion）	Extr1	我健谈	改编自 Gosling 等，2003①；Zha 等，2014②
	Extr2	我精力充沛	
	Extr3	我待人热情	
随和（Agreeableness）	Agre1	我包容他人	改编自 Gosling 等，2003；Zha 等，2014
	Agre2	我对他人友好	
	Agre3	我喜欢与他人合作	
开放（Openness to New Experience）	Open1	我对新事物好奇	改编自 Gosling 等，2003；Zha 等，2014
	Open2	我喜欢表达新的想法	
	Open3	我喜欢体验新事物	

① Gosling S D, Rentfrow P J, Swann W B. A very brief measure of the Big-Five personality domains[J]. Journal of Research in Personality, 2003, 37(6): 504-528.

② Zha X J, Zhang J C, Yan Y L, et al. User perceptions of e-quality of and affinity with virtual communities: The effect of individual differences[J]. Computers in Human Behavior, 2014, 38: 185-195.

续表

潜在变量	编号	题　　项	量表来源
尽责（Conscientiousness）	Cons1	我喜欢先制订计划，然后再实施它们	改编自 Gosling 等，2003；Zha 等，2014
	Cons2	在完成任务的整个过程中我小心翼翼	
情绪（Neuroticism）	Neur1	我容易着急	改编自 Gosling 等，2003；Zha 等，2014
	Neur2	我多多少少会担心	

4.2.2 数据收集

问卷设计工作初步完成之后，共邀请30位用户对所设计的调查问卷进行预调研，主要针对问卷的表意是否清晰明确、说明是否简单易懂等方面征求被调查对象的看法和意见。其中，通过微博、微信、博客等较为流行的社会化媒体平台随机邀请了20位近期活跃的用户，在本学科领域内邀请了10位有过社会化媒体学术信息使用经验的专业人士。然后，根据预调研中被调查对象的反馈建议，对问卷中的一些题项和模糊概念进行修改，以确保正式调查时被调查者能够很好地理解问卷题项的含义并准确填写问卷。此外，在问卷中还对研究目的进行了说明，并对被调查者的参与表示感谢。最终问卷见附录4。考虑到本书研究环境的特点，问卷调查采用在线形式进行。由于本书主要研究用户的学术信息搜寻行为，高校学生及教学科研等人员是搜寻和使用学术信息的主要群体，因此，在线问卷发布之后，通过邀请高校学生及教学科研等人员中有过社会化媒体学术信息使用经验的用户参与正式的大规模调查。此次调查持续进行了6周，问卷回收率为40%，删除无效问卷后得到有效问卷273份，用于数据分析。样本基本信息统计结果如表4-2所示。

表 4-2　**样本基本信息统计(N=273)**

基本信息	类别	数量	百分比
性别	男	96	35.16%
	女	177	64.84%
	合计	273	100.00%
年龄	18 岁以下	0	0
	18~25 岁	72	26.37%
	26~30 岁	97	35.53%
	31~35 岁	79	28.94%
	36~40 岁	18	6.59%
	41~45 岁	4	1.47%
	46~50 岁	2	0.73%
	50 岁以上	1	0.37%
	合计	273	100.00%
身份	本科生	11	4.03%
	硕士研究生	101	37.00%
	博士研究生	59	21.61%
	高校教学科研及管理人员	102	37.36%
	合计	273	100.00%
学科	自然科学	92	33.70%
	社会科学	110	40.29%
	人文科学	71	26.01%
	合计	273	100.00%
学术研究经验	小于 1 年	19	6.96%
	1~2 年	36	13.19%
	2~3 年	63	23.08%
	3~4 年	46	16.85%

续表

基本信息	类别	数量	百分比
学术研究经验	4~5 年	49	17.95%
	5~10 年	52	19.05%
	10 年以上	8	2.93%
	合计	273	100.00%
社会化媒体使用经验	小于 1 年	3	1.10%
	1~2 年	24	8.79%
	2~3 年	44	16.12%
	3~4 年	50	18.32%
	4~5 年	39	14.29%
	5 年以上	113	41.39%
	合计	273	100.00%
信息用户角色	信息提供者	80	29.30%
	信息消费者	193	70.70%
	合计	273	100.00%

4.3 数据分析与结果

本节采用偏最小二乘法(Partial Least Square, PLS)①②③进行

① Barclay D, Higgins C, Thompson R. The partial least squares (PLS) approach to causal modeling: Personal computer adoption and use as an illustration (with commentaries)[J]. Technology Studies, 1995, 2(2): 285-324.

② Chin W W. The partial least squares approach for structural equation modeling[M]. In Modern methods for business research. Mahwah, NJ, US: Lawrence Erlbaum Associates Publishers, 1998.

③ Fornell C, Bookstein F L. Two Structural equation models: LISREL and PLS applied to consumer exit-voice theory[J]. Journal of Marketing Research, 1982, 19(4): 440-452.

数据分析。偏最小二乘法是一种结构化方程建模技术，主要通过基于组件的方法对模型进行检验，可以同时对测量模型的有效性和结果模型的效果进行评估。① 与其他的结构化方程建模技术相比，偏最小二乘法既可以对反映式潜在变量进行建模分析，也可以对形成式潜在变量进行建模分析。② 同时，偏最小二乘法结构化方程建模方法对样本量的要求也不高。③ 因此，偏最小二乘法的结构化方程建模适用于本研究。根据 Agarwal 和 Karahanna④ 提出的结构方程模型方法的两阶段数据分析过程，利用现今常用的 SmartPLS 2.0⑤，首先对测量模型的有效性进行检验，然后检验结构模型。

4.3.1 测量模型有效性检验

测量模型的有效性主要通过内容效度、收敛效度和区分效度进行衡量⑥。除信息需求的测量题项是本书经过科学的程序和步骤开发设计的之外，其他的测量题项均改编自已有文献，并且，在开展大规模调查之前对所用问卷进行了预调研，因此，认为测量量表的表意是清晰明确的。在问卷调查过程中，信息需求变量由 5 个测量

① Marcoulides G A, Saunders C. Editor's comments: PLS: A silver bullet? [J]. MIS Quarterly, 2006, 30(2): iii-ix.

② Chin W W, Marcolin B L, Newsted P R. A partial least squares latent variable modeling approach for measuring interaction effects: Results from a Monte Carlo simulation study and an electronic mail emotion/adoption study [J]. Information Systems Research, 2003, 14(2): 189-217.

③ Chin W W. The partial least squares approach for structural equation modeling [M]. In Modern methods for business research. Mahwah, NJ, US: Lawrence Erlbaum Associates Publishers, 1998.

④ Agarwal R, Karahanna E. Time flies when you're having fun: Cognitive absorption and beliefs about information technology usage [J]. MIS Quarterly, 2000, 24(4): 665-694.

⑤ Ringle C M, Wende S, Will A. SmartPLS 2.0. M3 [EB/OL]. Hamburg: SmartPLS, 2005, http://www.smartpls.de.

⑥ Straub D W, Boudreau M C, Gefen D. Validation guideline for IS positivist research [J]. Communications of the Association for Information Systems, 2004, 13(1): 380-427.

题项测量，但在数据分析过程中发现 IN3 和 IN4(表 4-1) 两个测量题项在信息需求变量上的因子载荷值小于 0.7，因而，将这两个题项删除，仅保留了 3 个测量题项用于后续的数据分析。测量模型的信度和收敛效度由 AVE (Average Variance Extracted)、CR (Composite Reliability) 和 Cronbach's Alpha 值来评判，并且当这三个参数的值分别大于 0.5、0.7、0.7 时，则表示测量模型具有较好的信度和收敛效度。① 表 4-3 列出了涉及的各个潜在变量的 AVE、CR 以及 Cronbach's Alpha 值。可以看到，除尽责的 Cronbach's Alpha 值未能达到 0.7 的标准要求，其他所有潜在变量的 Cronbach's Alpha 值均大于 0.7，但考虑到性格特质模型的完整性，这里将尽责变量予以保留。此外，所有潜在变量的 CR 的最小值为 0.822，AVE 的最小值为 0.619，均大于临界值标准，从而保证了测量模型具有良好的信度和充分的收敛效度。

表 4-3　　　　**验证性因子分析**

潜在变量	题项数	均值	标准差	AVE	CR	Cronbach's Alpha
学术信息搜寻行为	3	5.656	0.940	0.720	0.885	0.805
信息有用性	3	5.764	0.837	0.729	0.890	0.814
信息质量	3	5.563	0.968	0.747	0.899	0.830
服务质量	4	5.582	0.851	0.619	0.866	0.797
系统质量	3	5.576	0.966	0.760	0.905	0.842
信息源可信度	4	5.531	0.979	0.688	0.898	0.846
信息需求	3	5.890	0.830	0.670	0.859	0.753
外向	3	5.786	0.926	0.740	0.895	0.825

① Straub D W, Boudreau M C, Gefen D. Validation guideline for IS positivist research[J]. Communications of the Association for Information Systems, 2004, 13(1): 380-427.

续表

潜在变量	题项数	均值	标准差	AVE	CR	Cronbach's Alpha
尽责	2	5.620	0.934	0.698	0.822	0.570
开放	3	5.974	0.774	0.700	0.875	0.787
情绪	2	4.175	1.576	0.853	0.920	0.830
随和	3	6.028	0.787	0.728	0.889	0.812

注：AVE (Average Variance Extracted) 为平均方差提取值，CR (Composite Reliability) 为组合信度。

区分效度通过比较每个潜在变量的 AVE 的平方根和该潜在变量与其他潜在变量之间的相关系数进行评估①，从表 4-4 可以看到，每个潜在变量的 AVE 值的平方根都远大于该潜在变量与其他潜在变量之间的相关系数，表明测量模型具有充分的区分效度。

测量模型的效度还可以通过因子载荷与交叉载荷进行判定和评估②，从表 4-5 可以看到，所有测量题项在既定变量下的因子载荷都大于 0.7，超过了理想水平的临界值标准③，进一步证明了测量模型具有充分的收敛效度。同时，每个测量题项的因子载荷都高于它们与其他潜在变量的交叉载荷，从而进一步证明测量模型具有很好的区分效度。

---

① Fornell C, Larcker D F. Evaluating structural equation models with unobservable variables and measurement error: Algebra and statistics [J]. Journal of Marketing Research, 1981, 18(3): 382-388.

② Gefen D, Straub D, Boudreau M C. Structural equation modeling and regression: Guidelines for research practice [J]. Communications of the Association for Information Systems, 2000, 4(1): 1-70.

③ Hair J F, Black W C, Babin B J, et al. Multivariate data analysis (7th ed.) [M]. Upper Saddle River, NJ: Prentice Hall, 2010.

表 4-4 **AVE 的平方根以及潜在变量间的相关系数**

潜在变量	Seek	IU	IQ	SerQ	SysQ	SC	IN	Extr	Cons	Open	Neur	Agre
Seek	**0. 848**											
IU	0. 690	**0. 854**										
IQ	0. 701	0. 740	**0. 864**									
SerQ	0. 610	0. 774	0. 713	**0. 787**								
SysQ	0. 650	0. 739	0. 760	0. 764	**0. 872**							
SC	0. 683	0. 792	0. 792	0. 772	0. 831	**0. 830**						
IN	0. 505	0. 560	0. 494	0. 488	0. 480	0. 490	**0. 819**					
Extr	0. 511	0. 662	0. 639	0. 622	0. 648	0. 679	0. 460	**0. 860**				
Cons	0. 428	0. 493	0. 476	0. 431	0. 465	0. 446	0. 528	0. 469	**0. 835**			
Open	0. 403	0. 610	0. 514	0. 570	0. 535	0. 526	0. 524	0. 647	0. 537	**0. 837**		
Neur	−0. 121	−0. 189	−0. 245	−0. 197	−0. 210	−0. 267	−0. 089	−0. 211	−0. 045	−0. 097	**0. 923**	
Agre	0. 432	0. 665	0. 589	0. 582	0. 572	0. 624	0. 558	0. 710	0. 531	0. 687	−0. 200	**0. 853**

注：斜对角线上的值为对应潜在变量的 AVE 值的平方根。

Seek 代表学术信息搜寻行为，IU 代表信息有用性，IQ 代表信息质量，SerQ 代表服务质量，SysQ 代表系统质量，SC 代表信息源可信度，IN 代表信息需求，Extr 代表外向，Cons 代表尽责，Open 代表开放，Neur 代表情绪，Agre 代表随和。

表 4-5 因子载荷与交叉载荷

潜在变量 / 测量题项	Seek	IU	IQ	SerQ	SysQ	SC	IN	Extr	Cons	Open	Neur	Agre
Seek1	**0. 831**	0. 640	0. 604	0. 481	0. 521	0. 567	0. 500	0. 452	0. 401	0. 389	−0. 121	0. 429
Seek2	**0. 896**	0. 564	0. 610	0. 531	0. 580	0. 593	0. 432	0. 451	0. 387	0. 326	−0. 103	0. 383
Seek3	**0. 815**	0. 542	0. 565	0. 543	0. 557	0. 576	0. 337	0. 392	0. 292	0. 302	−0. 080	0. 274
IU1	0. 646	**0. 866**	0. 650	0. 686	0. 658	0. 680	0. 523	0. 570	0. 464	0. 529	−0. 138	0. 561
IU2	0. 570	**0. 850**	0. 659	0. 682	0. 640	0. 708	0. 437	0. 584	0. 392	0. 514	−0. 115	0. 550
IU3	0. 547	**0. 845**	0. 583	0. 609	0. 590	0. 638	0. 471	0. 541	0. 402	0. 520	−0. 238	0. 593
IQ1	0. 587	0. 647	**0. 837**	0. 583	0. 594	0. 611	0. 460	0. 537	0. 404	0. 421	−0. 184	0. 527
IQ2	0. 616	0. 597	**0. 863**	0. 628	0. 682	0. 720	0. 408	0. 563	0. 401	0. 445	−0. 229	0. 506
IQ3	0. 614	0. 674	**0. 892**	0. 638	0. 695	0. 723	0. 412	0. 557	0. 428	0. 465	−0. 221	0. 495
SerQ1	0. 570	0. 710	0. 648	**0. 823**	0. 721	0. 730	0. 432	0. 604	0. 425	0. 517	−0. 146	0. 524
SerQ2	0. 487	0. 610	0. 504	**0. 763**	0. 570	0. 556	0. 481	0. 490	0. 313	0. 499	−0. 162	0. 476
SerQ3	0. 296	0. 472	0. 450	**0. 755**	0. 477	0. 480	0. 267	0. 361	0. 298	0. 386	−0. 123	0. 373
SerQ4	0. 517	0. 601	0. 612	**0. 804**	0. 595	0. 624	0. 322	0. 459	0. 300	0. 369	−0. 188	0. 431

续表

测量题项 \ 潜在变量	Seek	IU	IQ	SerQ	SysQ	SC	IN	Extr	Cons	Open	Neur	Agre
SysQ1	0. 543	0. 619	0. 676	0. 655	**0. 875**	0. 722	0. 367	0. 576	0. 392	0. 444	−0. 111	0. 490
SysQ2	0. 592	0. 686	0. 646	0. 682	**0. 878**	0. 732	0. 489	0. 617	0. 454	0. 516	−0. 205	0. 546
SysQ3	0. 563	0. 621	0. 668	0. 659	**0. 863**	0. 717	0. 391	0. 492	0. 362	0. 432	−0. 235	0. 454
SC1	0. 505	0. 699	0. 576	0. 546	0. 555	**0. 713**	0. 506	0. 566	0. 421	0. 492	−0. 120	0. 544
SC2	0. 604	0. 652	0. 701	0. 681	0. 743	**0. 883**	0. 406	0. 596	0. 327	0. 453	−0. 228	0. 555
SC3	0. 579	0. 633	0. 666	0. 652	0. 718	**0. 862**	0. 363	0. 522	0. 353	0. 396	−0. 252	0. 513
SC4	0. 569	0. 627	0. 675	0. 675	0. 734	**0. 850**	0. 336	0. 556	0. 370	0. 390	−0. 291	0. 444
IN1	0. 414	0. 449	0. 431	0. 410	0. 425	0. 400	**0. 789**	0. 382	0. 413	0. 456	−0. 115	0. 483
IN2	0. 322	0. 404	0. 336	0. 344	0. 303	0. 340	**0. 787**	0. 331	0. 415	0. 439	0. 041	0. 452
IN5	0. 487	0. 513	0. 438	0. 437	0. 439	0. 455	**0. 876**	0. 411	0. 466	0. 400	−0. 126	0. 441
Extr1	0. 439	0. 528	0. 512	0. 549	0. 565	0. 531	0. 368	**0. 836**	0. 371	0. 523	−0. 209	0. 486
Extr 2	0. 482	0. 627	0. 617	0. 555	0. 587	0. 650	0. 427	**0. 881**	0. 438	0. 601	−0. 198	0. 695
Extr 3	0. 391	0. 549	0. 511	0. 499	0. 515	0. 564	0. 389	**0. 863**	0. 398	0. 542	−0. 135	0. 642

续表

潜在变量 / 测量题项	Seek	IU	IQ	SerQ	SysQ	SC	IN	Extr	Cons	Open	Neur	Agre
Cons1	0. 440	0. 472	0. 419	0. 387	0. 427	0. 417	0. 561	0. 448	**0. 868**	0. 517	−0. 062	0. 522
Cons2	0. 261	0. 341	0. 375	0. 331	0. 344	0. 322	0. 299	0. 326	**0. 802**	0. 369	−0. 008	0. 352
Open1	0. 305	0. 513	0. 419	0. 442	0. 434	0. 405	0. 470	0. 523	0. 530	**0. 838**	−0. 049	0. 606
Open2	0. 382	0. 519	0. 468	0. 517	0. 485	0. 487	0. 390	0. 587	0. 458	**0. 841**	−0. 106	0. 543
Open3	0. 318	0. 498	0. 398	0. 468	0. 418	0. 422	0. 463	0. 509	0. 359	**0. 832**	−0. 085	0. 581
Neur1	−0. 134	−0. 213	−0. 251	−0. 178	−0. 229	−0. 289	−0. 130	−0. 195	−0. 089	−0. 124	**0. 945**	−0. 231
Neur2	−0. 082	−0. 125	−0. 194	−0. 189	−0. 150	−0. 192	−0. 020	−0. 196	0. 022	−0. 044	**0. 901**	−0. 124
Agre1	0. 384	0. 623	0. 500	0. 540	0. 502	0. 520	0. 500	0. 606	0. 500	0. 629	−0. 090	**0. 887**
Agre2	0. 336	0. 541	0. 468	0. 450	0. 476	0. 513	0. 494	0. 584	0. 486	0. 604	−0. 123	**0. 845**
Agre3	0. 383	0. 534	0. 536	0. 494	0. 485	0. 561	0. 435	0. 623	0. 376	0. 527	−0. 293	**0. 825**

注：Seek 代表学术信息搜寻行为，IU 代表信息有用性，IQ 代表信息质量，SerQ 代表服务质量，SysQ 代表系统质量，SC 代表信息源可信度，IN 代表信息需求，Extr 代表外向，Cons 代表尽责，Open 代表开放，Neur 代表情绪，Agre 代表随和。

从表4-4可以看到，一些潜在变量之间的相关系数大于0.6。为了避免多重共线性的问题，通过计算方差膨胀因子(Variance Inflation Factor，VIF)对自变量之间是否存在多重共线性进行检验。表4-6的分析结果显示，所有自变量的VIF值从1.109到4.898，远小于建议的阈值10①，因此，不存在多重共线性问题。

表4-6 **多重共线性检验**

共线性统计	IU	IQ	SerQ	SysQ	SC	IN	Extr	Cons	Open	Neur	Agre
容差	0.264	0.301	0.316	0.251	0.204	0.566	0.369	0.594	0.415	0.901	0.349
方差膨胀因子	3.782	3.319	3.162	3.987	4.898	1.765	2.709	1.683	2.409	1.109	2.863

注：IU代表信息有用性，IQ代表信息质量，SerQ代表服务质量，SysQ代表系统质量，SC代表信息源可信度，IN代表信息需求，Extr代表外向，Cons代表尽责，Open代表开放，Neur代表情绪，Agre代表随和。

4.3.2 共同方法偏差

一般认为，自我报告数据和多元来源如一致性主题和社会期许性等可能导致潜在的共同方法偏差(Common Method Bias，CMB)②③。考虑到从不同的来源收集数据可以降低共同方法偏差的影响，本书的数据均收集自不同的用户，以降低共同方法偏差。此外，Harmon单因子检验是最为常用的一种检验共同方法偏差问

① Gefen D, Rigdon E E, Straub D. An update and extension to SEM guideline for administrative and social science research[J]. MIS Quarterly, 2011, 35(2): III-XIV.

② Podsakoff P, Organ D. Self-reports in organizational research: Problems and prospects[J]. Journal of Management, 1986, 12(4): 531-544.

③ Podsakoff P, MacKenzie S, Lee J, et al. Common method biases in behavioral research: A critical review of the literature and recommended remedies[J]. Journal of Applied Psychology, 2003, 88(5): 879-903.

题的方法①，因此，对结构模型中的变量进行主成分分析，从而判断是否存在共同方法偏差。分析结果显示，第一个因子的方差贡献率为 28.99%，表明不存在能够解释大部分协方差的单一因子②，因此，不存在共同方法偏差问题。

4.3.3 结构模型分析结果

利用偏最小二乘法结构化方程建模方法对结构模型中的研究假设进行检验，同时，采用 Bootstrap 重抽样方法从数据集中重复抽取样本形成新的数据集进行显著性检验，样本数设置为 1000，据此可计算得到 t 估计值。首先，对主效应模型进行分析，结果如图 4-2 所示。

从图 4-2 可以看到，用户对社会化媒体中学术信息有用性的感知显著地影响用户的学术信息搜寻行为，因此，假设 H1 成立。从中枢路径和边缘路径对信息有用性的影响来看，属于中枢路径变量的信息质量和服务质量显著地影响用户对社会化媒体中学术信息有用性的感知，因此，假设 H2 和 H3 成立；属于边缘路径变量的系统质量对信息有用性不存在显著的影响，因此，假设 H4 不成立，而信息源可信度显著地影响用户对社会化媒体中学术信息有用性的感知，因此，假设 H5 成立。从性格特征对中枢路径和边缘路径变量的影响来看，大部分假设成立，具体而言，外向型性格正向显著地影响用户对信息质量、服务质量、系统质量以及信息源可信度的感知，因此，假设 H10a、H11a、H12a 和 H13a 成立；随和型性格正向显著地影响用户对信息质量和信息源可信度的感知，因此，假设 H10b 和 H13b 成立；开放型性格仅对服务质量存在正向显著的影响，因此，假设 H11c 成立；尽责型性格正向显著地影响用户对

① Podsakoff P, MacKenzie S, Lee J, et al. Common method biases in behavioral research: A critical review of the literature and recommended remedies [J]. Journal of Applied Psychology, 2003, 88(5): 879-903.

② Podsakoff P, MacKenzie S, Lee J, et al. Common method biases in behavioral research: A critical review of the literature and recommended remedies [J]. Journal of Applied Psychology, 2003, 88(5): 879-903.

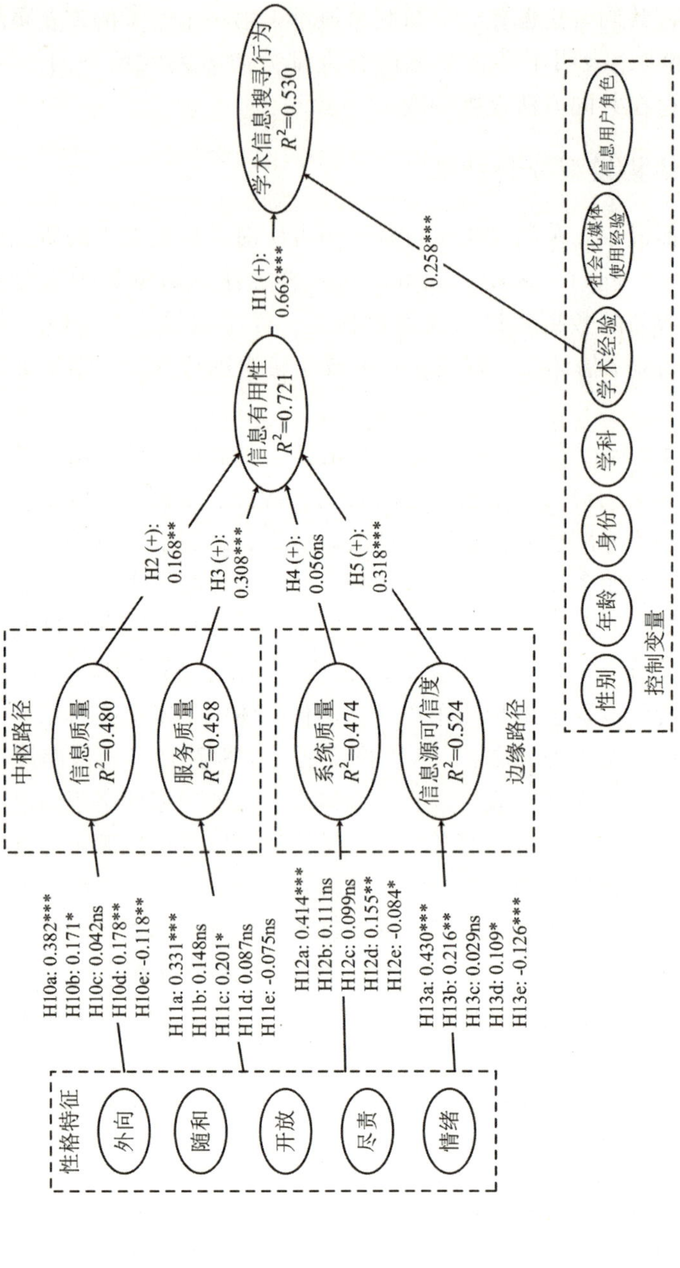

注：*p<0.05；**p<0.01；***p<0.001；ns: non-significant。

图4-2 主模型分析结果

信息质量、系统质量和信息源可信度的感知，因此，假设 H10d、H12d 和 H13d 成立；情绪型性格负向显著地影响用户对信息质量、系统质量和信息源可信度的感知，因此，假设 H10e、H12e 和 H13e 成立。同时，在主模型中还将性别、年龄、身份、学科、学术经验、社会化媒体使用经验以及信息用户角色作为控制变量指向信息搜寻行为以检验样本特征对信息搜寻行为的影响，从图 4-2 的结果可以看到，学术经验对信息搜寻行为存在正向的显著性影响，表明用户的学术经验越丰富，他们越可能在社会化媒体中搜寻学术信息以满足自己的信息需求。其他的控制变量对信息搜寻行为不存在显著影响，因此，未将它们的路径系数在图 4-2 中展示。在主效应模型中，信息搜寻行为的解释方差为 0.530，信息有用性的解释方差为 0.721，信息质量的解释方差为 0.480，服务质量的解释方差为 0.458，系统质量的解释方差为 0.474，信息源可信度的解释方差为 0.524，表明主效应结构模型具有良好的预测效果①。

此外，在图 4-2 的结果中，系统质量对信息有用性不存在显著影响，但从表 4-4 可以看到，系统质量与信息有用性之间的相关系数为 0.739，说明系统质量对信息有用性存在独立的影响作用，它对信息有用性的影响因其他变量的存在而被弱化。为了进一步分析造成这一结果的原因，这里将信息有用性作为固定因变量，系统质量作为固定自变量，其他变量单独或两两同时进入回归模型进行分析，结果如表 4-7 所示，可以看到，当服务质量和信息源可信度同时进入回归模型后，系统质量对信息有用性的影响不再显著，如表 4-7 中的模型 7 所示，说明用户在判断社会化媒体中学术信息有用性的时候，系统质量会因为用户重视服务质量和信息源可信度而对用户判断信息有用性不再有明显的影响。

---

① Straub D W, Boudreau M C, Gefen D. Validation guideline for IS positivist research[J]. Communications of the Association for Information Systems, 2004, 13(1): 380-427.

表 4-7 **层次回归分析**

自变量	因变量：信息有用性						
	模型 1	模型 2	模型 3	模型 4	模型 5	模型 6	模型 7
系统质量	0.732***	0.414***	0.355***	0.255**	0.201**	0.171*	0.112ns
信息质量		0.427***			0.298***	0.256***	
服务质量			0.503***		0.408***		0.364***
信息源可信度				0.581***		0.449***	0.419***

注：* $p<0.05$；** $p<0.01$；*** $p<0.001$；ns：non-significant。

主效应模型分析之后，将调节变量加入结构模型中以检验信息需求对中枢路径变量和边缘路径变量与信息有用性之间关系的调节作用。交互效应通过自变量与调节变量之间相乘实现，从表 4-8 的结果可以看到，与研究假设相反，信息需求对信息质量和服务质量与信息有用性之间的关系存在负向显著的调节作用(模型 2 和模型 3)，因此，假设 H6 和 H7 不成立。信息需求对系统质量和信息源可信度与信息有用性之间的关系存在负向显著的调节作用(模型 4 和模型 5)，因此，假设 H8 和 H9 成立。在模型 2 到模型 5 中，信息有用性的方差解释分别增加了 0.020、0.019、0.017 和 0.017。根据 Cohen① 和 Mathieson 等②对效应量(Effect Sizes)的解释，计算得到模型 2、模型 3、模型 4 和模型 5 的效应量分别为 0.074、0.070、0.062 和 0.062，表示中低水平的效应。总体上看，结构模型具有较好的预测效果。

① Cohen J. Statistical power analysis for the behavioral sciences [M]. Hillsdale, NJ: Lawrence Erlbaum, 1998.

② Mathieson K, Peacock E, Chin W W. Extending the technology acceptance model: The influence of perceived user resources [J]. Database for Advances in Information Systems, 2001, 32(3): 86-112.

表 4-8　　　　结构模型交互效应结果

自变量	因变量：信息有用性				
	模型 1	模型 2	模型 3	模型 4	模型 5
信息质量	0.196**	0.155*	0.153*	0.167**	0.164*
服务质量	0.330***	0.288**	0.299***	0.296***	0.295***
系统质量	0.061ns	0.050ns	0.039ns	0.044ns	0.036ns
信息源可信度	0.333***	0.353***	0.346***	0.337***	0.351***
信息质量×信息需求		−0.105*			
服务质量×信息需求			−0.099*		
系统质量×信息需求				−0.080*	
信息源可信度×信息需求					−0.085*
R^2	0.710	0.730	0.729	0.727	0.727
ΔR^2		0.020	0.019	0.017	0.017
f^2		0.074	0.070	0.062	0.062

注：* $p<0.05$；** $p<0.01$；** $p<0.001$；ns：non-significant。

$f^2=\Delta R^2/(1-R^2)$，表示效应大小。① 效应水平高、中、低的临界值分别是0.35、0.15、0.02。②

4.4 社会化媒体用户学术信息搜寻行为影响因素分析讨论

4.4.1 信息有用性与学术信息搜寻行为之间的关系

社会化媒体不仅是人们建立、维持与拓展人际关系的社交场

① Mathieson K, Peacock E, Chin W W. Extending the technology acceptance model: The influence of perceived user resources [J]. Database for Advances in Information Systems, 2001, 32(3): 86-112.

② Cohen J. Statistical power analysis for the behavioral sciences [M]. Hillsdale, NJ: Lawrence Erlbaum, 1998.

所，也是资源丰富的信息场所。随着社会化媒体应用在各个领域的渗入，学术界开始接受社会化媒体并将其应用到学术研究及学术交流中，社会化媒体平台中的学术信息资源也愈加丰富。Tenopir 等①的研究指出在学术科研工作中，使用传统学术资料的人使用社会化媒体的程度也较高。为了探究社会化媒体用户学术信息搜寻行为的影响规律，本书对社会化媒体用户的学术信息搜寻行为的影响因素进行分析，结果发现，用户对社会化媒体中学术信息有用性的感知显著地影响用户的学术信息搜寻行为。Park 等②在研究网络投资社区中用户的信息搜寻行为时发现感知有用性是影响用户信息搜寻行为的重要影响因素，此外，Koufaris③、Liu 和 Zhang④ 以及 Cheung 等⑤还发现信息有用性直接影响用户的信息采纳行为。本书的结果与以往研究基本一致，说明用户在搜寻学术信息时对社会化媒体中学术信息的有用性感知水平越高，他们越有可能在社会化媒体中频繁地搜寻学术信息。目前，与正式的学术信息源相比，社会化媒体可作为一种非正式和非常规的学术信息源。对于学术信息用户而言，为了满足自身的学术信息需求，他们会通过多种渠道搜寻和获取他们认为有用的和有价值的信息，这些信息不仅包括正式权威的学术信息，还包括非正式和非常规的学术信息。

---

① Tenopir C, Volentine R, King D W. Social media and scholarly reading [J]. Online Information Review, 2013, 37(2): 193-216.

② Park J H, Gu B, Leung A C M, et al. An investigation of information sharing and seeking behaviors in online investment communities[J]. Computers in Human Behavior, 2014, 31: 1-12.

③ Koufaris M. Applying the technology acceptance model and flow theory to online consumer behavior[J]. Information Systems Research, 2002, 13(2): 205-223.

④ Liu R R, Zhang W. Informational influence of online customer feedback: An empirical study [J]. Journal of Database Marketing & Customer Strategy Management, 2010, 17(2): 120-131.

⑤ Cheung C M K, Lee M K O, Rabjohn N. The impact of electronic word-of-mouth: The adoption of online opinions in online customer communities[J]. Internet Research, 2008, 18(3): 229-247.

4.4.2 中枢路径和边缘路径变量与信息有用性之间的关系

态度是个体对目标行为的整体评价，包括情感反应、认知反应和行为意愿反应 3 个部分。信息有用性可以反映态度的认知反应部分，即用户对于使用社会化媒体中的学术信息而从中获益的认知，如提升工作效率、解决所面临的问题等。由于社会化媒体中学术信息资源具有科学性和非正式性等特点，用户在判断学术信息的有用性时会结合多方面的信息线索进行思考和评估，而且，在面临特定环境时，用户的行为动机以及时间、思维能力等会有不同的变化，因此，用户将选择性地对信息线索进行精细加工。在信息系统领域，质量是用户评价系统可用性和有用性的重要因素。① 本书结合精细加工可能性模型和信息系统成功模型，从中枢路径和边缘路径的双路径视角研究影响社会化媒体用户学术信息搜寻行为态度变化的前置动因，其中，中枢路径变量包括信息质量和服务质量，边缘路径变量包括系统质量和信息源可信度。

从图 4-2 的主效应模型分析结果可以看到，社会化媒体的学术信息质量和服务质量显著地影响用户对社会化媒体中学术信息有用性的感知。现有的研究中，Shu② 在研究 Twitter 的持续使用时发现消息质量显著影响用户对微博的感知有用性；Lee③ 在研究信息技术接受过程中的态度变化时发现信息质量显著地影响用户的行为态度；Pearson 等④研究电子服务质量对感知价值的作用时发现电子

---

① Nelson R R, Todd P A, Wixom B H. Antecedents of information and system quality: An empirical examination within the context of data warehousing[J]. Journal of Management Information Systems, 2005, 21(4): 199-235.

② Shu W. Continual use of microblogs [J]. Behaviour & Information Technology, 2014, 33(7): 666-677.

③ Lee W K. An elaboration likelihood model based longitudinal analysis of attitude change during the process of IT acceptance via education program [J]. Behaviour & Information Technology, 2012, 31(12): 1161-1171.

④ Pearson A, Tadisina S, Griffin C. The role of e-service quality and information quality in creating perceived value: Antecedents to web site loyalty[J]. Information Systems Management, 2012, 29(3): 201-215.

服务质量显著影响用户的感知价值。本书的结果与以往研究结果基本一致。作为一类典型的 Web 2.0 应用，社会化媒体强调用户生成内容，用户可以自由表达与发布相关的学术信息内容，但社会化媒体缺乏传统媒体的评审机制和过滤机制，导致信息质量难以保证，加重了用户在使用社会化媒体中学术信息时的认知负担。而优质的信息资源不仅能满足用户需求，而且符合客观实际。① 因此，高质量的学术信息可以降低用户的认知负担，促进用户对社会化媒体中学术信息有用性的认知，进而驱动学术信息搜寻行为。

社会化媒体的服务质量是指社会化媒体提供给用户的服务的水平，服务质量通过服务的可靠性、及时性、个性化和专业化 4 个方面对社会化媒体的应用成功维度进行衡量。② 如果用户在使用社会化媒体搜寻学术信息的过程中遇到问题时(如链接无法打开、下载障碍问题等)，他们无需投入太多时间和精力自行寻找解决问题的方案便可以得到专业化解答、系统个性化的推送服务或者能及时联系到服务提供者获得针对性的答案，那么用户则可能认为社会化媒体的服务水平较高。现今，随着信息通信技术的发展，各类社会化媒体应用平台为用户提供日益完善的服务，并努力提升用户的使用体验。用户搜寻学术信息时可能依托于多个社会化媒体平台并倾向于使用服务水平较高的社会化媒体平台，因此，即使某一社会化媒体平台中的学术信息具有较高的价值性和有用性，但若其服务质量不高，用户也可能无法体验到学术信息的价值和有用性，所以，社会化媒体环境下，服务质量能显著影响用户对社会化媒体中学术信息有用性的感知。

本书发现信息源可信度显著地影响用户对社会化媒体中学术信息有用性的感知(图 4-2)。以往关于信息源可信度与感知有用性之

---

① Eppler M J. Managing information quality: Increasing the value of information in knowledge intensive products and processes[M]. Berlin: Springer-Verlag, 2003: 56-79.

② Zha X J, Zhang J C, Yan Y L, et al. User perceptions of e-quality of and affinity with virtual communities: The effect of individual differences[J]. Computers in Human Behavior, 2014, 38: 185-195.

间关系的研究结果不完全一致，如，Bhattacherjee 和 Sanford① 研究发现信息源可信度显著地影响用户对信息技术接受的感知有用性；Zhang 等②在研究微博帖子流行度的影响因素时发现信息源可信度(如用户的权威性)在微博转发行为中有重要作用；但是，Shu③ 发现信息源可信度不会显著地影响用户关于微博的感知有用性。社会化媒体环境下，提供和发布学术信息的信息源多种多样，包括领域专家、专业学术机构、普通大众用户、商业机构等，专业水平各异，难以保证社会化媒体中学术信息源的可靠性和权威性。信息源可信度作为用户判断社会化媒体中学术信息有用性的边缘路径变量，也是用户在搜寻学术信息时的一个重要参考线索。一般地，可信度高的信息源通常具备相关主题的专业知识并且可以提供可靠的信息。④ 用户只需投入较少的精力和认知努力便可精确地判断信息源的可信度水平(如信息源是否具有权威性、是否具有关于本领域的丰富的专业知识等)，从而形成对社会化媒体学术信息有用性的感知。

从表 4-7 中模型 1 到模型 6 的分析结果可以看到，系统质量对信息有用性存在显著性的影响，但模型 7 的结果显示，当服务质量和信息源可信度同时进入模型之后，系统质量对信息有用性的影响不再显著，说明系统质量对信息有用性的影响作用因服务质量和信息源可信度的存在而被两者弱化，这意味着在不考虑服务质量和信息源可信度时，系统质量是非常关键的影响因素。Wu 和 Wang 认

① Bhattacherjee A, Sanford C. Influence processes for information technology acceptance: An elaboration likelihood model[J]. MIS Quarterly, 2006, 30(4): 805-825.

② Zhang L, Peng T Q, Zhang Y P, et al. Content or context: Which matters more in information processing on microblogging sites[J]. Computers in Human Behavior, 2014, 31: 242-249.

③ Shu W. Continual use of microblogs [J]. Behaviour & Information Technology, 2014, 33(7): 666-677.

④ McCracken G. Who is the celebrity endorser? Cultural foundations of the endorsement process[J]. Journal of Consumer Research, 1989, 16(3): 310-321.

为系统质量很重要但不一定能带给用户足够的利益①，相比系统质量，用户在社会化媒体中搜寻学术信息时更重视社会化媒体的服务质量以及学术信息源的可信度，它们是决定用户对社会化媒体中学术信息有用性感知的更为重要的因素。在这种情况下，社会化媒体实践者应注重服务质量的改善和提高，并采用相应的控制机制提高社会化媒体中学术信息源的可靠性和可信性，据此增加用户黏性，保证社会化媒体持续成功地运行与发展。

4.4.3 性格特征与中枢路径和边缘路径变量之间的关系

从图4-2中可以看到，五大性格特征(外向、随和、开放、尽责和情绪)不同程度地影响信息质量、服务质量、系统质量和信息源可信度。其中，外向型性格正向显著地影响信息质量、服务质量、系统质量和信息源可信度，可能是因为外向型性格与善于交际、自信和积极主动有关②③，性格外向的用户更容易认为社会化媒体的学术信息质量、服务质量、系统质量和信息源可信息度的水平较高。随和型性格正向显著地影响信息质量和信息源可信度，性格随和的用户对待人和事物通常持宽容的态度，他们在社会化媒体中搜寻学术信息时对学术信息的质量和学术信息源的可信度会比较包容和容忍且不太关注服务质量和系统质量，因此，性格随和的用户认为信息质量和信息源可信度的水平较高。开放型性格正向显著地影响服务质量，性格开放的用户通常乐于享受新体验且好奇心强，这类用户在社会化媒体中搜寻学术信息时可能更注重社会化媒

① Wu J H, Wang Y M. Measuring KMS success: A respecification of the DeLone and McLean's model[J]. Information & Management, 2006, 43(6): 728-739.

② McCrae R R, Costa P T. Updating Norman's "adequate taxonomy": Intelligence and personality dimensions in natural language and questionnaires[J]. Journal of Personality and Social Psychology, 1985, 49(3): 710-721.

③ Peeters M A G, Rutte C G, van Tuijl H F J M, et al. The big-five personality traits and individual satisfaction with the team[J]. Small Group Research, 2006, 37(2): 187-211.

体所提供的服务水平。尽责型性格正向显著影响信息质量、系统质量和信息源可信度，Heinström 在研究信息搜寻模式与性格特征之间的关系时发现尽责的学生会专注于精确地搜索高质量的信息①，尽责型用户通常比较关注细节、有计划，在行为上以目标为导向，因此，为满足学术信息需求，这类用户在社会化媒体中搜寻学术信息时可能会更重视信息质量、系统质量和信息源可信度。情绪型性格负向显著地影响信息质量、系统质量和信息源可信度，情绪型性格的用户通常与焦虑、忧虑之类的情绪和行为有关②③，并且不太可能接受新事物④，因此，此类性格的用户在社会化媒体中搜寻学术信息时通常认为信息质量、系统质量和信息源可信度的水平都比较低。

4.5 信息需求调节效应

在处理中枢路径线索(信息质量、服务质量等)时，用户需要投入大量的精力与认知努力对这些线索进行深入的加工和思考，并据此形成对社会化媒体中学术信息的相对优势及价值的精确认知和判断，进而决定是否在社会化媒体中搜寻学术信息；相比之下，对于边缘路径线索而言，用户无需耗费太多的精力与认知思考，根据信息源的权威性、专业知识水平等外围线索即可形成对社会化媒体

① Heinström J. Broad exploration or precise specificity: Two basic information seeking patterns among students[J]. Journal of the American Society for Information Science and Technology, 2006, 57(11): 1440-1450.

② McCrae R R, Costa P T. Updating Norman's "adequate taxonomy": Intelligence and personality dimensions in natural language and questionnaires[J]. Journal of Personality and Social Psychology, 1985, 49(3): 710-721.

③ Peeters M A G, Rutte C G, van Tuijl H F J M, et al. The big-five personality traits and individual satisfaction with the team[J]. Small Group Research, 2006, 37(2): 187-211.

④ Zhou T, Lu Y B. The effects of personality traits on user acceptance of mobile commerce[J]. International Journal of Human-Computer Interaction, 2011, 27(6): 545-561.

中学术信息有用性的认知和判断。中枢路径和边缘路径对用户的学术信息有用性感知变化的影响因精细加工可能性水平的不同而有所不同。① 信息需求是用户信息搜寻行为发生的一个重要的直接动机，当用户产生信息需求时，他们会搜寻信息弥补自己认知上的缺陷和知识上的不足。本书将信息需求作为一个精细加工可能性变量，用于调节用户在社会化媒体中搜寻学术信息时中枢路径变量和边缘路径变量对认知态度变化的影响，从表 4-8 中信息需求与自变量之间的交互效应分析结果可以看到，信息质量、服务质量、系统质量和信息源可信度与信息有用性之间的关系因信息需求的影响而发生变化。为了进一步了解不同信息需求水平下信息质量、服务质量、系统质量和信息源可信度对信息有用性的影响作用，本节将对前面显著的调节作用做详细的分析探讨。

4.5.1 信息需求对信息质量与信息有用性之间关系的调节作用

从表 4-8 中可以看到，信息需求对信息质量与信息有用性之间的关系具有负向的调节作用。首先，根据信息需求水平的高低，将总体样本划分为两个子样本，其中，信息需求水平的高低以信息需求总体样本均值加减一个标准差作为划分标准②，从而形成信息需求水平高和信息需求水平低两组样本。然后，将信息质量作为自变量，信息有用性作为因变量，对两个子样本分别做回归分析并形成两个回归方程，如图 4-3 所示。

从图 4-3 可以看到，信息质量对信息有用性的影响作用在信息需求水平高和信息需求水平低的两组用户之间并不相同。当用户的信息需求水平较高时，图中直线斜率较小，也就是说，与没有调节

---

① Luo C, Wu J, Shi Y, et al. The effects of individualism-collectivism cultural orientation on eWOM information[J]. International Journal of Information Management, 2014, 34(4): 446-456.

② Stewart K J. How hypertext links influence consumer perceptions to build and degrade trust online[J]. Journal of Management Information Systems, 2006, 23(1): 183-210.

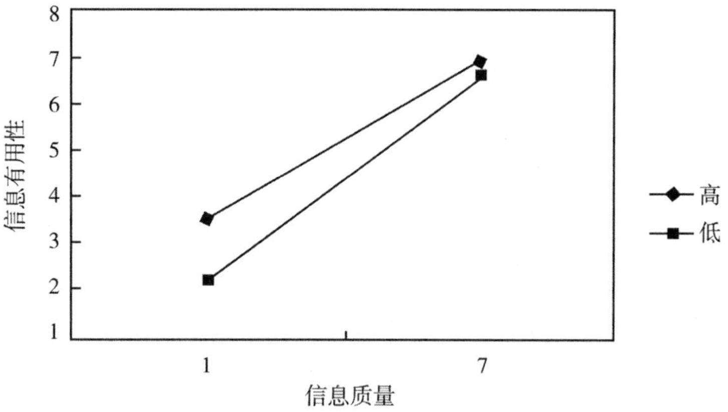

图 4-3 信息需求对信息质量与信息有用性之间关系的调节效应

效应相比，信息质量对信息有用性的影响作用较弱；相反，当用户信息需求水平较低时，图中直线的斜率较大，也就是说，与没有调节效应相比，信息质量对信息有用性的影响作用会变强烈。信息需求对信息质量与信息有用性之间关系的调节作用表明社会化媒体环境下用户学术信息搜寻行为的特殊性以及社会化媒体中学术信息对于用户需求的潜在影响作用。

精细加工可能性模型认为精细加工可能性水平变量对中枢路径与用户态度变化之间的关系具有正向调节作用，据此，本书假设信息需求对信息质量（中枢路径）与信息有用性之间的关系具有正向调节作用，但结果发现研究假设不成立。在本研究环境下，信息需求负向显著地调节信息质量对信息有用性的影响作用，也就是说，当用户对学术信息的需求水平较低时，信息质量对信息有用性的影响作用变强烈，用户通过对信息质量水平的精细判断形成对社会化媒体中学术信息有用性程度的认知，这一结果对社会化媒体用户的学术信息搜寻行为而言是可以理解的。虽然社会化媒体中包含大量可利用的学术类信息，但与专家或权威机构生产和发布并经过严格的评审过程的正式常规的学术信息（如数字图书馆中的电子资源）相比，社会化媒体中的学术信息可以被看作一种非正式和非常规的学术信息资源。当用户有强烈的信息需求时，他们可能更倾向于选择利用正式的学术信息源搜寻自己所需的学术信息以满足其信息需求，在这种情况下，信息质量对信息有用性的影响会变弱；反之，当用户的信息需求不强烈时，如为了一般性地了解学术动态或者一些最新的学术信息而在社会化媒体平台中浏览学术信息、跟踪某些专家或学术机构的博客动态或微博动态等，他们可能会投入大量的精力和认知努力去判断这些学术信息内容的质量，从而形成对社会化媒体中学术信息有用性的认知判断，在这种情况下，信息质量对信息有用性的影响会更强烈。由于社会化媒体具有开放性并允许用户自由生成内容，社会化媒体平台中的信息内容质量参差不齐，然而学术信息用户对学术信息内容的质量要求较高，因此，为了提高社会化媒体中学术信息资源的利用率，社会化媒体实践者应该采取相应的质量控制机制提高学术信息内容质量，一方面改善信息需求水平高的用户对社会化媒体中学术信息质量的认识，提高他们对这部分学术信息有用性程度的认知，另一方面提高信息需求水平低的用户对社会化媒体中学术信息的需求黏性，最大化满足用户的信息需求。

4.5.2 信息需求对服务质量与信息有用性之间关系的调节作用

服务质量对信息有用性的影响作用被信息需求负向调节(见表4-8)。同样地，对于根据 Stewart① 的方法所划分的信息需求水平高和信息需求水平低的两组样本，将服务质量作为自变量，信息有用性作为因变量，针对两个子样本分别做回归分析并形成两个回归方程，如图 4-4 所示。

从图 4-4 可以看到，服务质量对信息有用性的影响作用因信息需求水平的高低而不同。当用户的信息需求水平较高时，图中直线

① Stewart K J. How hypertext links influence consumer perceptions to build and degrade trust online[J]. Journal of Management Information Systems, 2006, 23(1): 183-210.

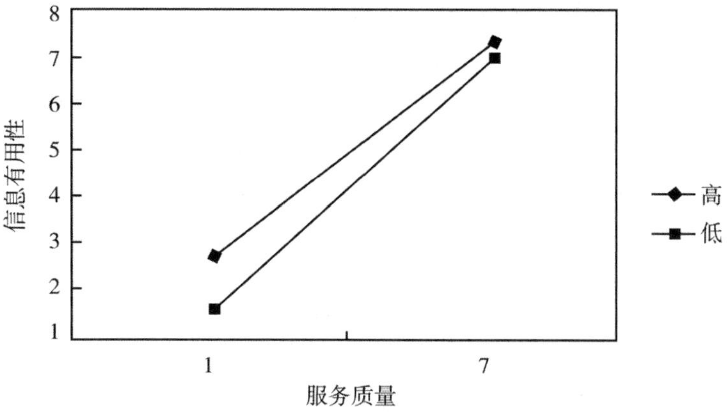

图 4-4 信息需求对服务质量与信息有用性之间关系的调节效应

斜率较小，也就是说，与没有调节效应相比，服务质量对信息有用性的影响作用较弱；相反，当用户的信息需求水平较低时，图中直线斜率较大，也就是说，与没有调节效应相比，服务质量对信息有用性的作用变强烈。图中信息需求对服务质量与信息有用性之间关系的调节作用表明社会化媒体的应用性成功维度在用户的学术信息搜寻活动过程中的重要影响作用。

服务质量是指社会化媒体传递给用户的服务水平①，衡量的是社会化媒体的应用性成功②。与信息质量一样，本书将服务质量作为中枢路径变量，依据精细加工可能性模型，假设服务质量(中枢路径)对信息有用性的影响作用被信息需求正向调节，但结果发现研究假设不成立。在此环境下，服务质量对信息有用性的影响被信息需求负向显著地调节，也就是说，当用户对学术信息的需求不强

① Gorla N, Somers T M, Wong B. Organizational impact of system quality, information quality, and service quality[J]. The Journal of Strategic Information Systems, 2010, 19(3): 207-228.

② Zha X J, Zhang J C, Yan Y L, et al. Does affinity matter? Slow effects of e-quality on information seeking in virtual communities[J]. Library and Information Science Research, 2015, 37(1): 68-76.

烈时，用户根据使用社会化媒体服务的经历与体验形成对社会化媒体中学术信息有用性的认知。虽然服务质量是中枢路径变量，用户需要投入大量的精力和认知努力对其进行精细加工，但相对于专业性的学术信息服务系统或应用而言，社会化媒体的学术性服务水平仍然较弱，这在一定程度上影响用户对社会化媒体中学术信息有用性的认知判断，因此，当用户的学术信息需求较为强烈时，他们可能会更倾向于使用学术信息服务水平较高的系统或应用搜寻所需信息，在这种情况下，社会化媒体的服务质量对信息有用性的影响作用会变弱；反之，当用户的学术信息需求水平较低时，他们可以分出较多精力对社会化媒体的服务水平进行更直观和更深入的体验，在这种情况下，社会化媒体的服务质量对用户关于社会化媒体中学术信息有用性的感知的影响作用会变强烈。面对用户的学术信息需求，社会化媒体实践者不仅应重视社交性服务功能的开发，还应提供并增强相应的学术性服务功能以更有效地服务于学术信息用户。

4.5.3 信息需求对系统质量与信息有用性之间关系的调节作用

从表 4-8 可以看到，信息需求负向显著地调节系统质量与信息有用性之间的关系。同样地，对于根据 Stewart① 的方法所划分的信息需求水平高和信息需求水平低的两组样本，将系统质量作为自变量，信息有用性作为因变量，针对两个子样本分别做回归分析并形成两个回归方程，如图 4-5 所示。

从图 4-5 可以看到，系统质量对信息有用性的影响作用因信息需求水平的不同而有所差异。当用户的信息需求水平较高时，图中直线斜率较小，也就是说，与没有调节效应相比，系统质量对信息有用性的影响作用较弱；相反，当用户信息需求水平较低时，图中直线斜率较大，也就是说，与没有调节效应相比，系统质量对信息

① Stewart K J. How hypertext links influence consumer perceptions to build and degrade trust online[J]. Journal of Management Information Systems, 2006, 23(1): 183-210.

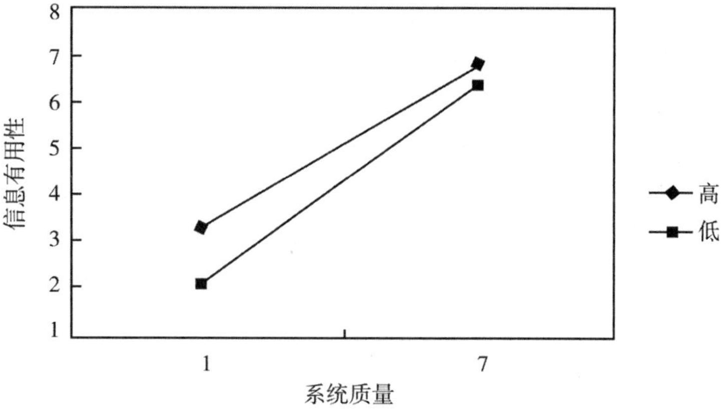

图 4-5 信息需求对系统质量与信息有用性之间关系的调节效应

有用性的影响作用较强烈。图中不同信息需求水平下，系统质量对信息有用性的影响作用表明社会化媒体的系统功能对用户学术信息搜寻行为态度变化的外围性影响作用受用户信息需求水平的影响。

用户对于系统质量的判断不需要花费太多的精力和认知努力，因此，将系统质量作为边缘路径变量进行分析。精细加工可能性模型认为精细加工可能性水平对边缘路径与用户态度变化之间的关系具有负向的调节作用，据此，本书假设信息需求对系统质量(边缘路径)与信息有用性之间的关系具有负向的调节作用。研究结果发现，当用户的学术信息需求不强烈时，他们通过边缘路径判断系统质量水平的高低，从而形成对社会化媒体中学术信息有用性的认知，此时，系统质量对信息有用性的影响作用大于用户信息需求强烈时系统质量对信息有用性的影响作用。系统质量衡量的是社会化媒体系统技术可靠的程度①，与社会化媒体系统的可靠性、导航以

① Gorla N, Somers T M, Wong B. Organizational impact of system quality, information quality, and service quality [J]. The Journal of Strategic Information Systems, 2010, 19(3): 207-228.

及页面布局等特征相关。Niu 等①研究发现用户认为图书馆数据库的用户友好性以及易用性不高，他们在搜寻学术信息时会选择易用、节时、熟悉的信息资源而并不一定是图书馆的优质资源。用户在社会化媒体中搜寻学术信息时，如果他们对学术信息的需求不强烈，即搜寻学术信息的动机不充分，那么用户不会投入太多的精力和认知努力去处理中枢路径信息线索(如信息质量等)，而是选择通过系统质量之类的简单信息线索判断学术信息有用性的程度，在这种情况下，系统质量对信息有用性的影响作用会更强烈。② 因此，针对信息需求水平不高的用户，社会化媒体实践者应突出其系统质量水平(如可靠性和易用性等)，从而提高用户搜寻和获取学术信息的效率。

4.5.4　信息需求对信息源可信度与信息有用性之间关系的调节作用

信息需求负向显著地调节信息源可信度与信息有用性之间的关系(表 4-8)。同样地，对于根据 Stewart③ 的方法所划分的信息需求水平高和信息需求水平低的两组样本，将信息源可信度作为自变量，信息有用性作为因变量，针对两个子样本分别做回归分析并形成两个回归方程，如图 4-6 所示。

从图 4-6 可以看到，在信息需求的不同水平下，信息源可信度对信息有用性的影响作用的强烈程度有所不同。当用户的学术信息需求水平较高时，图中直线斜率较小，也就是说，与没有调节效应

---

① Niu X, Hemminger B M, Lown C, et al. National study of information seeking behavior of academic researchers in the United States[J]. Journal of the American Society for Information Science and Technology, 2010, 61(5): 869-890.

② Lee J Y, Paik W, Joo S. Information resource selection of undergraduate students in academic search tasks[J]. Information Research, 2012, 17(1), http://informationr.net/ir/17-1/paper511.html.

③ Stewart K J. How hypertext links influence consumer perceptions to build and degrade trust online[J]. Journal of Management Information Systems, 2006, 23(1): 183-210.

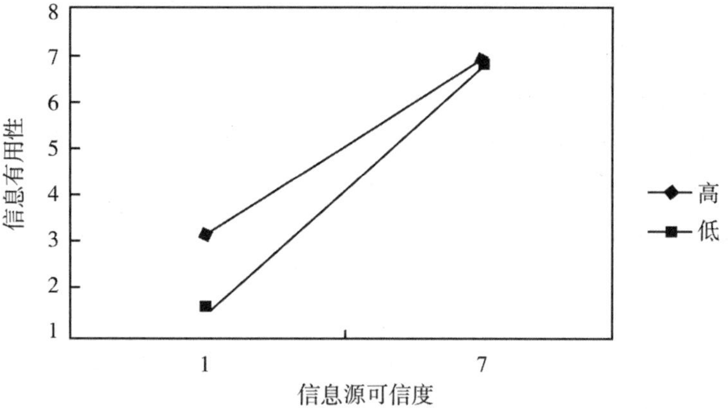

图 4-6 信息需求对信息源可信度与信息有用性之间关系的调节效应

相比，信息源可信度对信息有用性的影响作用较弱；相反，当用户的学术信息需求水平较低时，图中直线的斜率较大，也就是说，与没有调节效应相比，信息源可信度对信息有用性的影响作用变得更为强烈。图中信息需求对信息源可信度与信息有用性之间的调节作用表明社会化媒体环境下学术信息源可信度对用户学术信息搜寻行为的影响及其对具有不同程度信息需求的用户的作用与价值。

在社会化媒体中，用户可以根据发布或贡献学术信息的信息源是否属于领域专家、账号是否经过官方权威认证等外围特征判断其可靠性与可信度。与系统质量相同，信息源可信度属于边缘路径变量，研究发现信息需求负向显著地调节信息源可信度(边缘路径)与信息有用性之间的关系，也就是说，当用户的学术信息需求不强烈时，他们仅投入较少的精力和认知努力对信息源可信度水平进行判断和评估，从而形成对社会化媒体中学术信息内容的价值及有用性的认知。在这种情况下，由于用户搜寻学术信息的动机不充分，信息源可信度成为衡量信息有用性的一个参考依据，一般认为，可信度高的信息源提供的信息的质量及有用性也较高，因此，当用户的学术信息需求水平较低时，信息源可信度对信息有用性的影响作用会变强烈；反之，当用户的学术信息需求水平较高时，根据信息源可信度(简单的信息线索)已经无法精准地判断学术信息的有用性，因为与正式权威的学术信息源相比，社会化媒体中可信度高的信息源也可能生产或发布一些与学术信息不相关的内容，用户需要投入更多的精力和认知努力通过其他的信息线索(如信息内容质量)进行思考和判断，在这种情况下，信息源可信度对信息有用性的影响作用会变弱。为了提高社会化媒体环境下学术信息资源的利用效率并满足用户的信息需求，一方面社会化媒体中的学术信息源应该重点提升自身的信息素养和专业知识水平，以提高可信度水平，另一方面社会化媒体实践者应该采取相应的控制机制严格审核信息源的权威性和可靠性，对于信息需求水平不高的用户，突出学术信息源的可信度，吸引更多的用户在社会化媒体中搜寻和获取有价值的学术信息资源。

5 学术信息搜寻行为及其影响的用户感知差异

个体差异在决定人们如何以不同的方式进行思考和行动方面起着关键性作用。研究人员针对不同用户群体在使用社会化媒体时表现出的行为差异进行了研究，如，Fullwood 等①研究性别、年龄、博客作者的可识别性和交流体裁对博主的交流策略的影响。Kim 等②研究发现不同性别、年级、学科和性格的学生在使用不同的平台搜寻信息的频率和使用目的方面有显著差异。Sin③ 研究了性别—年级、问题解决方式等特征对留学生的信息源使用以及日常生活信息搜寻的差异性影响。Kim 和 Sin④ 的研究发现性别和问题解决方式均显著地影响学术情境下用户的社会化媒体使用行为。Sin

---

① Fullwood C, Melrose K, Morris N, et al. Sex, Blogs, and baring your soul: Factors influencing UK Bloging strateties[J]. Journal of the American Society for Information Science and Technology, 2013, 64(2): 345-355.

② Kim K S, Sin S C J, Tsai T I. Individual differences in social media use for information seeking[J]. The Journal of Academic Librarianship, 2014, 40(2): 171-178.

③ Sin S C J. Demographic differences in international students' information source uses and everyday information seeking challenges [J]. The Journal of Academic Librarianship, 2015, 41(4): 466-474.

④ Kim K S, Sin S C J. Use of social media in different contexts of information seeking: Effects of sex and problem-solving style[C]. In Proceedings of ISIC, the Information Behaviour Conference, Leeds, 2-5 September, 2014, Part 2, paper isic24, http://informationr.net/ir/20-1/isic2/isic24.html.

和 Kim① 的研究发现本科生和性格外向的学生更有可能使用社交网站搜寻日常生活信息，并且，使用频率高的用户更有可能认为所获取的信息是有用的。Lim 和 Kwon② 的研究发现男生和女生对维基百科信息质量的评价有显著差异，其中，男生认为信息质量较高。Zha 等③研究发现具有不同年龄、虚拟社区使用经验、性格特征的用户对虚拟社区信息质量、服务质量、系统质量及亲和感的感知存在不同程度的显著差异。本章旨在探讨社会化媒体用户学术信息行为及其影响的感知差异性，从生理差异(性别、年龄、身份、学科、学术经验、社会化媒体使用经验以及用户角色)和心理差异(性格特征)的角度考察不同特征的用户群体对学术信息搜寻行为及其影响变量的感知差异性。基于社会化媒体学术信息搜寻行为影响因素调查所收集的 273 个样本，采用独立样本 t 检验和单因素方差分析的统计分析方法对分组样本进行比较。

5.1 基于样本基本特征的用户感知差异

为了研究不同基本特征的用户对学术信息搜寻行为及其影响变量的感知差异性，提出以下 4 个零假设：

H14：不同性别的用户对信息需求、学术信息搜寻行为、信息有用性、信息质量、服务质量、系统质量以及信息源可信度的感知不存在显著性差异。

H15：不同年龄的用户对信息需求、学术信息搜寻行为、信息

① Sin S C J, Kim K S. International students' everyday life information seeking: The informational value of social networking sites [J]. Library and Information Science Research, 2013, 35(2): 107-116.

② Lim S, Kwon N. Gender differences in information behavior concerning Wikipedia, an unorthodox information source? [J]. Library and Information Science Research, 2010, 32(3): 212-220.

③ Zha X, Zhang J, Yan Y, et al. User perceptions of e-quality of and affinity with virtual communiteis: The effect of individual differences [J]. Computers in Human Behavior, 2014, 38: 185-195.

有用性、信息质量、服务质量、系统质量以及信息源可信度的感知不存在显著性差异。

H16：不同身份的用户对信息需求、学术信息搜寻行为、信息有用性、信息质量、服务质量、系统质量以及信息源可信度的感知不存在显著性差异。

H17：不同学科的用户对信息需求、学术信息搜寻行为、信息有用性、信息质量、服务质量、系统质量以及信息源可信度的感知不存在显著性差异。

5.1.1 基于性别分组的用户感知差异

为了比较男女两组用户对社会化媒体学术信息搜寻行为及其影响变量的感知差异，采用独立样本 t 检验对其进行比较分析，结果如表 5-1 所示。对于男性用户和女性用户而言，所有潜在变量的样本均值比较均不显著，表明男性用户和女性用户对信息需求、学术信息搜寻行为、信息有用性、信息质量、服务质量、系统质量以及信息源可信度的感知不存在显著的差异，因此，零假设 H14 成立。

表 5-1 基于性别分组的独立样本 t 检验

潜在变量	性别	样本量	均值	标准差	t 值	Sig.（双侧）
信息需求	男	96	5.880	0.890	-0.146	0.884
	女	177	5.896	0.798		
学术信息搜寻行为	男	96	5.536	1.042	-1.564	0.119
	女	177	5.722	0.876		
信息有用性	男	96	5.715	0.953	-0.665	0.507
	女	177	5.790	0.768		
信息质量	男	96	5.629	0.981	0.825	0.410
	女	177	5.527	0.961		
服务质量	男	96	5.557	0.887	-0.349	0.728
	女	177	5.595	0.832		

续表

潜在变量	性别	样本量	均值	标准差	t 值	Sig.(双侧)
系统质量	男	96	5.567	1.067	-0.117	0.907
	女	177	5.582	0.910		
信息源可信度	男	96	5.513	1.025	-0.220	0.826
	女	177	5.541	0.955		

5.1.2 基于年龄分组的用户感知差异

为了比较不同年龄的用户对社会化媒体学术信息搜寻行为及其影响变量的感知差异，采用单因素方差分析方法对其进行比较分析。由于36~40岁、41~45岁、46~50岁以及50岁以上的4个年龄分组样本量较少(表4-2)，因而，在数据分析过程中将这4个分组的样本合并为36岁及以上，然后针对4组样本进行单因素方差分析，结果如表5-2所示。从表中结果可以看到，对于不同年龄的用户而言，所有变量的样本均值比较均存在显著性差异，表明不同年龄的用户对信息需求、学术信息搜寻行为、信息有用性、信息质量、服务质量、系统质量以及信息源可信度的感知存在显著的差异，因此，零假设H15被拒绝。

表5-2 **基于年龄分组的单因素方差分析**

潜在变量	年龄	样本量	均值	标准差	F	Sig.	多重比较
信息需求	1：18~25岁	72	5.647	1.007	3.274	0.022*	1-2** 1-3*
	2：26~30岁	97	6.031	0.675			
	3：31~35岁	79	5.957	0.828			
	4：36岁及以上	25	5.837	0.690			

续表

潜在变量	年龄	样本量	均值	标准差	F	Sig.	多重比较
学术信息搜寻行为	1：18~25岁	72	5.187	1.171	9.312	0.000***	1-2*** 1-3*** 1-4**
	2：26~30岁	97	5.749	0.816			
	3：31~35岁	79	5.900	0.753			
	4：36岁及以上	25	5.880	0.713			
信息有用性	1：18~25岁	72	5.403	0.924	6.525	0.000***	1-2*** 1-3*** 1-4**
	2：26~30岁	97	5.867	0.740			
	3：31~35岁	79	5.903	0.824			
	4：36岁及以上	25	5.963	0.692			
信息质量	1：18~25岁	72	5.044	1.122	10.362	0.000***	1-2*** 1-3*** 1-4**
	2：26~30岁	97	5.747	0.756			
	3：31~35岁	79	5.755	0.938			
	4：36岁及以上	25	5.739	0.798			
服务质量	1：18~25岁	72	5.245	0.952	5.558	0.001**	1-2** 1-3*** 1-4*
	2：26~30岁	97	5.673	0.746			
	3：31~35岁	79	5.756	0.813			
	4：36岁及以上	25	5.649	0.815			
系统质量	1：18~25岁	72	5.032	1.065	11.666	0.000***	1-2*** 1-3*** 1-4***
	2：26~30岁	97	5.743	0.876			
	3：31~35岁	79	5.780	0.851			
	4：36岁及以上	25	5.854	0.767			
信息源可信度	1：18~25岁	72	4.915	1.110	15.083	0.000***	1-2*** 1-3*** 1-4***
	2：26~30岁	97	5.794	0.799			
	3：31~35岁	79	5.706	0.880			
	4：36岁及以上	25	5.734	0.756			

注：* $p<0.05$；** $p<0.01$；*** $p<0.001$。多重比较中两两之间比较不显著的结果予以省略。

对于用户的信息需求，18~25 岁的用户的样本均值为 5.647，在 4 个分组中最小，表明 18~25 岁的用户对学术信息的需求程度不高，而 26~30 岁的用户的样本均值为 6.031，在 4 个分组中最大，表明 26~30 岁的用户对学术信息的需求程度较高。从学术信息搜寻行为上看，18~25 岁的用户在学术信息搜寻行为上的样本均值为 5.187，表明相对于其他 3 组用户，该组用户较少地在社会化媒体中搜寻学术信息，而 31~35 岁的用户的样本均值(5.900)在 4 个分组中最大，表明 31~35 岁的用户会花费较多时间频繁地在社会化媒体中搜寻学术信息。从信息有用性的感知上看，18~25 岁的用户的样本均值为 5.403，在 4 个分组中最小，表明相比于其他 3 个分组的用户，该组用户不太可能认为社会化媒体中的学术信息是有用的，而 36 岁及以上的用户的样本均值为 5.963，在 4 个分组中最大，表明 36 岁及以上的用户更可能认为社会化媒体中学术信息有用性的水平较高。从信息质量的感知上看，18~25 岁的用户的样本均值为 5.044，在 4 个分组中最小，表明该组用户认为社会化媒体中学术信息的质量不高，而 31~35 岁的用户的样本均值为 5.755，在 4 个分组中最大，表明该组用户认为社会化媒体中的学术信息质量较高。从服务质量的感知上看，结果与用户对信息质量的感知类似，18~25 岁的用户认为社会化媒体的服务水平较低，而 31~35 岁的用户认为社会化媒体的服务水平较高。从系统质量的感知上看，18~25 岁的用户的样本均值为 5.032，在 4 个分组中最小，表明该组用户不太可能认为社会化媒体的系统质量较高，而 36 岁及以上的用户的样本均值为 5.854，在 4 个分组中最大，表明该组用户更有可能认为社会化媒体的系统质量较高。从信息源可信度的感知上看，18~25 岁的用户的样本均值为 4.915，在 4 个分组中最小，表明该组用户认为社会化媒体中学术信息源的可信度不高，而 26~30 岁的用户的样本均值为 5.794，在 4 个分组中最大，表明该组用户更可能认为社会化媒体中学术信息源的可信度较高。

5.1.3 基于身份分组的用户感知差异

为了比较不同身份(本科生、硕士研究生、博士研究生以及高校教学科研及管理人员)的用户对社会化媒体学术信息搜寻行为及其影响变量的感知差异，采用单因素方差分析方法对其进行比较分析，结果如表 5-3 所示。从表中结果可以看到，对于不同身份的用户而言，所有变量的样本均值比较均存在显著性差异，表明不同身份的用户对信息需求、学术信息搜寻行为、信息有用性、信息质量、服务质量、系统质量以及信息源可信度的感知存在显著的差异，因此，零假设 H16 被拒绝。

表 5-3　　　　基于身份分组的单因素方差分析

潜在变量	身份	样本量	均值	标准差	F	Sig.	多重比较
信息需求	1：本科生	11	5.230	1.171	3.045	0.029*	1-2* 1-3** 1-4**
	2：硕士研究生	101	5.837	0.875			
	3：博士研究生	59	5.998	0.836			
	4：高校教学科研及管理人员	102	5.952	0.706			
学术信息搜寻行为	1：本科生	11	4.935	1.348	6.116	0.000***	1-3** 1-4** 2-3* 2-4**
	2：硕士研究生	101	5.452	1.027			
	3：博士研究生	59	5.774	0.922			
	4：高校教学科研及管理人员	102	5.868	0.717			
信息有用性	1：本科生	11	5.363	0.783	3.234	0.023*	1-3* 2-3* 2-4*
	2：硕士研究生	101	5.613	0.878			
	3：博士研究生	59	5.927	0.803			
	4：高校教学科研及管理人员	102	5.862	0.791			
信息质量	1：本科生	11	4.637	1.223	7.694	0.000***	1-2* 1-3*** 1-4*** 2-3** 2-4**
	2：硕士研究生	101	5.352	0.991			
	3：博士研究生	59	5.779	0.961			
	4：高校教学科研及管理人员	102	5.747	0.819			

续表

潜在变量	身份	样本量	均值	标准差	F	Sig.	多重比较
服务质量	1：本科生	11	5.081	0.947	4.483	0.004**	1-3* 1-4* 2-3** 2-4*
	2：硕士研究生	101	5.409	0.912			
	3：博士研究生	59	5.780	0.662			
	4：高校教学科研及管理人员	102	5.693	0.832			
系统质量	1：本科生	11	4.577	0.866	8.069	0.000***	1-2** 1-3*** 1-4*** 2-3** 2-4**
	2：硕士研究生	101	5.383	1.070			
	3：博士研究生	59	5.833	0.881			
	4：高校教学科研及管理人员	102	5.727	0.809			
信息源可信度	1：本科生	11	4.285	1.237	8.818	0.000***	1-2*** 1-3*** 1-4*** 2-3* 2-4*
	2：硕士研究生	101	5.401	1.032			
	3：博士研究生	59	5.713	0.915			
	4：高校教学科研及管理人员	102	5.690	0.813			

注：* $p<0.05$；** $p<0.01$；*** $p<0.001$。多重比较中两两之间比较不显著的结果予以省略。

对于信息需求，本科生的样本均值为 5.230，在 4 个分组中最小，表明本科生对学术信息的需求水平不高，而博士研究生的样本均值为 5.998，在 4 个分组中最大，表明博士研究生对学术信息的需求比较高。此外，从多重比较的结果可以看到，本科生的样本均值与其他 3 组的样本均值均存在显著性差异，而硕士研究生、博士研究生和高校教学科研及管理人员的样本均值之间不存在显著差异，表明与本科生相比，后 3 组用户对学术信息的需求是比较多和强烈的。

从学术信息搜寻行为上看，本科生在学术信息搜寻行为上的样本均值为4.935，表明本科生用户较少在社会化媒体中搜寻学术信息，而高校教学科研及管理人员在信息搜寻行为上的样本均值为5.868，在4个分组中最大，表明该组用户会花费较多时间频繁地在社会化媒体中搜寻学术信息。此外，从多重比较结果可以看到，在用户的学术信息搜寻行为差异方面，本科生和硕士研究生之间不存在显著性差异，博士研究生和高校教学科研及管理人员之间不存在显著性差异，并且，相比本科生和硕士研究生，博士研究生和高校教学科研及管理人员会较为频繁地在社会化媒体中搜寻学术信息。

从信息有用性的感知上看，本科生的样本均值为5.363，在4个分组中最小，表明本科生更可能认为社会化媒体中学术信息有用性的水平较低，而博士研究生的样本均值为5.927，在4个分组中最大，表明博士研究生更可能认为社会化媒体中的学术信息是有用的。

从信息质量的感知上看，本科生的样本均值为4.637，在4个分组中最小，表明本科生更可能认为社会化媒体中学术信息的质量不高，而博士研究生的样本均值为5.779，在4个分组中最大，表明博士研究生更可能认为社会化媒体中的学术信息质量较高。从多重比较结果可以看到，博士研究生和高校教学科研及管理人员之间的样本均值不存在显著差异，但与本科生和硕士研究生的样本均值均存在显著差异，且本科生与硕士研究生的样本均值也存在显著差异，表明博士研究生与高校教学科研及管理人员最有可能认为社会化媒体中的学术信息质量较高，本科生最有可能认为社会化媒体中学术信息质量水平较低，硕士研究生居中。

从服务质量的感知上看，本科生的样本均值为5.081，在4个分组中最小，表明本科生认为社会化媒体的服务水平较低，而博士研究生的样本均值为5.780，在4个分组中最大，表明博士研究生认为社会化媒体的服务水平较高。此外，从多重比较结果可以看到，本科生与硕士研究生之间的样本均值不存在显著差异，博士研究生与高校教学科研及管理人员之间的样本均值不存在显著差异，并且，与本科生和硕士研究生相比，博士研究生和高校教学科研及管理人员更有可能认为社会化媒体提供的服务水平较高。

从系统质量的感知上看，本科生的样本均值为 4. 577，在 4 个分组中最小，表明本科生更可能认为社会化媒体的系统质量不高，而博士研究生的样本均值为 5. 833，在 4 个分组中最大，表明博士研究生更可能认为社会化媒体的系统质量水平较高。此外，从多重比较的结果可以看到，博士研究生和高校教学科研及管理人员之间的样本均值不存在显著差异，但他们与本科生和硕士研究生的样本均值均存在显著差异，且本科生与硕士研究生的样本均值也存在显著差异，表明博士研究生和高校教学科研及管理人员最有可能认为社会化媒体的系统质量较高，本科生最不可能认为社会化媒体的系统质量较高，硕士研究生居中。

从信息源可信度的感知上看，本科生的样本均值为 4. 285，在 4 个分组中最小，表明本科生更可能认为社会化媒体中学术信息源的可信度不高，而博士研究生的样本均值为 5. 713，在 4 个分组中最大，表明博士研究生更可能认为社会化媒体中学术信息源的可信度较高。此外，从多重比较的结果可以看到，博士研究生和高校教学科研及管理人员之间的样本均值不存在显著差异，但他们与本科生和硕士研究生的样本均值均存在显著差异，且本科生与硕士研究生的样本均值也存在显著差异，表明博士研究生和高校教学科研及管理人员最有可能认为社会化媒体中学术信息源的可信度较高，本科生最有可能认为社会化媒体中学术信息源的可信度较低，硕士研究生居中。

5. 1. 4 基于学科分组的用户感知差异

为了比较来自不同学科领域(自然科学、社会科学和人文科学)的用户对社会化媒体学术信息搜寻行为及其影响变量的感知差异，采用单因素方差分析方法对其进行比较分析，结果如表 5-4 所示。从表中结果可以看到，对于来自不同学科领域的用户而言，除了在信息需求和信息有用性上的样本均值比较不存在显著差异之外，其他潜在变量的样本均值比较均存在显著性差异，表明来自不同学科领域的用户对学术信息搜寻行为、信息质量、服务质量、系统质量和信息源可信度的感知存在显著的差异，因此，零假设 H17 部分成立。

表 5-4 基于学科分组的单因素方差分析

潜在变量	学科	样本量	均值	标准差	F	Sig.	多重比较
信息需求	1：自然科学	92	5.888	0.990	0.543	0.582	
	2：社会科学	110	5.840	0.781			
	3：人文科学	71	5.972	0.665			
学术信息搜寻行为	1：自然科学	92	5.401	1.225	5.369	0.005**	1-2** 1-3*
	2：社会科学	110	5.806	0.700			
	3：人文科学	71	5.756	0.766			
信息有用性	1：自然科学	92	5.592	1.004	2.999	0.051	
	2：社会科学	110	5.841	0.755			
	3：人文科学	71	5.867	0.682			
信息质量	1：自然科学	92	5.341	1.120	4.353	0.014*	1-2**
	2：社会科学	110	5.739	0.909			
	3：人文科学	71	5.578	0.780			
服务质量	1：自然科学	92	5.383	0.951	4.391	0.013*	1-2**
	2：社会科学	110	5.734	0.806			
	3：人文科学	71	5.604	0.730			
系统质量	1：自然科学	92	5.301	1.156	5.895	0.003**	1-2** 1-3*
	2：社会科学	110	5.734	0.875			
	3：人文科学	71	5.689	0.741			
信息源可信度	1：自然科学	92	5.301	1.098	4.509	0.012*	1-2**
	2：社会科学	110	5.710	0.940			
	3：人文科学	71	5.553	0.811			

注：* $p<0.05$；** $p<0.01$。多重比较中两两之间比较不显著的结果予以省略。

从学术信息搜寻行为上看，自然科学领域的用户的样本均值为5.401，在3个分组中最小，表明自然科学领域的用户在社会化媒体中搜寻学术信息的频率较低，而社会科学领域的用户的样本均值为5.806，在3个分组中最大，表明社会科学领域的用户会较为频繁地在社会化媒体中搜寻学术信息。此外，从多重比较结果可以看到，社会科学和人文科学领域用户的样本均值之间不存在显著差异，但这两组用户的样本均值与自然科学领域用户的样本均值存在显著差异，表明与自然科学领域的用户相比，社会科学和人文科学领域的用户会花费较多时间频繁地在社会化媒体中搜寻学术信息。

从信息质量的感知上看，自然科学领域的用户的样本均值为5.341，在3个分组中最小，表明自然科学领域的用户更可能认为社会化媒体中学术信息的质量较低，而社会科学领域的用户的样本均值为5.739，在3个分组中最大，表明社会科学领域的用户更有可能认为社会化媒体中学术信息的质量较高。

从服务质量的感知上看，自然科学领域的用户的样本均值为5.383，低于其他两个学科领域用户的样本均值，表明自然科学领域的用户更可能认为社会化媒体所提供的服务水平较低，而社会科学领域的用户的样本均值为5.734，高于其他两个学科领域用户的样本均值，表明社会科学领域的用户更可能认为社会化媒体所提供的服务水平较高。

从系统质量的感知上看，自然科学领域的用户的样本均值为5.301，低于其他两个学科领域用户的样本均值，表明自然科学领域的用户更可能认为社会化媒体的系统质量较低，而社会科学领域用户的样本均值为5.734，在3个分组中最大，表明社会科学领域的用户更可能认为社会化媒体的系统质量较高。此外，从多重比较结果可以看到，自然科学领域用户的样本均值与其他两个学科领域用户的样本均值均存在显著差异，但社会科学和人文科学领域用户的样本均值之间不存在显著差异，表明与自然科学领域的用户相比，社会科学和人文科学领域的用户更有可能认为社会化媒体的系统质量较高。

从信息源可信度的感知上看，自然科学领域的用户的样本均值为5.301，低于其他两个学科领域用户的样本均值，表明自然科学领域的用户不太可能认为社会化媒体中学术信息源的可信度较高，而社会科学领域的用户的样本均值为5.710，高于其他两个学科领域用户的样本均值，表明社会科学领域的用户更可能认为社会化媒体中学术信息源的可信度较高。

5.2 基于用户经验的感知差异

为了研究具有不同经验的用户对学术信息搜寻行为及其影响变量的感知差异性，提出以下两个零假设：

H18：具有不同学术研究经验的用户对信息需求、学术信息搜寻行为、信息有用性、信息质量、服务质量、系统质量以及信息源可信度的感知不存在显著性差异。

H19：具有不同社会化媒体使用经验的用户对信息需求、学术信息搜寻行为、信息有用性、信息质量、服务质量、系统质量以及信息源可信度的感知不存在显著性差异。

5.2.1 基于学术研究经验分组的用户感知差异

为了比较具有不同学术研究经验的用户对社会化媒体学术信息搜寻行为及其影响变量的感知差异，采用单因素方差分析方法对其进行比较分析。在数据分析过程中，将学术研究经验的7个分组合并为5个分组，其中，学术研究经验为1~2年和2~3年这两组合并为1~3年，学术研究经验为3~4年和4~5年这两组合并为3~5年，然后针对5组样本进行单因素方差分析，分析结果如表5-5所示。从表中结果可以看到，对于具有不同学术研究经验的用户而言，所有潜在变量的样本均值比较均存在显著性差异，表明具有不同学术研究经验的用户对信息需求、学术信息搜寻行为、信息有用性、信息质量、服务质量、系统质量以及信息源可信度的感知存在显著差异，因此，零假设H18被拒绝。

表 5-5　　基于学术研究经验分组的单因素方差分析

潜在变量	学术研究经验	样本量	均值	标准差	F	Sig.	多重比较
信息需求	1：小于 1 年	19	5.241	1.283	4.054	0.003**	1-2** 1-3*** 1-4**
	2：1~3 年	99	5.895	0.824			
	3：3~5 年	95	6.041	0.590			
	4：5~10 年	52	5.884	0.872			
	5：10 年以上	8	5.632	1.126			
学术信息搜寻行为	1：小于 1 年	19	4.224	1.338	16.397	0.000***	1-2*** 1-3*** 1-4*** 1-5*** 2-4*
	2：1~3 年	99	5.614	0.827			
	3：3~5 年	95	5.845	0.812			
	4：5~10 年	52	5.946	0.694			
	5：10 年以上	8	5.451	1.013			
信息有用性	1：小于 1 年	19	4.867	1.243	8.188	0.000***	1-2*** 1-3*** 1-4*** 3-5*
	2：1~3 年	99	5.765	0.720			
	3：3~5 年	95	5.946	0.764			
	4：5~10 年	52	5.834	0.778			
	5：10 年以上	8	5.258	0.887			
信息质量	1：小于 1 年	19	4.308	1.227	11.513	0.000***	1-2*** 1-3*** 1-4*** 1-5* 3-5*
	2：1~3 年	99	5.547	0.856			
	3：3~5 年	95	5.791	0.912			
	4：5~10 年	52	5.701	0.841			
	5：10 年以上	8	5.136	0.776			
服务质量	1：小于 1 年	19	4.658	1.040	7.978	0.000***	1-2*** 1-3*** 1-4*** 3-5*
	2：1~3 年	99	5.579	0.770			
	3：3~5 年	95	5.726	0.813			
	4：5~10 年	52	5.731	0.700			
	5：10 年以上	8	5.134	1.258			

续表

潜在变量	学术研究经验	样本量	均值	标准差	F	Sig.	多重比较
系统质量	1：小于1年	19	4.088	0.979	16.122	0.000***	1-2*** 1-3*** 1-4*** 1-5** 4-5*
	2：1~3年	99	5.617	0.853			
	3：3~5年	95	5.703	0.945			
	4：5~10年	52	5.867	0.709			
	5：10年以上	8	5.209	0.973			
信息源可信度	1：小于1年	19	4.267	1.241	12.389	0.000***	1-2*** 1-3*** 1-4*** 3-5** 4-5*
	2：1~3年	99	5.509	0.861			
	3：3~5年	95	5.750	0.909			
	4：5~10年	52	5.737	0.797			
	5：10年以上	8	4.869	1.150			

注：* $p<0.05$；** $p<0.01$；*** $p<0.001$。多重比较中两两之间比较不显著的结果予以省略。

对于信息需求而言，学术研究经验小于1年的用户的样本均值为5.241，小于其他4组用户的样本均值，表明学术研究经验小于1年的用户对学术信息的需求程度较弱，而学术研究经验为3~5年的用户的样本均值为6.041，大于其他4组用户的样本均值，表明学术研究经验为3~5年的用户对学术信息的需求程度较强。从学术信息搜寻行为上看，学术研究经验小于1年的用户的样本均值为4.224，表明该组用户在社会化媒体中搜寻学术信息的频率较低，而学术研究经验为5~10年的用户的样本均值为5.946，在5个分组样本中最大，表明该组用户更可能花较多时间频繁地在社会化媒体中搜寻学术信息。从信息有用性的感知来看，学术研究经验小于1年的用户的样本均值为4.867，表明该组用户更可能认为社会化媒体中学术信息的有用性水平较低，而学术研究经验为3~5年的用户的样本均值为5.946，大于其他4个分组用户的样本均值，表明该组用户更可能认为社会化媒体中的学术信息是有用的。从信息质量的感知来看，学术研究经验小于1年的用户的样本均值为

4.308，小于其他分组用户的样本均值，表明该组用户更可能认为社会化媒体中的学术信息内容的质量较低，而学术研究经验为3~5年的用户的样本均值为5.791，在5个分组中最大，表明该组用户更可能认为社会化媒体中学术信息内容的质量较高。从服务质量的感知来看，学术研究经验小于1年的用户的样本均值为4.658，小于其他分组用户的样本均值，表明该组用户更有可能认为社会化媒体提供的服务水平不高，而学术研究经验为5~10年的用户的样本均值为5.731，大于其他分组用户的样本均值，表明该组用户更可能认为社会化媒体提供的服务水平较高。从系统质量的感知来看，学术研究经验小于1年的用户的样本均值为4.088，小于其他分组用户的样本均值，表明该组用户更可能认为社会化媒体的系统质量较低，而学术研究经验为5~10年的用户的样本均值为5.867，大于其他4组用户的样本均值，表明该组用户更可能认为社会化媒体的系统质量较高。从信息源可信度的感知来看，学术经验小于1年的用户的样本均值为4.267，小于其他4组用户的样本均值，表明该组用户更可能认为社会化媒体中学术信息源的可信度较低，而学术研究经验为3~5年的用户的样本均值为5.750，大于其他4组用户的样本均值，表明学术经验为3~5年的用户更可能认为社会化媒体中学术信息源的可信度较高。

5.2.2 基于社会化媒体使用经验分组的用户感知差异

为了比较具有不同社会化媒体使用经验的用户对社会化媒体学术信息搜寻行为及其影响变量的感知差异，采用单因素方差分析方法对其进行分析。由于社会化媒体使用经验小于1年的样本量较少(表4-2)，在数据分析过程中，将其与使用经验为1~2年的分组合并为2年以下的分组，然后针对五组样本进行单因素方差分析，分析结果如表5-6所示。从表中可以看到，对于具有不同社会化媒体使用经验的用户而言，除学术信息搜寻行为、服务质量和信息源可信度以外，其他潜在变量的样本均值比较均存在显著性差异，表明具有不同社会化媒体使用经验的用户对信息需求、信息有用性、信息质量以及系统质量的感知存在显著差异，因此，零假设H19部分成立。

表 5-6　基于社会化媒体使用经验分组的单因素方差分析

潜在变量	社会化媒体使用经验	样本量	均值	标准差	F	Sig.	多重比较
信息需求	1：2 年以下	27	5.296	1.144	4.240	0.002**	1-2** 1-3** 1-4*** 1-5***
	2：2~3 年	44	5.934	0.677			
	3：3~4 年	50	5.869	0.950			
	4：4~5 年	39	5.976	0.741			
	5：5 年以上	113	5.995	0.716			
学术信息搜寻行为	1：2 年以下	27	5.188	1.265	2.045	0.088	—
	2：2~3 年	44	5.661	0.804			
	3：3~4 年	50	5.689	0.774			
	4：4~5 年	39	5.642	0.923			
	5：5 年以上	113	5.757	0.954			
信息有用性	1：2 年以下	27	5.242	1.206	3.333	0.011*	1-2** 1-3* 1-4** 1-5***
	2：2~3 年	44	5.797	0.822			
	3：3~4 年	50	5.723	0.771			
	4：4~5 年	39	5.908	0.737			
	5：5 年以上	113	5.844	0.761			
信息质量	1：2 年以下	27	5.058	1.191	2.428	0.048*	1-2* 1-3* 1-4* 1-5**
	2：2~3 年	44	5.632	0.884			
	3：3~4 年	50	5.512	0.923			
	4：4~5 年	39	5.548	1.028			
	5：5 年以上	113	5.684	0.913			
服务质量	1：2 年以下	27	5.260	1.088	1.817	0.126	—
	2：2~3 年	44	5.496	0.900			
	3：3~4 年	50	5.504	0.721			
	4：4~5 年	39	5.694	0.860			
	5：5 年以上	113	5.688	0.804			

续表

潜在变量	社会化媒体使用经验	样本量	均值	标准差	F	Sig.	多重比较
系统质量	1：2年以下	27	5.066	1.238	2.445	0.047*	1-2* 1-3* 1-4** 1-5**
	2：2~3年	44	5.576	1.009			
	3：3~4年	50	5.538	0.926			
	4：4~5年	39	5.745	0.820			
	5：5年以上	113	5.657	0.916			
信息源可信度	1：2年以下	27	5.115	1.117	1.626	0.168	—
	2：2~3年	44	5.630	0.926			
	3：3~4年	50	5.546	0.820			
	4：4~5年	39	5.696	0.938			
	5：5年以上	113	5.528	1.029			

注：* $p<0.05$；** $p<0.01$；*** $p<0.001$。多重比较中两两之间比较不显著的结果予以省略。

对于信息需求的感知而言，社会化媒体使用经验为2年以下的用户的样本均值为5.296，低于其他分组的样本均值，表明社会化媒体使用经验小于2年的用户对学术信息的需求水平较低，而社会化媒体使用经验为5年以上的用户的样本均值为5.995，大于其他4个分组的样本均值，表明具有5年以上社会化媒体使用经验的用户对学术信息的需求水平比较高。从信息有用性的感知上看，社会化媒体使用经验为2年以下的用户的样本均值为5.242，小于其他4个分组的样本均值，表明该组用户更可能认为社会化媒体中学术信息的有用性水平不高，而社会化媒体使用经验为4~5年的用户的样本均值为5.908，高于其他4个分组的样本均值，表明具有4~5年社会化媒体使用经验的用户更可能认为社会化媒体中学术信息的有用性较高。从信息质量的感知来看，社会化媒体使用经验为2年以下的用户的样本均值为5.058，在5个分组中最小，表明该组用户更可能认为社会化媒体中学术信息的质量不高，而社会化媒体使用经验为 5 年以上的用户的样本均值为 5.684，大于其他 4 个分组的样本均值，表明具有 5 年以上社会化媒体使用经验的用户更可能认为社会化媒体中学术信息的质量较高。从系统质量的感知来看，社会化媒体使用经验为 2 年以下的用户的样本均值为 5.066，小于其他 4 个分组的样本均值，表明该组用户更可能认为社会化媒体的系统质量较低，而社会化媒体使用经验为 4~5 年的用户的样本均值为 5.745，在 5 个分组中最大，表明社会化媒体使用经验为 4~5 年的用户更可能认为社会化媒体的系统质量较高。

5.3 基于信息用户角色的感知差异

社会化媒体环境下，用户不再仅仅是被动的信息接受者，而且还是信息的生产者和提供者，这里将在社会化媒体中以发布、提供或贡献信息为主要信息活动方式的用户视为信息提供者，以搜寻、浏览或获取信息为主要信息活动方式的用户视为信息消费者。为了研究社会化媒体中具有不同角色的用户对学术信息搜寻行为及其影响的感知差异性，提出以下零假设：

H20：信息提供者与信息消费者对信息需求、学术信息搜寻行为、信息有用性、信息质量、服务质量、系统质量以及信息源可信度的感知不存在显著性差异。

为了比较两种不同角色的信息用户对社会化媒体学术信息搜寻行为及其影响变量的感知差异，采用独立样本 t 检验的统计方法进行分析，结果如表 5-7 所示。从表中结果可以看到，信息提供者和信息消费者在信息质量、服务质量、系统质量和信息源可信度上的样本均值比较均存在显著的差异，而在信息需求、学术信息搜寻行为和信息有用性上的样本均值比较则不存在显著的差异，表明信息提供者和信息消费者对信息质量、服务质量、系统质量和信息源可信度的感知存在显著差异，因此，零假设 H20 部分成立。

表 5-7　　　　基于用户角色的独立样本 t 检验

潜在变量	用户角色	样本量	均值	标准差	t 值	Sig.（双侧）
信息需求	信息提供者	80	5.907	0.885	0.204	0.838
	信息消费者	193	5.883	0.808		
学术信息搜寻行为	信息提供者	80	5.753	0.955	1.080	0.282
	信息消费者	193	5.616	0.933		
信息有用性	信息提供者	80	5.865	0.895	1.231	0.220
	信息消费者	193	5.722	0.810		
信息质量	信息提供者	80	5.775	0.970	2.334	0.021*
	信息消费者	193	5.475	0.955		
服务质量	信息提供者	80	5.790	0.839	2.641	0.009**
	信息消费者	193	5.496	0.842		
系统质量	信息提供者	80	5.873	0.945	3.330	0.001**
	信息消费者	193	5.453	0.950		
信息源可信度	信息提供者	80	5.800	0.942	3.004	0.003**
	信息消费者	193	5.420	0.974		

注：* $p<0.05$；** $p<0.01$。

从信息质量的感知来看，信息提供者的样本均值为 5.775，显著大于信息消费者在该变量上的样本均值(5.475)，表明与信息消费者相比，信息提供者更可能认为社会化媒体中学术信息的质量较高，而信息消费者则更可能认为社会化媒体中学术信息的质量较低。从服务质量的感知来看，信息提供者的样本均值为 5.790，显著大于信息消费者在该变量上的样本均值(5.496)，表明信息提供者更可能认为社会化媒体所提供的服务水平较高，而信息消费者则不太可能认为社会化媒体所提供的服务水平较高。从系统质量的感知来看，信息提供者的样本均值为 5.873，显著大于信息消费者在该变量上的样本均值(5.453)，表明信息提供者更可能认为社会化媒体的系统质量水平较高，而信息消费者则更可能认为社会化媒体的系统质量水平较低。从信息源可信度的感知来看，信息提供者的样本均值为 5.800，显著大于信息消费者在该变量上的样本均值(5.420)，表明与信息消费者相比，信息提供者更可能认为社会化媒体中学术信息源的可信度较高，而信息消费者则更可能认为社会化媒体中学术信息源的可信度较低。

5.4 基于性格特征的用户感知差异

性格特征可以解释个体差异以及人们在相似的情境下出现不同反应的原因①②，并且影响人们在行为活动中的态度与方式。为了研究具有不同性格特征的用户对社会化媒体学术信息搜寻行为及其影响的感知差异性，首先要确定用户的性格特征类别，因此，这里基于五大类性格特征对样本进行聚类分析。按照 Ketchen 和 Shook③ 的两阶段聚类过程，先进行层次聚类分析从而确定聚类数目，然后进行 K-means 聚类分析。其中，在第二阶段的 K-means 聚类分析中需要指定聚类数目，根据 Sun④ 的研究参考第一阶段层次聚类中的融合系数(Amalgamation Coefficients)最终将聚类数目确定为 3，然后将样本划分为 3 个类别进行 K-means 聚类分析。从表5-8 可以看到，单因素方差分析结果表明所划分的 3 个类别在性格特征的五个方面均存在显著差异，多重比较结果表明 3 个类别在每一个性格特征维度上的显著差异。

① Krishnan A, Atkin D. Individual differences in social networking site users: The interplay between antecedents and consequential effect on level of activity[J]. Computers in Human Behavior, 2014, 40: 111-118.

② Tan W K, Yang C Y. Internet applications use and personality [J]. Telematics and Informatics, 2014, 31(1): 27-38.

③ Ketchen D, Shook C L. The application of cluster analysis in strategic management research: An analysis and critique[J]. Strategic Management Journal, 1996, 17(6): 441-458.

④ Sun H S. Understanding user revisions when using information system features: Adaptive system use and triggers[J]. MIS Quarterly, 2012, 36(2): A1-A10.

表 5-8　　　　**聚类中心与比较**

性格特征	类别	样本量	均值	标准差	F	Sig.	多重比较
外向	类 1	147	5.651	0.797	70.777	0.000***	1-2*** 1-3*** 2-3***
	类 2	11	3.462	1.007			
	类 3	115	6.182	0.663			
尽责	类 1	147	5.619	0.831	36.823	0.000***	1-2*** 2-3***
	类 2	11	3.566	1.358			
	类 3	115	5.817	0.768			
开放	类 1	147	5.939	0.607	93.465	0.000***	1-2*** 1-3*** 2-3***
	类 2	11	3.670	1.077			
	类 3	115	6.239	0.520			
情绪	类 1	147	5.347	0.830	283.128	0.000***	1-2*** 1-3*** 2-3***
	类 2	11	4.090	1.741			
	类 3	115	2.684	0.876			
随和	类 1	147	5.959	0.574	113.547	0.000***	1-2*** 1-3*** 2-3***
	类 2	11	3.608	1.105			
	类 3	115	6.349	0.523			

注：*** $p<0.001$。多重比较中两两之间比较不显著的结果予以省略。

基于表 5-8 中的分析结果，分别为每个性格特征类别命名以表示该类用户的性格特征，其中，类 1 的用户的性格特征是高水平的尽责型和情绪型性格，与中等水平的外向型、开放型以及随和型性格的组合，因此，将其命名为“尽责情绪强烈型性格”；类 2 的用户的性格特征是中等水平的情绪型性格以及低水平的外向型、尽责型、开放型和随和型性格的组合，因此，将其命名为“非强烈型性格”，这一类别的样本量最少仅有 11 个，占样本总量的 4.03%；类 3 的用户的性格特征是高水平的外向型、尽责型、开放型和随和型性格以及低水平的情绪型性格的组合，因此，将其命名为“强烈型性格”。

本书从心理差异的角度，将3个性格特征类别作为样本分组标准，探讨不同性格特征的用户对社会化媒体学术信息搜寻行为及其影响的感知差异，因此，提出以下零假设：

H21：不同性格特征的用户对信息需求、学术信息搜寻行为、信息有用性、信息质量、服务质量、系统质量以及信息源可信度的感知不存在显著性差异。

采用单因素方差分析方法，比较分析不同性格特征的用户对社会化媒体学术信息搜寻行为及其影响因素的感知差异，结果如表5-9所示。从表中结果可以看到，对于不同性格特征的用户而言，所有潜在变量的样本均值比较均存在显著性差异，表明不同性格特征的用户对信息需求、学术信息搜寻行为、信息有用性、信息质量、服务质量、系统质量以及信息源可信度的感知存在显著差异，因此，零假设H21被拒绝。

表5-9 基于性格特征分组的单因素方差分析

潜在变量	性格特征	样本量	均值	标准差	F	Sig.	多重比较
信息需求	类1：尽责情绪强烈型性格	147	5.893	0.765	33.214	0.000***	1-2*** 2-3***
	类2：非强烈型性格	11	4.135	1.376			
	类3：强烈型性格	115	6.055	0.634			
学术信息搜寻行为	类1：尽责情绪强烈型性格	147	5.563	0.951	9.565	0.000***	1-2** 1-3** 2-3***
	类2：非强烈型性格	11	4.721	1.535			
	类3：强烈型性格	115	5.865	0.777			

续表

潜在变量	性格特征	样本量	均值	标准差	F	Sig.	多重比较
信息有用性	类 1：尽责情绪强烈型性格	147	5.637	0.796	36.542	0.000***	1-2*** 1-3*** 2-3***
	类 2：非强烈型性格	11	4.196	1.190			
	类 3：强烈型性格	115	6.076	0.616			
信息质量	类 1：尽责情绪强烈型性格	147	5.391	0.963	34.694	0.000***	1-2*** 1-3*** 2-3***
	类 2：非强烈型性格	11	3.882	1.038			
	类 3：强烈型性格	115	5.943	0.704			
服务质量	类 1：尽责情绪强烈型性格	147	5.441	0.851	31.002	0.000***	1-2*** 1-3*** 2-3***
	类 2：非强烈型性格	11	4.157	1.069			
	类 3：强烈型性格	115	5.898	0.614			
系统质量	类 1：尽责情绪强烈型性格	147	5.394	0.957	34.610	0.000***	1-2*** 1-3*** 2-3***
	类 2：非强烈型性格	11	3.938	1.114			
	类 3：强烈型性格	115	5.966	0.701			

续表

潜在变量	性格特征	样本量	均值	标准差	F	Sig.	多重比较
信息源可信度	类 1：尽责情绪强烈型性格	147	5.344	0.981	34.649	0.000***	1-2*** 1-3*** 2-3***
	类 2：非强烈型性格	11	3.881	0.861			
	类 3：强烈型性格	115	5.928	0.723			

注：** $p<0.01$；*** $p<0.001$。多重比较中两两之间比较不显著的结果予以省略。

从不同性格特征的用户对学术信息的需求水平来看，非强烈型性格用户在信息需求上的样本均值为 4.135，显著小于其他两类性格特征的用户的样本均值，而强烈型性格用户的样本均值为 6.055，在 3 种性格特征类别的用户中均值最大，但与尽责情绪强烈型性格的用户的样本均值之间并无显著差异，表明非强烈型性格的用户对学术信息的需求水平较低，而强烈型性格的用户对学术信息的需求水平较高。

从不同性格特征的用户的学术信息搜寻行为上看，非强烈型性格用户在学术信息搜寻行为上的样本均值最低(4.721)，强烈型性格用户的样本均值最高(5.856)，尽责情绪强烈型性格用户的样本均值居中，3 类用户的样本均值相互之间存在显著差异，表明非强烈型性格用户不太经常在社会化媒体中搜寻学术信息，而强烈型性格用户则更可能花费较多时间频繁地在社会化媒体中搜寻学术信息。

从不同性格特征的用户对信息有用性的感知来看，非强烈型性格的用户在信息有用性上的样本均值为 4.196，显著小于其他两种性格特征类型的用户的样本均值，而强烈型性格的用户的样本均值为 6.076，显著大于其他两种性格特征类型的用户的样本均值，表明非强烈型性格的用户更可能认为社会化媒体中学术信息有用性的水平较低，而强烈型性格的用户则更可能认为社会化媒体中的学术信息是有用的。

从不同性格特征的用户对信息质量的感知来看，非强烈型性格的用户的样本均值为3.882，显著小于其他两种性格特征类型的用户的样本均值，而强烈型性格的用户的样本均值为5.943，显著大于其他两种性格特征类型的用户的样本均值，表明非强烈型性格的用户更可能认为社会化媒体中学术信息的质量较低，而强烈型性格的用户则更可能认为社会化媒体中的学术信息质量较高。

从不同性格特征的用户对服务质量的感知来看，非强烈型性格的用户的样本均值为4.157，显著小于其他两种性格特征类型的用户的样本均值，而强烈型性格的用户的样本均值为5.898，显著大于其他两种性格特征类型的用户的样本均值，表明非强烈型性格的用户更可能认为社会化媒体提供的服务水平较低，而强烈型性格的用户则更可能认为社会化媒体所提供的服务水平较高。

从不同性格特征的用户对系统质量的感知来看，非强烈型性格的用户的样本均值为3.938，显著小于其他两种性格特征类型的用户的样本均值，而强烈型性格的用户的样本均值为5.966，显著大于其他两种性格特征类型的用户的样本均值，表明非强烈型性格的用户认为社会化媒体的系统质量较低，而强烈型性格的用户则更可能认为社会化媒体的系统质量较高。

从不同性格特征的用户对信息源可信度的感知来看，非强烈型性格的用户在信息源可信度上的样本均值为3.881，显著小于其他两种性格特征类型的用户的样本均值，而强烈型性格的用户的样本均值为5.928，显著大于其他两种性格特征类型的用户的样本均值，表明非强烈型性格的用户更可能认为社会化媒体中学术信息源的可信度较低，而强烈型性格的用户则更可能认为社会化媒体中学术信息源的可信度较高。

5.5 分析和讨论

将用户的学术信息搜寻行为拓展至非正式的数字资源环境下，本节针对前文社会化媒体学术信息搜寻行为及其影响的用户感知差异性比较研究的结果进行分析讨论。

个体差异决定了人们的思考方式与行为方式，均值比较结果表明社会化媒体用户因在性别、年龄、身份、学科、学术研究经验、社会化媒体使用经验、用户角色以及性格特征方面的差异而对学术信息搜寻行为及其影响变量的感知存在不同程度的差异性。对于男性用户与女性用户而言，研究发现他们对信息需求、学术信息搜寻行为、信息有用性、信息质量、服务质量、系统质量以及信息源可信度的感知不存在显著差异。这一研究结果与以往研究不完全一致，Lu 和 Lee① 的研究中男性用户认为系统质量是博客黏性的一个重要因素，而女性用户则关注于内容质量；Lim 和 Kwon② 发现男性用户对维基百科信息质量的评分更高；而 Zha 等③的研究则发现男性用户和女性用户对虚拟社区的信息质量、系统质量和服务质量的感知不存在显著差异；Sin 和 Kim④ 发现在使用社交网站搜寻日常生活信息时，男女用户之间没有显著的差异。

本书发现对于不同年龄的用户，他们在信息需求、学术信息搜

---

① Lu H P, Lee M R. Demographic differences and the antecedents of blog stickiness[J]. Online Information Review, 2010, 34(1): 21-38.

② Lim S, Kwon N. Gender differences in information behavior concerning Wikipedia, an unorthodox information source? [J]. Library and Information Science Research, 2010, 32(3): 212-220.

③ Zha X J, Zhang J C, Yan Y L, et al. User perceptions of e-quality of and affinity with virtual communities: The effect of individual differences[J]. Computers in Human Behavior, 2014, 38: 185-195.

④ Sin S C J, Kim K S. International students' everyday life information seeking: The informational value of social networking sites [J]. Library and Information Science Research, 2013, 35(2): 107-116.

寻行为、信息有用性、信息质量、服务质量、系统质量以及信息源可信度方面的感知都存在显著差异(表 5-2)，这与 Zha 等①的研究结果部分一致，他们认为不同年龄的用户在虚拟社区服务质量和系统质量方面的感知存在显著差异，而对信息质量的感知不存在显著差异。在通过社会化媒体搜寻学术信息时，与其他年龄分组的用户群体相比，18~25 岁的用户对学术信息的需求程度较弱，在社会化媒体中搜寻学术信息的频率较低，并且他们更有可能认为信息有用性、信息质量、服务质量、系统质量以及信息源可信度的水平不高，导致这一结果的原因可能与 18~25 岁用户群体的学术素养有关，他们的学术信息需求不强烈，较少关注和使用社会化媒体中的学术信息资源，因而，他们对社会化媒体学术信息搜寻行为及其影响的感知水平低于其他分组的用户群体。

对于不同身份的用户，他们对信息需求、学术信息搜寻行为、信息有用性、信息质量、服务质量、系统质量以及信息源可信度的感知均存在显著差异(表 5-3)。Zha 等②的研究发现不同身份的虚拟社区用户在信息质量、系统质量和服务质量方面的感知不存在显著差异，与之相反，在本研究中，博士研究生和高校教学科研及管理人员两个分组的用户更可能认为信息有用性、信息质量、服务质量、系统质量和信息源可信度的水平较高，他们在社会化媒体中搜寻学术信息的频率也较高，同时，本科生对学术信息的需求水平低于其他 3 组用户，产生该结果的原因可能是博士研究生和高校教学科研及管理人员的主要工作是开展学术研究，他们对学术信息的需求较强烈，通过关注和使用不同的信息源，搜寻各种类型与形式的学术信息资源，同时，较高的学术素养使他们能够利用多种线索对学术信息进行理性地判断和使用，因而，他们对社会化媒体及其学

① Zha X J, Zhang J C, Yan Y L, et al. User perceptions of e-quality of and affinity with virtual communities: The effect of individual differences[J]. Computers in Human Behavior, 2014, 38: 185-195.

② Zha X J, Zhang J C, Yan Y L, et al. User perceptions of e-quality of and affinity with virtual communities: The effect of individual differences[J]. Computers in Human Behavior, 2014, 38: 185-195.

术信息的接受度和认可度较高。此外，本科生和硕士研究生也是学术信息用户的重要组成部分，社会化媒体实践者应与高校教育科研机构合作，为用户提供多种获取学术信息的渠道，加强社会化媒体中的学术信息质量、服务质量、系统质量和信息源可信度的水平，注重提升这部分用户群体对社会化媒体中学术信息有用性的认知，增加他们在社会化媒体中搜寻学术信息的频率，从而提高社会化媒体中学术信息资源的利用率并充分发挥其效用价值，满足不同用户群体的学术信息需求。

对于来自不同学科领域的用户，他们对学术信息搜寻行为、信息质量、服务质量、系统质量和信息源可信度的感知存在显著差异(表 5-4)。研究结果发现自然科学领域的用户在社会化媒体中搜寻学术信息的频率最低，并且对信息质量、服务质量、系统质量以及信息源可信度的认可度也比较低，导致这一结果的原因可能在于不同学科领域的用户偏好使用的学术信息渠道及信息内容的多样化程度不同，来自自然科学领域的用户不太倾向于通过非正式和非常规的信息渠道搜寻和获取学术信息；同时，也可能因为不同学科领域的学术信息本身的特质存在差异，自然科学领域的用户可能对学术信息的严谨性和精准性要求比较高，而社会化媒体中的学术信息无法满足他们的需求，因此，不同学科领域的用户对非正式学术信息渠道及学术信息内容的认知与行为方式会有所差异。

对于具有不同学术研究经验的用户，他们在信息需求、学术信息搜寻行为、信息有用性、信息质量、服务质量、系统质量以及信息源可信度的感知上存在显著差异(表 5-5)。研究结果发现学术研究经验小于 1 年的用户对学术信息搜寻行为及其影响的认知水平低于其他四个分组的用户，导致这一结果的原因可能是学术研究经验小于 1 年的用户接触学术研究的时间较短，其所具备的专业知识和参与的学术科研活动都较少，同时，他们对学术信息的需求水平也不高，而且不会经常在社会化媒体中搜寻学术信息，因此，这一用户群体更可能认为社会化媒体中学术信息的有用性、学术信息质量、服务质量、系统质量以及信息源可信度的水平较低。互联网环境下，信息用户既是信息消费者也是信息提供者，对于具有丰富学术研究经验的用户，社会化媒体实践者应鼓励他们积极参与生产、转发和创造高质量的学术信息等活动，确保学术信息源的可信度及信息质量。而学术研究经验较少的用户是社会化媒体中学术信息的潜力用户，社会化媒体实践者应与高校教育科研机构合作，共同培养学术研究经验较少的用户的专业知识水平和学术信息素养，使他们需要学术信息时能够意识到社会化媒体可提供满足其需求的学术信息资源并有能力获取和利用，并且提高他们对社会化媒体中学术信息源与信息内容价值的认知和判断的准确性。

Lu 和 Lee① 研究发现博客使用经验丰富的用户关注内容质量，而使用经验较少的用户关注的是系统质量；Zha 等②研究发现虚拟社区使用经验不同的用户在信息质量、服务质量和系统质量方面的感知存在显著差异。与以往研究结果不完全一致，本书发现对于具有不同的社会化媒体使用经验的用户，他们对信息需求、信息有用性、信息质量和系统质量的感知存在显著差异(表 5-6)。在本书环境下，社会化媒体使用经验小于 2 年的用户的学术信息需求水平较低，并且更可能认为社会化媒体中学术信息的有用性、学术信息质量以及系统质量比较低，导致这一结果的原因可能是该用户群体对社会化媒体及其功用价值不够了解和熟悉。一般情况下，用户倾向于选择利用便捷的信息渠道，尽可能用最少的努力获取最优质高效的信息以满足其需求，然而，社会化媒体中的学术信息源及其提供的信息内容的质量参差不齐且未经过滤和评审，社会化媒体使用经验匮乏的用户可能需要花费较多的时间和精力熟悉系统功能并判断信息内容的质量和有用性水平。因此，社会化媒体实践者应简化系统功能，提高其易用性，引导用户尽快了解和熟悉社会化媒体平台的功能与学术价值，只有这样才能提高使用经验匮乏的用户对社会

① Lu H P, Lee M R. Demographic differences and the antecedents of blog stickiness[J]. Online Information Review, 2010, 34(1): 21-38.

② Zha X J, Zhang J C, Yan Y L, et al. User perceptions of e-quality of and affinity with virtual communities: The effect of individual differences[J]. Computers in Human Behavior, 2014, 38: 185-195.

化媒体中学术信息有用性、学术信息质量和系统质量的认知水平，吸引更多经验较少的用户选择使用社会化媒体搜寻学术信息，从而使社会化媒体得到持续健康的发展。

信息提供者和信息消费者对信息质量、服务质量、系统质量和信息源可信度的感知存在显著差异(表5-7)，并且信息提供者更可能认为信息质量、服务质量、系统质量以及信息源可信度的水平较高，导致这一结果的原因可能是信息提供者经常在社会化媒体中提供、发布或贡献信息，他们从信息内容提供者的视角出发，更可能认为信息源的可信度以及其所提供信息内容的质量水平较高，同时，在通过社会化媒体提供信息时，信息提供者与社会化媒体的交互较多，使用经验丰富，可能对社会化媒体的接受度和认可度也较高，因此，他们更容易认为社会化媒体的系统质量和服务质量比较高。从这一结果来看，社会化媒体实践者应采取相应的措施，如奖励经验值、积分等，激励用户在社会化媒体中提供、发布或贡献信息，一方面可以增加用户在社会化媒体中的声望和影响力，吸引更多用户主动参与信息贡献活动，另一方面还可以让用户从信息提供者的角度体验社会化媒体中学术信息源的可信度及其所提供学术信息内容的质量、社会化媒体的系统质量和服务水平，增进用户对社会化媒体环境下各种类型学术信息的认知与了解。

本书发现对于具有不同性格类型特征的用户，他们对信息需求、学术信息搜寻行为、信息有用性、信息质量、服务质量、系统质量以及信息源可信度的感知均存在显著差异(表5-9)，这一研究发现与Zha等①的研究结果不完全一致，他们认为不同性格类型的用户在信息质量和系统质量方面的感知存在显著差异，而对服务质量的感知不存在显著差异。在本书中，非强烈型性格的用户对学术信息的需求不强烈，他们在社会化媒体中搜寻学术信息的频率较低，并且对信息有用性、信息质量、服务质量、系统质量和信息源

① Zha X J, Zhang J C, Yan Y L, et al. User perceptions of e-quality of and affinity with virtual communities: The effect of individual differences[J]. Computers in Human Behavior, 2014, 38: 185-195.

可信度的认知得分也较低，而强烈型性格的用户的认知与之相反，这可能是因为强烈型性格是高水平的外向型、高水平的尽责型、高水平的开放型、高水平的随和型以及低水平情绪型性格的组合，与社会化媒体的开放性和自由性等特点相吻合。聚类分析结果发现强烈型性格的用户占样本量的 42.12%(115/273)，尽责情绪强烈型性格的用户占 53.85%(147/273)。与强烈型性格的用户相比，尽责情绪强烈型性格的用户对社会化媒体学术信息搜寻行为及其影响的感知水平较低，这部分用户群体在行为上小心谨慎、以目标为导向并且不太容易接受新事物①②，但是他们在用户群体中占多数，因此，社会化媒体实践者应能够准确识别用户的性格特征，重点引导尽责情绪强烈型性格的用户在社会化媒体环境下的学术信息搜寻行为，提升不同性格特征的用户对社会化媒体学术信息搜寻行为及其影响的认知水平，促使社会化媒体环境下用户学术信息搜寻行为高效地开展。

---

① Hough L M, Eaton N K, Dunnette M D, et al. Criterion-related validities of personality constructs and the effects of response distortion on those validities[J]. Journal of Applied Psychology, 1990, 75(5): 581-595.

② Zhou T, Lu Y B. The effects of personality traits on user acceptance of mobile commerce[J]. International Journal of Human-Computer Interaction, 2011, 27 (6): 545-561.

6 结论与展望

互联网环境下，除了正式权威的学术信息源，社会化媒体也为用户提供了资源丰富的信息场所。信息需求是用户信息搜寻行为产生的一个重要的驱动因素，为了研究信息需求调节下社会化媒体用户学术信息搜寻行为的影响规律，本书通过文献分析法、访谈法和问卷调查法开发测量信息需求的量表，并将其应用到社会化媒体用户学术信息搜寻行为影响因素的调查中；运用结构化方程建模方法检验社会化媒体用户学术信息搜寻行为影响因素的研究模型，分析信息需求对社会化媒体用户学术信息搜寻行为影响的调节作用；从个体差异角度出发，运用均值比较的统计方法分析不同用户群体对社会化媒体学术信息搜寻行为及其影响变量的感知差异性。本章将总结研究过程中得到的一些有意义的结论、存在的不足以及对未来研究的展望。

6.1 研究结论

(1)用户信息需求作为潜在变量，可以从多个方面对其进行测量

根据科学严谨的量表开发过程，结合文献分析法和访谈法，拟定测量用户信息需求的初始量表，然后通过问卷调查法确定可以用于测量用户信息需求水平的测量题项，并对信息需求量表的有效性进行检验。信息需求测量量表涉及的题项包括“我经常需要高质量的信息以满足我的信息需求”“我经常会产生一些新的信息需求”“我强烈地想要获得我所需要的信息”“解决特定任务的信息需求对我是重要且有用的”“对信息的需求能让我学习到很多我感兴趣的

事物”。信息需求测量量表的开发为有效地测量用户的信息需求水平以及用户信息行为研究提供了理论基础。

(2)社会化媒体用户学术信息搜寻行为的前置动因包括信息有用性、质量因素、信息源可信度以及性格特征

用户的性格特征包括外向型、随和型、开放型、尽责型和情绪型，它们对社会化媒体中学术信息质量、信息源可信度、服务质量和系统质量均有不同程度的显著性影响。同时，信息质量、服务质量、信息源可信度显著地影响用户对社会化媒体学术信息有用性的认知，进而影响用户在社会化媒体中的学术信息搜寻行为，它们是社会化媒体用户学术信息搜寻行为的重要前置动因。社会化媒体的系统质量对用户的学术信息有用性认知存在独立的显著性影响，但相比系统质量，服务质量和信息源可信度对信息有用性的影响作用更强烈，也就是说，当用户在搜寻学术信息的过程中考虑到服务质量和信息源可信度时，系统质量水平的高低对用户而言便不再是他们所关注的重点。

(3)社会化媒体用户对学术信息有用性的认知与其影响因素间的关系因用户信息需求水平的变化而变化

结合精细加工可能性模型、信息采纳模型和信息系统成功模型，将信息质量和服务质量作为中枢路径变量，系统质量和信息源可信度作为边缘路径变量。用户对社会化媒体中学术信息有用性的认知同时受中枢路径变量和边缘路径变量的影响，但两条路径的影响作用因用户信息需求水平的变化而变化。当用户对学术信息的需求水平较低时，边缘路径变量(系统质量和信息源可信度)对信息有用性的影响作用变强烈。当用户对学术信息的需求水平较高时，在本书的环境下，中枢路径变量(信息质量和服务质量)对信息有用性的影响作用并不强烈，反而是在用户信息需求水平较低的时候，信息质量和服务质量对信息有用性的影响作用更强烈。学术信息是科学研究和知识创新的重要资源，用户对学术信息资源的科学性、严谨性要求较高。与正式权威的学术信息源(如数字图书馆)

相比，社会化媒体可被看作非正式和非常规的信息源。当用户对学术信息的需求较强烈的时候，他们可能会优先求助于正式权威的学术信息源，因而出现社会化媒体环境下中枢路径变量对信息有用性的影响作用被信息需求负向调节的结果。

(4)用户因个体差异的存在而对社会化媒体环境下的学术信息搜寻行为及其影响的感知有所差异

个体差异决定用户的思考方式与行为方式。用户的个体差异可以分为基本特征(性别、年龄、身份、学科、学术研究经验、社会化媒体使用经验、信息用户角色)上的差异和心理特征(性格特征)上的差异，具有不同个体特征的用户群体对学术信息搜寻行为、社会化媒体中学术信息源的可信度、学术信息质量、社会化媒体的服务质量和系统质量、信息有用性以及学术信息需求水平的感知存在不同程度的差异性。

(5)社会化媒体学术信息资源与正式权威的学术信息资源相互补充和促进，共同服务于用户的信息需求

根据研究结果，信息需求对社会化媒体用户学术信息搜寻行为具有调节作用，用户因其学术信息需求程度的变化而对社会化媒体中学术信息的认知和态度有所变化，因而社会化媒体用户的学术信息搜寻行为表现出特有的方式及规律。社会化媒体既是人们建立、维持和拓展人际关系的社交场所，也是资源丰富的信息场所，人们可以从中获取各种类型与形式的信息资源。现今，研究人员与研究机构等开始将社会化媒体应用于日常工作和学习当中，在他们开展相关的学术活动过程中会产生大量有价值的学术信息资源，尽管如此，社会化媒体的学术性功能仍然比较薄弱。相对于由专家或权威机构等生产或发布并经过严格的评审过程与质量控制的正式权威的学术信息源，社会化媒体作为非正式和非常规的学术信息源，可以与正式权威的学术信息源相互补充和促进，共同服务于用户不同程度的信息需求。

6.2 研究启示

社会化媒体作为信息场域，逐渐成为信息搜寻场所的一个整合部分①。信息需求的产生是用户信息行为的起点，构成了信息搜寻行为发生的一个重要动机。结合精细加工可能性模型、信息采纳模型、信息系统成功模型以及性格特质模型，研究信息需求调节下社会化媒体用户学术信息搜寻行为的影响规律，探讨社会化媒体用户学术信息搜寻行为的前置动因以及信息需求的调节效应，根据用户的个体差异比较不同用户群体对社会化媒体学术信息搜寻行为及其影响的感知差异性，具有理论贡献和管理实践意义。

6.2.1 理论贡献

信息需求常被看作一种存在于个体心理的、难以表达的、模糊的和无意识的状态②，为了研究信息需求调节下社会化媒体用户学术信息搜寻行为的影响规律，从信息科学的研究视角出发，分析信息行为研究中用户信息需求的特征，结合文献分析法、用户访谈法以及问卷调查法，开发并检验了用于测量信息需求变量的量表，为科学地测量用户对其自身信息需求的感知提供理论依据，从理论上拓展和丰富用户信息需求研究与用户信息行为研究。

社会化媒体中的学术信息来源于各种不同类型的信息源，与图书馆的数字资源相比，其优势在于用户自主生成、更新快、获取便利等，但也有无法回避的缺点，如信息过载、缺乏质量控制和同行评审等。互联网环境下，社会化媒体中的学术信息作为非正式的和非常规的信息资源，与正式的和常规的学术信息资源相互补充，共

① Ostrander M. Talking, looking, flying, searching: Information seeking behaviour in Second Life[J]. Library Hi Tech, 2008, 26(4): 512-524.

② Lu L, Yuan Y C. Shall I google it or ask the competent villain down the hall? The moderating role of information need in information source selection[J]. Journal of the American Society for Information Science and Technology, 2011, 62(1): 133-145.

同服务于用户不同程度的信息需求。结合精细加工可能性模型、信息采纳模型、信息系统成功模型和性格特质模型，研究信息需求调节下社会化媒体用户学术信息搜寻行为影响规律及作用机理，一方面将用户的学术信息搜寻行为拓展至非正式和非常规的数字资源环境下，探讨用户搜寻和获取非正式的和非常规的学术信息资源的行为特点与规律，另一方面将信息需求作为调节变量，探讨具有不同程度信息需求的用户在搜寻学术信息时认知态度与行为的变化规律，推进和丰富了现有的信息行为理论研究。此外，个体差异影响着人们的思考方式与行为方式，相对于生理特征而言，表示心理特征的用户性格特征是较为隐蔽的，不易被他人察觉，创新性地从生理特征和心理特征两个方面研究个体差异对社会化媒体用户学术信息搜寻行为及其前置变量感知的影响，可以更全面地理解和把握用户个体差异的影响规律，拓展了信息行为研究和图书情报学的研究视角。

6.2.2 管理实践意义

社会化媒体在学术活动中的应用与流行反映了学者们共享、交流、协作、扩散、获取知识与信息的方式的转移①，也为研究人员自主地参与相关的学术信息活动提供了更为多样化的场域空间。社会化媒体环境下，用户的角色不再局限于传统意义上被动的学术信息接受者和消费者，同时还是主动的学术信息生产者和贡献者，可以通过社会化媒体自由地获取、发布学术信息内容。与常规传统的数字资源(如高校电子资源数据库)相比，社会化媒体中的学术信息内容可以被看作非正式的信息资源，两者相互补充和促进，在研究人员的科研学术活动中发挥着重要的作用。尽管如此，当前社会化媒体的学术性功能依然较为薄弱，而且社会化媒体中的学术信息也未得到用户充分的重视。考虑到社会化媒体中存在非常多的可靠

① Gruzd A, Staves K, Wilk A. Connected scholars: Examining the role of social media in research practices of faculty using the UTAUT model[J]. Computers in Human Behavior, 2012, 28: 2340-2350.

的信息源，如高校图书馆、领域专家、学术机构等，他们会发表或转发大量具有前瞻性和新颖性的学术观点或学术信息，因此，研究社会化媒体用户学术信息搜寻行为的影响规律对社会化媒体实际运营、高效地开展图书馆信息服务以及服务用户信息需求均具有重要的实践意义。

首先，社会化媒体的成功运营离不开用户的积极参与，为了充分发挥社会化媒体中学术信息内容的效用价值，最大化地满足用户的信息需求，社会化媒体实践者首先需要在保证系统功能质量的前提下，努力提升服务质量的水平，为用户提供可靠的、专业化和个性化的服务。其次，由于用户使用学术信息的主要目的是开展科学研究相关的活动，他们会较为关注学术信息的内容质量以及专业性、权威性和有用性等特征，这就要求社会化媒体实践者应采取相应的信息控制机制和过滤机制，以保障社会化媒体中学术信息源的可信度以及信息内容的质量和有用性水平，为用户提供优质、及时、可靠的学术信息。最后，研究结果发现用户在社会化媒体中的学术信息搜寻行为及其对学术信息的认知因信息需求程度的变化而发生变化，因此，社会化媒体实践者要能够准确地识别和判断用户信息需求的强弱程度，对于学术信息需求水平高的用户，应强调社会化媒体作为非正式和非常规的学术信息源的特性，突出社会化媒体的学术性价值，与正式的和常规的学术信息源相互补充，共同服务于用户，激励和吸引信息需求水平高的用户利用社会化媒体搜寻学术信息；对于学术信息需求水平低的用户，则需要注意系统质量和信息源可信度对用户学术信息搜寻行为的影响，着重从系统功能质量和信息源的可靠性、专业性等方面进行改进与优化，增强用户对社会化媒体学术信息的需求黏性，使社会化媒体中的学术信息源及信息内容得到充分利用，继而维持社会化媒体持续性的成功运营与发展。

高校图书馆为用户提供内容丰富的专业性学术信息资源，与社会化媒体相比，属于正式的学术信息源。信息需求对社会化媒体用户的学术信息搜寻行为与其前置变量之间的关系具有调节作用，用户在社会化媒体中搜寻学术信息的行为及其对信息有用性的认知因用户信息需求水平的变化而变化。为了满足用户多样化和个性化的信息需求，增强信息服务的针对性和有效性，高校图书馆应该结合社会化媒体的优势，如传播速度快、大众参与性强等，开发新的信息服务形式，提高馆藏学术资源的利用效率，同时，着重培养用户的信息意识与信息素养，鼓励用户将正式的和非正式的学术信息资源结合起来使用，满足用户不同水平的信息需求，实现社会化媒体环境下学术信息资源效用的最大化。

由于不同的用户之间存在个体差异，他们对社会化媒体学术信息搜寻行为及其影响的感知具有不同程度的差异性，社会化媒体实践者需从用户的基本特征和心理特征两个角度理解用户对社会化媒体学术信息搜寻行为及其影响因素的不同认知，准确地把握用户个性化和多样化的信息需求及其学术信息搜寻行为的规律。根据本书的研究结果，社会化媒体实践者需要关注和引导18~25岁的年轻用户群体以及本科生和硕士研究生用户群体在社会化媒体中的学术信息搜寻行为，提高他们对社会化媒体中学术信息价值的认知和了解。对于学术研究经验较少的用户群体，需要社会化媒体与高校、科研院所、图书馆等机构密切合作，提高用户的学术素养和信息素养，使他们意识到社会化媒体及其提供的信息资源的学术性价值，并加以有效合理的利用。对于社会化媒体使用经验较少的用户群体，社会化媒体实践者应帮助他们尽快熟悉社会化媒体应用环境，了解社会化媒体所提供的服务以及系统功能，使这一部分用户群体能够便捷地找到专业的和可靠的学术信息源，高效地获取有价值的学术信息内容。社会化媒体环境下的信息用户既是信息消费者也是信息提供者，对于那些获取和使用学术信息较频繁的用户，社会化媒体实践者应鼓励他们积极参与信息生产、转发和创造等活动，让他们更多地从信息提供者的视角体验社会化媒体中学术信息源的可信度及信息内容的质量，同时通过与社会化媒体的交互，提升他们对社会化媒体服务水平和系统功能质量的认知。此外，用户的性格特征不易被人察觉，虽然大多数社会化媒体用户属于强烈型性格类型和尽责情绪强烈型性格类型，但是，仍有少数用户属于非强烈型性格类型，这就要求社会化媒体实践者能采取有效的用户特征识别机制以便准确筛选此类性格特征的用户群体，并帮助他们体验与感受社会化媒体中学术信息源的专业化水平及其信息内容的质量、社会化媒体的服务水平和系统功能质量，进而提高他们对社会化媒体中学术信息有用性的认知，增加他们在社会化媒体中搜寻学术信息的频率。只有这样，才能使社会化媒体中学术信息资源在具有不同个体特征的用户间发挥最大化效用，不断满足用户不同程度的信息需求。

6.3 研究不足与展望

本书采用定性研究和定量研究相结合的研究方法考察信息需求调节下社会化媒体用户的学术信息搜寻行为，具有重要的理论价值与现实意义，但仍存有一些不足之处，同时，这些不足也为下一步的研究指出方向。

第一，将社会化媒体作为一个整体探讨信息需求调节下社会化媒体用户学术信息搜寻行为规律。虽然社会化媒体平台具有一些共同的特征，如为用户提供人际交互的平台、作为信息源为用户提供信息等，为本研究的数据收集及研究提供便利，但专注于特定的社会化媒体应用平台可以消除不同平台的系统与服务功能的潜在影响。未来的研究将探讨某一特定社会化媒体平台(如微博、微信、科研社交网站等)所涉及的具有不同特征的用户群体的学术信息搜寻行为规律，进一步深化现有的研究。

第二，开发测量用户信息需求的量表，便于测度用户对其信息需求的感知。但考虑到信息需求是一个复杂的多维构念，未来的研究可以从认知、情感、情境等多个维度测量用户的信息需求，开发信息需求变量的多维测量量表，补充和完善现有的信息需求研究理论与实践。

第三，社会化媒体用户的学术信息搜寻行为是动态多变的。在信息需求和外部影响的作用下，用户的学术信息搜寻行为可能随用户认知和体验的变化而变化，其前置因素的相对重要性也将随之而改变，未来的研究需要结合实践的发展与变化考虑其他前置变量的影响作用，进一步完善现有的学术信息搜寻行为研究。

参考文献

[1] Abrahamson J A, Rubin V L. Discourse structure differences in lay and professional health communication [J]. Journal of Documentation, 2012, 68(6): 826-851.

[2] Agarwal R, Karahanna E. Time flies when you're having fun: Cognitive absorption and beliefs about information technology usage[J]. MIS Quarterly, 2000, 24(4): 665-694.

[3] Agosto D E, Hughes-Hassell S. Toward a model of the everyday life information needs of urban teenagers. Part 1: Theoretical model [J]. Journal of the American Society for Information Science and Technology, 2006, 57(10): 1394-1403.

[4] Agosto D E, Hughes-Hassell S. Toward a model of the everyday life information needs of urban teenagers. Part 2: Empirical model[J]. Journal of the American Society for Information Science and Technology, 2006, 57(11): 1418-1426.

[5] Aharony N. Twitter use by three political leaders: An exploratory analysis[J]. Online Information Review, 2012, 36(4): 587-603.

[6] Aims A. Survey of information needs of physicists and chemists[J]. Journal of Documentation, 1965, 21(2): 83-112.

[7] Aladwani A M, Palvia P C. Developing and validating an instrument for measuring user-perceived web quality [J]. Information & Management, 2002, 39: 467-476.

[8] Angst C M, Agarwal R. Adoption of electronic health records in the presence of privacy concerns: The elaboration likelihood model and individual persuasion[J]. MIS Quarterly, 2009, 33(2): 339-370.

[9] Arazy O, Nov O, Patterson R, et al. Information quality in Wikipedia: The effects of group composition and task conflict[J]. Journal of Management Information Systems, 2011, 27(4): 71-98.

[10] Atkin C. Instrumental utilities and information seeking[M]. In Clarke P. (Ed.), New Models for Mass Communication Research. Beverly Hills, CA: Sage, 1973: 205-242.

[11] Babalhavaeji F, Isfandyari-Moghaddam A, Aqili S V, et al. Quality assessment of academic libraries' performance with a special reference to information technology-based services: Suggesting an evaluation checklist[J]. The Electronic Library, 2010, 28 (4): 592-621.

[12] Badilescu-Buga E. Knowledge behaviour and social adoption of innovation[J]. Information Processing & Management, 2013, 49: 902-911.

[13] Bae Y, Lee H. Sentiment analysis of Twitter audiences: Measuring the positive or negative of popular twitterers[J]. Journal of the American Society for Information Science and Technology, 2012, 63(13): 2521-2535.

[14] Barclay D, Higgins C, Thompson R. The partial least squares (PLS) approach to causal modeling: Personal computer adoption and use as an illustration (with commentaries)[J]. Technology Studies, 1995, 2(2): 285-324.

[15] Baron R M, Kenny D A. The moderator-mediator variable distinction in social psychological research: Conceptual, strategic and statistical considerations[J]. Journal of Personality and Social Psychology, 1986, 51(6): 1173-1182.

[16] Barrick M R, Mount M K, Gupta R. Meta-analysis of the relationship between the five-factor model of personality and Holland's occupational types[J]. Personnel Psychology, 2003, 56(1): 45-74.

[17] Bates M J. Toward an integrated model of information seeking and

searching[J]. New Review of Information Behaviour Research, 2002, 3: 1-15.

[18] Bawden D. Users, user studies and human information behaviour [J]. Journal of Documentation, 2006, 62(6): 671-679.

[19] Belkin N J. Anomalous state of knowledge[M]. In Fisher K E, Elderez S, McKechnie L E F (Eds.), Theories of Information Behavior. American Society of Information Science and Technology Monograph Series. Medford, NJ: Information Today Inc., 2005: 44-49.

[20] Bhattacherjee A, Sanford C. Influence processed for information technology acceptance: An elaboration likelihood model[J]. MIS Quarterly, 2006, 30(4): 805-825.

[21] Bilgihan A, Peng C, Kandampully J. Generation Y's dining information seeking and sharing behavior on social networking sites [J]. International Journal of Contemporary Hospitality Management, 2014, 26(3): 349-336.

[22] Boating F, Liu Y Q. Web 2.0 applications' usage and trends in top US academic libraries[J]. Library Hi Tech, 2014, 32(1): 120-138.

[23] Bonetta L. Scientists enter the blogosphere[J]. Cell, 2007, 129(3): 443-445.

[24] Borgatti S P, Cross R. A relational view of information seeking and learning in social networks[J]. Management Science, 2003, 49(4): 432-445.

[25] Borlund P, Dreier S. An investigation of the search behaviour associated with Ingwersen's three types of information needs[J]. Information Processing & Management, 2014, 50: 493-507.

[26] Borlund P. The cognitive viewpoint: The essence of information retrieval interaction[J]. In Larsen B, Schneider J W, Åström F. (Eds.), The Janus faced scholar. A festschrift in honor of Peter Ingwersen. Copenhagen: Royal School of Library and Information

Science, 2010: 23-34.

[27] Bruce H. Personal, anticipated information need[J]. Information Research, 2005, 10 (3), http: //informationr. net/ir/10-3/paper232. html.

[28] Buckland M. Information and information systems [M]. New York: Praeger, 1991.

[29] Buente W, Robbin A. Trends in Internet information behavior, 2000-2004[J]. Journal of the American Society for Information Science and Technology, 2008, 59(11): 1743-1760.

[30] Bukvova H, Kalb H, Schoop E. What we blog: A qualitative analysis of researchers' weblogs[C]. Publishing in the Networked World: Transforming the Nature of Communication, 2010: 89-97.

[31] Byström K, Järvelin K. Task complexity affects information seeking and use[J]. Information Processing & Management, 1995, 31 (2): 191-213.

[32] Case D O. Looking for Information: A Survey of Research on Information Seeking, Needs and Behavior[M]. San Diego, CA: Academic Press/Elsevier Science, 2002.

[33] Case D O. Looking for Information: A Survey of Research on Information Seeking, Needs and Behavior (2nd ed.)[M]. San Diego, CA: Academic Press, 2007.

[34] Chaiken S. Heuristic versus systematic information processing and the use of source versus message cues in persuasion[J]. Journal of Personality and Social Psychology, 1980, 39(5): 752-766.

[35] Chang Y W. The influence of Taylor's paper, question-negotiation and information-seeking in libraries[J]. Information Processing & Management, 2013, 49: 983-994.

[36] Chen C D, Ku E C S. Bridging indistinct relationships and online loyalty: Evidence from online interest-based communities [J]. Online Information Review, 2013, 37(5): 731-751.

[37] Chen C W. Impact of quality antecedents on taxpayer satisfaction

with online tax-filling systems — An empirical study [J]. Information & Management, 2010, 47(5-6): 308-315.

[38] Chen S W, Behm-Morawitz E. Deciphering blog users: Young adults' personalities, motivations, and perceived importantce of blog features[J]. Information, Communication & Society, 2018, 21(10): 1493-1505.

[39] Cheung C M K, Lee M K O, Rabjohn N. The impact of electronic word-of-mouth: The adoption of online opinions in online customer communities[J]. Internet Research, 2008, 18(3): 229-247.

[40] Cheung C M Y, Sia C L, Kuan K K Y. Is this review believable? A study of factors affecting the credibility of online consumer reviews from an ELM perspective[J]. Journal of the Association for Information Systems, 2012, 13(8): 618-635.

[41] Chin W W, Marcolin B L, Newsted P R. A partial least squares latent variable modeling approach for measuring interaction effects: Results from a Monte Carlo simulation study and an electronic mail emotion/adoption study[J]. Information Systems Research, 2003, 14(2): 189-217.

[42] Chin W W. The partial least squares approach for structural equation modeling [M]. In Modern methods for business research. Mahwah, NJ, US: Lawrence Erlbaum Associates Publishers, 1998.

[43] Chiu C M, Wang E T G, Shih F J, et al. Understanding knowledge sharing in virtual communities: An integration of expectancy disconfirmation and justice theories [J]. Online Information Review, 2011, 35(1): 134-153.

[44] Cho H, Chen M, Chung S. Testing an integrative theoretical model of knowledge-sharing behavior in the context of Wikipedia[J]. Journal of the American Society for Information Science and Technology, 2010, 61(6): 1198-1212.

[45] Cho H, Lee J S. Collaborative information seeking in intercultural

computer-mediated communication groups: Testing the influence of social context using social network analysis[J]. Communication Research, 2008, 35(4): 548-573.

[46] Choo C W. The knowing organization: How organizations use information to construct meaning, create knowledge, and make decisions (2nd ed.) [M]. New York, NY: Oxford University Press, 2006.

[47] Chow A S, Baity C C, Zamarripa M, et al. The information needs of virtual users: A study of Second Life libraries[J]. The Library Quarterly, 2012, 82(4): 477-510.

[48] Chung D S, Kim S. Blogging activity among cancer patients and their companions: Uses, gratifications, and predicators of outcomes[J]. Journal of the American society for Information Science and Technology, 2008, 59(2): 297-306.

[49] Church K, Cherubini M, Oliver N. A large-scale study of daily information needs captured in situ [J]. ACM Transactions on Computer-Human Interaction, 2014, 21(2), Article 10, DOI: http://dx.doi.org/10.1145/2552193.

[50] Churchill G A. A paradigm for developing better measures of marketing constructs[J]. Journal of Marketing Research, 1979, 16(1): 64-73.

[51] Cody-Allen E, Kishore R. An extension of the UTAUT model with e-quality, trust, and satisfaction constructs[C]. Proceedings of the 2006 ACM SIGMIS CPR Conference on Computer Personnel Research: Forty four years of computer personnel research: Achievements, challenges & the future, ACM, 2006: 82-89.

[52] Cohen J. Statistical power analysis for the behavioral sciences[M]. Hillsdale, NJ: Lawrence Erlbaum, 1998.

[53] Cole C. A theory of information need for information retrieval that connects information to knowledge[J]. Journal of the American Society for Information Science and Technology, 2011, 62(7):

1216-1231.

[54] Collins E, Hide B. Use and relevance of Web 2.0 resources for researchers [C]. In Paper presented at the International Conference on Electronic Publishing, Helsinki, Finland, 16-18 June, 2010: 271-289.

[55] Costa P T Jr, McCrae R R. Revised NEO personality inventory (NEO-PI-R) and NEO Five-Facotr inventory (NEO-FFI) professional manual[M]. Odessa, FL: Psychological Assessment Resources, 1992: 49.

[56] Cronbach L J, Warrington W G. Time-limit tests: Estimating their reliability and degree of speeding[J]. Psychometrika, 1951, 16: 167-188.

[57] Davis F D. Perceived usefulness, perceived ease of use, and user acceptance of information technology[J]. MIS Quarterly, 1989, 13(3): 319-340.

[58] DeLone W H, McLean E R. The DeLone and McLean model of information systems success: A ten-year update[J]. Journal of Management Information Systems, 2003, 19(4): 9-30.

[59] Denissen J J A, Penke L. Motivational individual reaction norms underlying the five-factor model of personality: First steps towards a theory-based conceptual framework[J]. Journal of Research in Personality, 2008, 42(5): 1285-1302.

[60] Dervin B. An overview of sense-making research: Concepts, methods, and results to date[C]. Paper presented at the Annual Meeting of the International Communications Association, TX: Dallas, 1983.

[61] Dervin B, Nilan M. Information needs and uses[J]. Annual Review of Information Science and Technology, 1986, 21: 3-33.

[62] Dunlap J C, Lowenthal P R. Horton hears a tweet[J]. Educause Quarterly, 2009, 32(4): 1-11.

[63] Eager C, Oppenheim C. An observational method for undertaking

user needs studies [J]. Journal of Librarianship and Information Science, 1996, 28(1): 15-23.

[64] Ebner M, Lienhardt C, Rohs M, et al. Microblogs in higher education — A chance to facilitate informal and process-oriented learning? [J]. Computers & Education, 2010, 55(1): 92-100.

[65] Ellis D. The physical and cognitive paradigms in information retrieval research [J]. Journal of Documentation, 1992, 48: 45-64.

[66] Emory W C, Cooper D R. Business research methods (4th ed.)[M]. Boston: Irwin/McGrawHill, 1991.

[67] Eppler M J. Managing information quality: Increasing the value of information in knowledge intensive products and processes[M]. Berlin: Springer-Verlag, 2003: 56-79.

[68] Escobar-Rodríguez T, Carvajal-Trujillo E, Monge-Lozano P. Factors that influence the perceived advantages and relevance of Facebook as a learning tool: An extension of the UTAUT[J]. Australasian Journal of Educational Technology, 2014, 30(2): 136-151.

[69] Filieri R, McLeay F. E-WOM and accommodation: An analysis of the factors that influence travelers' adoption of information from online reviews[J]. Journal of Travel Research, 2014, 53(1): 44-57.

[70] Fisher K E. Information grounds[M]. In Fisher K E, Erdelez S, McKechnie L E F. (Eds), Theories of Information Behavior. Medford, NJ: Information Today Inc., 2005: 185-190.

[71] Ford G. Research in user behaviour in university libraries[J]. Journal of Documentation, 1973, 29(1): 85-106.

[72] Ford N. New cognitive directions [M]. In Spink A, Cole C (Eds.), New directions in cognitive information retrieval. Dordrecht, The Netherlands: Springer, 2005: 81-96.

[73] Fornell C, Bookstein F L. Two Structural equation models:

LISREL and PLS applied to consumer exit-voice theory [J]. Journal of Marketing Research, 1982, 19(4): 440-452.

[74] Fornell C, Larcker D F. Evaluating structural equation models with unobservable variables and measurement error: Algebra and statistics [J]. Journal of Marketing Research, 1981, 18(3): 382-388.

[75] Fourie I. A call for libraries to go green: An information behaviour perspective to draw interest from twenty-first century librarians [J]. Library Hi Tech, 2012, 30(3): 428-435.

[76] Fullwood C, Melrose K, Morris N, et al. Sex, blogs, and baring your soul: Factors influencing UK blogging strategies [J]. Journal of the American Society for Information Science and Technology, 2013, 64(2): 345-355.

[77] Gefen D, Rigdon E E, Straub D. An update and extension to SEM guideline for administrative and social science research [J]. MIS Quarterly, 2011, 35(2): III-XIV.

[78] Gefen D, Straub D, Boudreau M C. Structural equation modeling and regression: Guidelines for research practice [J]. Communications of the Association for Information Systems, 2000, 4(1): 1-70.

[79] Gorla N, Somers T M, Wong B. Organizational impact of system quality, information quality, and service quality [J]. The Journal of Strategic Information Systems, 2010, 19(3): 207-228.

[80] Gosling S D, Rentfrow P J, Swann W B. A very brief measure of the Big-Five personality domains [J]. Journal of Research in Personality, 2003, 37(6): 504-528.

[81] Grajales III F J, Sheps S, Ho K, et al. Social media: A review and tutorial of applications in medicine and health care [J]. Journal of Medical Internet Research, 2014, 16(2), https://www.jmir.org/2014/2/e13/.

[82] Greenberg R, Bar-Ilan J. Information needs of students in Israel —

A case study of a multicultural society[J]. Journal of Academic librarianship, 2014, 40: 185-191.

[83] Gross M. Youth information needs and behavior[M]. In Bates M J, Maack M N (Eds.), Encyclopedia of library and information sciences (3rd ed.). London: Taylor & Francis, 2010: 5728-5734.

[84] Gruzd A, Staves K, Wilk A. Connected scholars: Examining the role of social media in research practices of faculty using the UTAUT model[J]. Computers in Human Behavior, 2012, 28: 2340-2350.

[85] Gruzd A, Wellman B, Takhteyev Y. Imagining twitter as an imagined community[J]. American Behavioural Scientist, 2011, 55(10): 1294-1318.

[86] Gu F, Widén-Wulff G. Scholarly communication and possible changes in the context of social media: A Finnish case study[J]. The Electronic Library, 2011, 29(6): 762-776.

[87] Hair J F, Black W C, Babin B J, et al. Multivariate data analysis (7th ed.)[M]. Upper Saddle River, NJ: Prentice Hall, 2010.

[88] Han E, Lee S W. Motivations for the complementary use of text-based media during linear TV viewing: An exploratory study[J]. Computers in Human Behavior, 2014, 32: 235-243.

[89] Harter S P. Psychological relevance and information science[J]. Journal of the American Society for Information Science, 1992, 43(9): 602-615.

[90] Haustein S, Peters I, Sugimoto C R, et al. Tweeting biomedicine: An analysis of tweets and citations in the biomedical literature[J]. Journal of the Association for Information Science and Technology, 2014, 65(4): 656-669.

[91] Heinström J. Broad exploration or precise specificity: Two basic information seeking patterns among students[J]. Journal of the American Society for Information Science and Technology, 2006,

57(11): 1440-1450.

[92] Heinström J. Fast surfing, broad scanning and deep diving: The influence of personality and study approach on students' information-seeking behavior [J]. Journal of Documentation, 2005, 61(2): 228-247.

[93] Heinström J. Five personality dimensions and their influence on information behaviour[J]. Information Research, 2003, 9(1), http://informationr.net/ir/9-1/paper165.html.

[94] Hemmi A, Bayne S, Land R. The appropriation and repurposing of social technologies in higher education[J]. Journal of Computer Assisted Learning, 2009, 25(1): 19-30.

[95] Henderson A, Bowley T. Authentic dialogue? The role of "friendship" in a social media recruitment campaign[J]. Journal of Communication Management, 2010, 14 (3): 237-257.

[96] Heverin T, Zach L. Use of microblogging for collective sense-making during violent crises: A study of three campus shootings[J]. Journal of the American Society for Information Science and Technology, 2012, 63(1): 34-47.

[97] Hilligoss B, Rieh S Y. Developing a unifying framework of credibility assessment: Construct, heuristics, and interaction in context[J]. Information Processing & Management, 2008, 44 (4): 1467-1484.

[98] Ho S Y, Bodoff D. The effects of web personalization on user attitude and behavior: An integration of the elaboration likelihood model and consumer search theory[J]. MIS Quarterly, 2014, 38 (2): 497-520.

[99] Hough L M, Eaton N K, Dunnette M D, et al. Criterion-related validities of personality constructs and the effects of response distortion on those validities[J]. Journal of Applied Psychology, 1990, 75(5): 581-595.

[100] Huang C Y, Shen Y C, Chiang I P, et al. Characterizing web

users' online information behavior[J]. Journal of the American Society for Information Science and Technology, 2007, 58(13): 1988-1997.

[101] Hughes D J, Rowe M, Batey M, et al. A tale of two sites: Twitter vs. Facebook and the personality predictors of social media usage[J]. Computers in Human Behavior, 2012, 28(2): 561-569.

[102] Huurne E T, Gutteling J. Information needs and risk perception as predictors of risk information seeking[J]. Journal of Risk Research, 2008, 11(7): 847-862.

[103] Ingwersen P. Cognitive analysis and the role of the intermediary in information retrieval[M]. In Davies R (Ed.), Intelligent Information Systems. Chichester, West Sussex: Horwood, 1986: 206-237.

[104] Ingwersen P. Information retrieval interaction[M]. London: Taylor Graham, 1992.

[105] Jadin T, Gnambs T, Batinic B. Personality traits and knowledge sharing in online communities[J]. Computers in Human Behavior, 2013, 29(1): 210-216.

[106] Jansen B J, Sobel K, Cook G. Classifying ecommerce information sharing behavior by youths on social networking sites[J]. Journal of Information Science, 2011, 37(2): 120-136.

[107] Jenkins-Guarnieri M A, Wright S L, Hudiburgh L M. The relationship among attachment style, personality traits, interpersonal competency, and Facebook use[J]. Journal of Applied Developmental Psychology, 2012, 33(6): 294-301.

[108] Jiang T. An exploratory study on social library system users' information seeking modes[J]. Journal of Documentation, 2013, 69(1): 6-26.

[109] Jimoyiannis A, Angelaina S. Towards an analysis framework for investigating students' engagement and learning in educational

blogs[J]. Journal of Computer Assisted Learning, 2012, 28: 222-234.

[110] Jin X L, Cheung C M K, Lee M K O, et al. How to keep members using the information in a computer-supported social network[J]. Computers in Human Behavior, 2009, 25(5): 1172-1181.

[111] Johnson K A. The effect of Twitter posts on students' perceptions of instructor credibility[J]. Learning, Media and Technology, 2011, 36(1): 21-38.

[112] Kane G C, Alavi M, Labianca G, et al. What's different about social media netwokrs? A framework and research agenda[J]. MIS Quarterly, 2014, 38(1): 275-304.

[113] Kankanhalli A, Tan B C Y, Wei K K. Contributing knowledge to electronic knowledge repositories: An empirical investigation[J]. MIS Quarterly, 2005, 29(1): 113-143.

[114] Kaplan A, Haeniein M. Users of the world, unite! The challenges and opportunities of social media [J]. Business Horizons, 2010, 53(1): 59-68.

[115] Kari J. Diversity in the conceptions of information use [J]. Information Research, 2010, 15(3), http: //informationr. net/ir/15-3/colis7/colis709. html.

[116] Ketchen D, Shook C L. The application of cluster analysis in strategic management research: An analysis and critique [J]. Strategic Management Journal, 1996, 17(6): 441-458.

[117] Kim J U, Kim W J, Park S C. Consumer perceptions on web advertisements and motivation factors to purchase in the online shopping[J]. Computers in Human Behavior, 2010, 26(5): 1208-1222.

[118] Kim K S, Sin S C J. Use of social media in different contexts of information seeking: Effects of sex and problem-solving style [C]. In Proceedings of ISIC, the Information Behaviour

Conference, Leeds, 2-5 September, 2014, Part 2, paper isic24, http://informationr.net/ir/20-1/isic2/isic24.html.

[119] Kim K S, Sin S C J, Tsai T I. Individual differences in social media use for information seeking[J]. The Journal of Academic Librarianship, 2014, 40(2): 171-178.

[120] Kim K S. Information seeking on the web: Effects of user and task variables[J]. Library and Information Science Research, 2001, 23(3): 233-255.

[121] Kim T. Observation on copying and pasting behavior during the Tohoku earthquake: Retweet pattern changes[J]. International Journal of Information Management, 2014, 34(4): 546-555.

[122] Koh K. Adolescents' information-creating behavior embedded in digital media practice using scratch[J]. Journal of the American Society for Information Science and Technology, 2013, 64(9): 1826-1841.

[123] Koopman R J, Petroski G F, Canfield S M, et al. Development of the PRE-HIT instrument: Patient readiness to engage in health information technology[J]. BMC Family Practice, 2014, 15(18), http://www.biomedcentral.com/1471-2296/15/18.

[124] Koufaris M. Applying the technology acceptance model and flow theory to online consumer behavior[J]. Information Systems Research, 2002, 13(2): 205-223.

[125] Krikelas J. Information-seeking behaviour: Patterns and concepts[J]. Drexel Library Quarterly, 1983, 19: 5-20.

[126] Krishnan A, Atkin D. Individual differences in social networking site users: The interplay between antecedents and consequential effect on level of activity[J]. Computers in Human Behavior, 2014, 40: 111-118.

[127] Kuhlthau C C. A principle of uncertainty for information seeking[J]. Journal of Documentation, 1993, 49(4): 339-355.

[128] Kuhlthau C C. Inside the search process: Information seeking

from the user's perspective[J]. Journal of the American Society for Information Science, 1991, 42(5): 361-371.

[129] Kwon N, Song H. Personality traits, gender, and information competency among college students[J]. Malaysian Journal of Library & Information Science, 2011, 16(1): 87-107.

[130] Lapierre J, Giroux V P. Creativity and work environment in a high-tech context[J]. Creativity and Work Environment, 2003, 12(1): 11-23.

[131] Lee C S, Ma L. News sharing in social media: The effect of gratifications and prior experience[J]. Computers in Human Behavior, 2012, 28(2): 331-339.

[132] Lee D, Park J Y, Kim J, et al. Understanding music sharing behaviour on social network services[J]. Online Information Review, 2011, 35(5): 716-733.

[133] Lee J Y, Paik W, Joo S. Information resource selection of undergraduate students in academic search tasks[J]. Information Research, 2012, 17(1), http://informationr.net/ir/17-1/paper 511.html.

[134] Lee W K. An elaboration likelihood model based longitudinal analysis of attitude change during the process of IT acceptance via education program[J]. Behaviour & Information Technology, 2012, 31(12): 1161-1171.

[135] Lee Y W, Strong D W, Kahn B K, et al. AIMQ: A methodology for information quality assessment [J]. Information & Management, 2002, 40(2): 133-146.

[136] Letierce J, Passant A, Decker S, et al. Understanding how Twitter is used to spread scientific messages[C]. Proceedings of the Web Science Conference, 2010, http://journal.webscience.org/314/2/websci10_submission_79.pdf.

[137] Lilley D B, Trice R W. A history of information science, 1945-1985[M]. San Diego: Academic Press, 1989.

[138] Lim S, Kwon N. Gender differences in information behavior concerning Wikipedia, an unorthodox information source? [J]. Library and Information Science Research, 2010, 32(3): 212-220.

[139] Lim S. How and why do college students use Wikipedia? [J]. Journal of the American Society for Information Science and Technology, 2009, 60(11): 2189-2202.

[140] Lin H F, Lee G G. Determinants of success for online communities: An empirical study[J]. Behaviour & Information Technology, 2006, 25(6): 479-488.

[141] Lin H F. Determinants of successful virtual communities: Contributions from system characteristics and social factors[J]. Information & Management, 2008, 45(8): 522-527.

[142] Lin H F. The impact of website quality dimensions on customer satisfaction in the B2C e-commerce context[J]. Total Quality Management & Business Excellence, 2007, 18(4): 363-378.

[143] Lin N P, Chiu H C, Hsieh Y C. Investigating the relationship between service providers' personality and customers' perceptions of service quality across gender[J]. Total Quality Management, 2001, 12(1): 57-67.

[144] Liu R R, Zhang W. Informational influence of online customer feedback: An empirical study [J]. Journal of Database Marketing & Customer Strategy Management, 2010, 17(2): 120-131.

[145] Lu C J. Accidental discovery of information on the user-defined social web: A mixed-method study[D]. Pittsburgh: University of Pittsburgh, 2012.

[146] Lu H P, Hsiao K L. Gender differences in reasons for frequent blog posting[J]. Online Information Review, 2009, 33(1): 135-156.

[147] Lu H P, Lee M R. Demographic differences and the antecedents

of blog stickiness [J]. Online Information Review, 2010, 34 (1): 21-38.

[148] Lu L, Yuan Y C. Shall I google it or ask the competent villain down the hall? The moderating role of information need in information source selection[J]. Journal of the American Society for Information Science and Technology, 2011, 62 (1): 133-145.

[149] Lu Y, Yang D. Information exchange in virtual communities under extreme disaster conditions [J]. Decision Support Systems, 2011, 50(2): 529-538.

[150] Luo C, Wu J, Shi Y, et al. The effects of individualism-collectivism cultural orientation on eWOM information [J]. International Journal of Information Management, 2014, 34(4): 446-456.

[151] Luzon M J. Scholarly hyperwritting: The function of links in academic weblogs [J]. Journal of the American Society for Information Science and Technology, 2009, 60(1): 75-89.

[152] MacCallum R C, Widaman K F, Zhang S, et al. Sample size in factor analysis[J]. Psychological Methods, 1999, 4(1): 84-99.

[153] Mandavilli A. Peer review: Trial by Twitter[J]. Nature, 2011, 469(7330): 286-287.

[154] Marchionini G. Information seeking in electronic environments [M]. Cambridge, UK: Cambridge University Press, 1995.

[155] Marcoulides G A, Saunders C. Editor's comments: PLS: A silver bullet? [J]. MIS Quarterly, 2006, 30(2): iii-ix.

[156] Martin S, Diaz G, Sancristobal E, et al. New technology trends in education: Seven years of forecasts and convergence [J]. Computers & Education, 2011, 57: 1893-1906.

[157] Mathieson K, Peacock E, Chin W W. Extending the technology acceptance model: The influence of perceived user resources[J]. Database for Advances in Information Systems, 2001, 32(3):

86-112.

[158] Maurer S D, Cook D P. Using company web sites to e-recruit qualified applicants: A job marketing based review of theory-based research[J]. Computers in Human Behavior, 2011, 27(1): 106-117.

[159] McCracken G. Who is the celebrity endorser? Cultural foundations of the endorsement process[J]. Journal of Consumer Research, 1989, 16(3): 310-321.

[160] McCrae R R, Costa P T. Updating Norman's "adequate taxonomy": Intelligence and personality dimensions in natural language and questionnaires [J]. Journal of Personality and Social Psychology, 1985, 49(3): 710-721.

[161] McCrae R R, Costa P T. Validation of five-factor model of personality across instruments and observers [J]. Journal of Personality and Social Psychology, 1987, 52(1): 81-90.

[162] McKinney V, Yoon K, Zahedi F M. The measurement of web-customer satisfaction: An expectation and disconfirmation approach [J]. Information Systems Research, 2002, 13(3): 296-315.

[163] Mewburn I, Thomson P. Why do academics blog? An analysis of audiences, purposes and challenges [J]. Studies in Higher Education, 2013, 38(8): 1105-1119.

[164] Mohamed N, Hussein R, Zamzuri N H A, et al. Insights into individual's online shopping continuance intention[J]. Industrial Management & Data Systems, 2014, 114(9): 1453-1476.

[165] Moores T T. Towards an integrated model of IT acceptance in healthcare[J]. Decision Support Systems, 2012, 53(3): 507-516.

[166] Nahl D. Social-biological information technology: An integrated conceptual framework[J]. Journal of the American Society for Information Science and Technology, 2005, 58: 2021-2046.

[167] Naumer C M, Fisher K E. Information needs[M]. In Bates M J,

Maack M N (Eds.), Encyclopedia of Library and Information Sciences (3rd ed.). London: Taylor & Francis, 2010: 2452-2458.

[168] Niedźwiedzka B. A proposed general model of information behaviour [J]. Information Research, 2003, 9(1), http://informationr. net/ir/9-1/paper164. html.

[169] Nelson R R, Todd P A, Wixom B H. Antecedents of information and system quality: An empirical examination within the context of data warehousing [J]. Journal of Management Information Systems, 2005, 21(4): 199-235.

[170] Niu X, Hemminger B M, Lown C, et al. National study of information seeking behavior of academic researchers in the United States [J]. Journal of the American Society for Information Science and Technology, 2010, 61(5): 869-890.

[171] O' Connor L G. Investors' information sharing and use in virtual communities[J]. Journal of the American Society for Information Science and Technology, 2013, 64(1): 36-47.

[172] Oh O, Agrawal M, Rao H R. Community intelligence and social media services: A rumor theoretic analysis of tweets during social crises[J]. MIS Quarterly, 2013, 37(2): 407-426.

[173] Oh S. The characteristics and motivations of health answerers for sharing information, knowledge, and experiences in online environment[J]. Journal of the American Society for Information Science and Technology, 2012, 63(3): 543-557.

[174] Ormandy P. Defining information need in health — Assimilating complex theories derived from information science [J]. Health Expectations, 2011, 14(1): 92-104.

[175] Ostrander M. Talking, looking, flying, searching: Information seeking behaviour in Second Life[J]. Library Hi Tech, 2008, 26(4): 512-524.

[176] Özgüven N, Mucan B. The relationship between personality traits

and social media use [J]. Social Behavior and Personality, 2013, 41(3): 517-528.

[177] Palmer J. Scientists and information: Using cluster analysis to identify information style[J]. Journal of Documentation, 1991, 47(2): 105-226.

[178] Park D H, Kim S. The effects of consumer knowledge on message processing of electronic word-of-mouth via online consumer reviews[J]. Electronic Commerce Research and Applications, 2008, 7(4): 399-410.

[179] Park J H, Gu B, Leung A C M, et al. An investigation of information sharing and seeking behaviors in online investment communities[J]. Computers in Human Behavior, 2014, 31: 1-12.

[180] Parveen F, Jaafar N I, Ainin S. Social media usage and organizational performance: Reflections of Malaysian social media managers[J]. Telematics and Informatics, 2015, 32: 67-78.

[181] Peabody D, Goldberg L R. Some determinants of factor structures from personality-trait descriptors[J]. Journal of Personality and Social Psychology, 1989, 57(3): 552-567.

[182] Pearson A, Tadisina S, Griffin C. The role of e-service quality and information quality in creating perceived value: Antecedents to web site loyalty[J]. Information Systems Management, 2012, 29(3): 201-215.

[183] Peeters M A G, Rutte C G, van Tuijl H F J M, et al. The big-five personality traits and individual satisfaction with the team[J]. Small Group Research, 2006, 37(2): 187-211.

[184] Petty R E, Cacioppo J T, Goldman R. Personal involvement as a determinant of argument-based persuasion [J]. Journal of Personality and Social Psychology, 1981, 41(5): 847-855.

[185] Petty R E, Cacioppo J T, Schumann D. Central and peripheral routes to advertising effectiveness: The moderating role of

involvement[J]. Journal of Consumer Research, 1983, 10 (2): 135-146.

[186] Petty R E, Cacioppo J T. Communication and persuasion: Central and peripheral routes of attitude change[M]. New York: Springer, 1986.

[187] Petty R E, Cacioppo J T. The elaboration likelihood model of persuasion[J]. Advances in Experimental Social Psychology, 1986, 19(4): 123-205.

[188] Phares E J. Introduction to psychology (3rd ed.)[M]. New York, NY: Harper Collins Publishers, 1991: 4.

[189] Pintrich P R, De Groot E V. Motivational and self-regulated learning components of classroom academic performance[J]. Journal of Educational Psychology, 1990, 82(1): 33-40.

[190] Podsakoff P, MacKenzie S, Lee J, et al. Common method biases in behavioral research: A critical review of the literature and recommended remedies[J]. Journal of Applied Psychology, 2003, 88(5): 879-903.

[191] Podsakoff P, Organ D. Self-reports in organizational research: Problems and prospects[J]. Journal of Management, 1986, 12 (4): 531-544.

[192] Ponte D, Simon J. Scholarly communication 2.0: Exploring researchers' opinions on Web 2.0 for scientific knowledge creation, evaluation, and dissemination[J]. Serials Review, 2011, 37(3): 149-156.

[193] Popper K. Objective Knowledge: An evolutionary approach[M]. Oxford: Clarendon Press, 1973.

[194] Rabjohn N, Cheung C M K, Lee M K O. Examining the perceived credibility of online opinions: Information adoption in the online environment[C]. Proceedings of the 41st Annual Hawaii International Conference on System Sciences, IEEE, 2008, DOI: 10.1109/HICSS.2008.156.

[195] Raper J. Geographic relevance[J]. Journal of Documentation, 2007, 63(6): 836-852.

[196] Ringle C M, Wende S, Will A. SmartPLS 2.0. M3[EB/OL]. Hamburg: SmartPLS, 2005, http://www.smartpls.de.

[197] Robelia B A, Greenhow C, Burton L. Environmental learning in online social networks: Adopting environmentally responsible behaviors[J]. Environmental Education Research, 2011, 17(4): 553-575.

[198] Ross C, Orr E S, Sisic M, et al. Personality and motivations associated with Facebook use[J]. Computers in Human Behavior, 2009, 25(2): 578-586.

[199] Ross C, Terras M, Warwick C, et al. Enabled backchannel: Conference Twitter use by digital humanists[J]. Journal of Documentation, 2011, 67(2): 214-237.

[200] Rowlands I, Nicholas D, Russell B, et al. Social media use in the research workflow[J]. Learned Publishing, 2011, 24(3): 183-195.

[201] Saastamoinen M, Kumpulainen S, Vakkari P, et al. Task complexity affects information use: A questionnaire study in city administrationp [J]. Information Research, 2013, 18(4), http://informationr.net/ir/18-4/paper592.html.

[202] Sadaf A, Newby T J, Ertmer P A. Exploring pre-service teachers' beliefs about using Web 2.0 technologies in K-12 classroom[J]. Computers & Education, 2012, 59: 937-945.

[203] Savolainen R. Asking and sharing information in the blogosphere: The case of slimming blogs[J]. Library and Information Science Research, 2011, 33(1): 73-79.

[204] Savolainen R. Conceptualizing information need in context[J]. Information Research, 2012, 17(4), http://informationr.net/ir/17-4/paper534.html.

[205] Savolainen R. Elaborating the motivational attributes of

information need and uncertainty [J]. Information Research, 2012, 17 (2), http: //informationr. net/ir/17-2/paper516. html.

[206] Savolainen R. Everyday life information seeking: Approaching information seeking in the context of "way of life" [J]. Library and Information Science Research, 1995, 17(3): 259-294.

[207] Savolainen R. Expectancy-value beliefs and information needs as motivators for task-based information seeking [J]. Journal of Documentation, 2012, 68(4): 492-511.

[208] Shenton A K, Dixon P. The nature of information needs and strategies for their investigation in youngsters [J]. Library and Information Science Research, 2004, 26: 296-310.

[209] Shih H, Lai K, Cheng T C E. Informational and relational influences on electronic word of mouth: An empirical study of an online consumer discussion forum [J]. International Journal of Electronic Commerce, 2013, 17(4): 137-165.

[210] Shu W. Continual use of microblogs [J]. Behaviour & Information Technology, 2014, 33(7): 666-677.

[211] Sin S C J. Demographic differences in international students' information source uses and everyday information seeking challenges [J]. The Journal of Academic Librarianship, 2015, 41(4): 466-474.

[212] Sin S C J, Kim K S. International students' everyday life information seeking: The informational value of social networking sites [J]. Library and Information Science Research, 2013, 35 (2): 107-116.

[213] Spink A, Park M, Cole C. Multitasking and coordinating framework for human information behavior [M]. In Spink A, Cole C. (Eds), New Directions in Human Information Behavior. Dordrecht: Springer, 2006: 137-154.

[214] Steen Kamp M, Hyde-Clarke N. The use of Facebook for political

commentary in South Africa[J]. Telematics and Informatics, 2014, 31 (1): 91-97.

[215] Stewart K J. How hypertext links influence consumer perceptions to build and degrade trust online[J]. Journal of Management Information Systems, 2006, 23(1): 183-210.

[216] Stieglitz S, Dang-Xuan L, Bruns A, et al. Social media analytics: An interdisciplinary approach and its implications for information systems [J]. Business & Information Systems Engineering, 2014, 6(2): 89-96.

[217] Stieglitz S, Dang-Xuan L. Emotions and information diffusion in social media — Sentiment of microblogs and sharing behavior [J]. Journal of Management Information Systems, 2013, 29 (4): 217-247.

[218] Straub D W, Boudreau M C, Gefen D. Validation guideline for IS positivist research[J]. Communications of the Association for Information Systems, 2004, 13(1): 380-427.

[219] Sun H S. Understanding user revisions when using information system features: Adaptive system use and triggers[J]. MIS Quarterly, 2012, 36(2): A1-A10.

[220] Sundar S S, Knobloch-Westerwick S, Hastall M R. News cues: Information scent and cognitive heuristics[J]. Journal of the American Society for Information Society and Technology, 2007, 58(3): 366-378.

[221] Sundin O, Johannisson J. The instrumentality of information needs and relevance[C]. In Crestani I F, Ruthven I (Eds.), Information context: Nature, impact, and role: 5th International Conference on Conceptions of Library and Information Sciences, CoLIS 2005, Glasgow, UK, June 4-8, 2005: 107-118.

[222] Sussman S W, Siegal W S. Informational influence in organizations: An integrated approach to knowledge adoption[J]. Information Systems Research, 2003, 14(1): 47-65.

[223] Świgoń M. Information limits: Definition, typology and types[J]. Aslib Proceedings, 2011, 63(4): 364-379.

[224] Tam K Y, Ho S Y. Web personalization as a persuasion strategy: An elaboration likelihood model perspective [J]. Information Systems Research, 2005, 16(3): 271-291.

[225] Tan W K, Tan C H, Teo H H. Conveying information effectively in a virtual world: Insights from synthesized task closure and media richness [J]. Journal of the American Society for Information Science and Technology, 2012, 63(6): 1198-1212.

[226] Tan W K, Yang C Y. Internet applications use and personality [J]. Telematics and Informatics, 2014, 31(1): 27-38.

[227] Tang L R, Jang S S, Morrison A. Dual-route communication of destination websites[J]. Tourism Management, 2012, 33(1): 38-49.

[228] Taylor R S. Information use environments [M]. In Dervin B (Ed.), Progress in Communication Sciences. Norwood, NJ: Ablex, 1991, 10: 217-255.

[229] Taylor R S. Question-negotiation and information seeking in libraries[J]. College & Research Libraries, 1968, 29(3): 178-194.

[230] Taylor R S. Value-added processes in information systems[M]. Norwood, NJ: Ablex, 1986.

[231] Tenopir C, Volentine R, King D W. Social media and scholarly reading [J]. Online Information Review, 2013, 37 (2): 193-216.

[232] Tétard F, Patokorpi E, Packalén K. Using wikis to support constructivist learning: A case study in university education settings [C]. Proceedings of the 42nd Hawaii International Conference on System Sciences (HICSS-42), 2009: 1-10, DOI: 10.1109/HICSS.2009.499.

[233] Valentine B. The legitimate effort in research papers: Student

commitment versus faculty expectations [J]. The Journal of Academic Librarianship, 2001, 27(2): 107-115.

[234] Van Birgelen M J H, Wetzels M G M, Van Dolen W M. Effectiveness of corporate employment web sites: How content and form influence intentions to apply[J]. International Journal of Manpower, 2008, 29(8): 731-751.

[235] Van Cuilenburg J. On competition, access and diversity in media, old and new some remarks for communications policy in the information age[J]. New Media and Society, 1999, 1(2): 183-207.

[236] Veletsianos G. Higher education scholars' participation and practices on Twitter[J]. Journal of Computer Assisted Learning, 2012, 28(4): 336-349.

[237] Venkatesh V, Morris M G, Davis G B, et al. User acceptance of information technology: Toward a unified view [J]. MIS Quarterly, 2003, 27(3): 425-478.

[238] Walczuch R, Lundgren H. Psychological antecedents of institution-based consumer trust in e-retailing[J]. Information & Management, 2004, 42(1): 159-177.

[239] Wang R Y, Strong D M. Beyond accuracy: What data quality means to data consumers[J]. Journal of Management Information Systems, 1996, 12(4), 5-33.

[240] Wang S, Lin J C C. The effect of social influence on bloggers' usage intention[J]. Online Information Review, 2011, 35(1): 50-65.

[241] Wang W T, Wei Z H. Knowledge sharing in wiki communities: An empirical study[J]. Online Information Review, 2011, 35(5): 799-820.

[242] Wang X, Jiang T, Ma F. Blog-supported scientific communication: An exploratory analysis based on social hyperlinks in a Chinese blog community[J]. Journal of Information Science,

2010, 36(6): 690-704.

[243] Wattal S, Schuff D, Mandviwalla M, et al. Web 2.0 and politics: The 2008 US presidential election and an e-politics research agenda [J]. Management Information Systems Quarterly, 2010, 34(4): 669-688.

[244] Webber S. Blended information behavior in Second Life [J]. Journal of Information Science, 2013, 39(1): 85-100.

[245] Wei K K, Teo H H, Chan H C, et al. Conceptualizing and testing a social cognitive model of the digital divide [J]. Information Systems Research, 2011, 22(1): 170-187.

[246] Wersig G. Informationssoziologie. Hinweise zu einem in for mationswissenschaftlichen Teilbereich [Information sociology. References to a sub-field of information science][M]. Frankfurt am Main, Germany; Athenäum Fischer, 1973.

[247] Westbrook L. E-government support for people in crisis: An evaluation of police department website support for domestic violence survivors using person-in-situation information need analysis[J]. Library and Information Science Research, 2008, 30(1): 22-38.

[248] Wheeler S, Yeomans P, Wheeler D. The good, the bad and the wiki: Evaluating student-generated content for collaborative learning[J]. British Journal of Educational Technology, 2008, 39(6): 987-995.

[249] Whiting A, Williams D. Why people use social media: A uses and gratifications approach [J]. Qualitative Market Research: An International Journal, 2013, 16(4): 362-369.

[250] Wildemuth B M. Applications of social research methods to questions in information and library science [M]. Englewood, CO: Libraries Unlimited, 2009.

[251] Williamson K, Qayyum A, Hider P, et al. Young adults and everyday-life information: The role of news media [J]. Library

and Information Science Research, 2012, 34(4): 258-264.

[252] Williamson K. Discovered by chance: The role of incidental information acquisition in an ecological model of information use[J]. Library and Information Science Research, 1998, 20(1): 23-40.

[253] Wilson T D, Walsh C. Information behaviour: An interdisciplinary perspective [D]. Sheffield: University of Sheffield Department of Information Studies, 1996.

[254] Wilson T D. Human information behavior [J]. Informing Science, 2000, 3(2): 49-55.

[255] Wilson T D. Information behaviour: An interdisciplinary perspective [J]. Information Processing & Management, 1997, 33(4): 551-572.

[256] Wilson T D. Information needs and uses: Fifty years of progress? [J]. Fifty Years of Information Progress: A Journal of Documentation Review, 1994: 15-51.

[257] Wilson T D. Models in information behaviour research [J]. Journal of Documentation, 1999, 55(3): 249-270.

[258] Wilson T D. On user studies and information needs[J]. Journal of Documentation, 1981, 37(1): 3-15.

[259] Wilson T D. On user studies and information needs[J]. Journal of Documentation, 2006, 62(6): 658-670.

[260] Wixom B H, Todd P A. A theoretical integration of user satisfaction and technology acceptance[J]. Information Systems Research, 2005, 16(1): 85-102.

[261] Wu J H, Wang Y M. Measuring KMS success: A respecification of the DeLone and McLean's model [J]. Information & Management, 2006, 43(6): 728-739.

[262] Xu Y, Tan C Y, Yang L. Who will you ask? An empirical study of interpersonal task information seeking [J]. Journal of the American Society for Information Science and Technology, 2006,

57(12): 1666-1677.

[263] Yan Y L, Zha X J, Xiao Z L. Exploring users' perception of conventional and unconventional electronic resources[J]. Serials Review, 2013, 39(2): 105-113.

[264] Yan Y L, Zha X J, Zhang J C, et al. Comparing digital libraries with virtual communities from the perspective of e-quality[J]. Library Hi Tech, 2014, 32(1): 173-189.

[265] Yan Y L, Zha X J. Comparison between user affinity with digital libraries and virtual communities [J]. Learned Publishing, 2014, 27(2): 135-143.

[266] Yang S C, Hung W C, Sung K, et al. Investigating initial trust toward e-tailers from the elaboration likelihood model perspective [J]. Psychology and Marketing, 2006, 23(5): 429-445.

[267] Yeh N C, Lin J C C, Lu H P. The moderating effect of social roles on user behaviour in virtual worlds[J]. Online Information Review, 2011, 35(5): 747-769.

[268] Yi M Y, Yoon J J, Davis J M, et al. Untangling the antecedents of initial trust in web-based health information: The roles of argument quality, source expertise, and user perceptions of information quality and risk [J]. Decision Support Systems, 2013, 55(1): 284-295.

[269] Zeng D, Chen H, Lusch R, et al. Social media analytics and intelligence[J]. IEEE Intelligent Systems, 2010, 25(6): 13-16.

[270] Zeng L, Salvendy G, Zhang M. Factor structure of web site creativity [J]. Computers in Human Behavior, 2009, 25: 568-577.

[271] Zha X J, Zhang J C, Yan Y L, et al. Does affinity matter? Slow effects of e-quality on information seeking in virtual communities [J]. Library and Information Science Research, 2015, 37(1): 68-76.

[272] Zha X J, Zhang J C, Yan Y L, et al. User perceptions of e-quality of and affinity with virtual communities: The effect of individual differences [J]. Computers in Human Behavior, 2014, 38: 185-195.

[273] Zha X J, Zhang J C, Yan Y L, et al. Sound information seeking in Web 2.0 virtual communities: The moderating effect of mindfulness[J]. Behaviour & Information Technology, 2015, 34(9): 920-935.

[274] Zhang L, Peng T Q, Zhang Y P, et al. Content or context: Which matters more in information processing on microblogging sites[J]. Computers in Human Behavior, 2014, 31: 242-249.

[275] Zhang W, Watts S A. Capitalizing on content: Information adoption in two online communities [J]. Journal of the Association for Information Systems, 2008, 9(2): 73-94.

[276] Zhang Y. Beyond quality and accessibility: Source selection in consumer health information searching [J]. Journal of the Association for Information Science and Technology, 2014, 65(5): 911-927.

[277] Zhang Z. Feeling the sense of community in social networking usage [J]. IEEE Transactions on Engineering Management, 2010, 57(2): 225-239.

[278] Zheng Y M, Zhao K, Stylianou A. The impact of information quality and system quality on users' continuance intention in information-exchange virtual communities: An empirical investigation [J]. Decision Support Systems, 2013 (56): 513-524.

[279] Zhou T, Lu Y B. The effects of personality traits on user acceptance of mobile commerce [J]. International Journal of Human-Computer Interaction, 2011, 27 (6): 545-561.

[280] Zhou T. Examining the critical success factors of mobile website adoption [J]. Online Information Review, 2011, 35 (4):

636-652.
[281] Zhou T. Understanding users' initial trust in mobile banking: An elaboration likelihood perspective [J]. Computers in Human Behavior, 2012, 28(4): 1518-1525.
[282] 蔡剑, 詹庆东. 研究生群体网络信息分享行为动机研究[J]. 图书情报知识, 2012(2): 81-86.
[283] 陈煜, 袁曦临, 刘忠斌. 南京图书馆用户信息需求和信息行为调研[J]. 新世纪图书馆, 2013(3): 87-91.
[284] 冯花朴. 用户信息需求研究发展[J]. 图书情报工作, 2006, 50(2): 40-44.
[285] 郭韫丽, 孔令保, 程新. 高校教师信息需求和信息行为相关性研究——以江西农业大学为例[J]. 情报理论与实践, 2012, 35(4): 89-93.
[286] 黄清芬. 用户信息需求探析[J]. 情报杂志, 2004(7): 38-40.
[287] 孔繁超. 基于新浪微博的图书馆学人意见领袖调查与分析[J]. 大学图书馆学报, 2013(2): 55-59.
[288] 李枫林, 何洲芳. 面向用户潜在信息需求的检索结果组织研究[J]. 情报理论与实践, 2011, 34(5): 42-45.
[289] 李枫林, 臧颖. 网络消费者协同信息行为研究[J]. 情报理论与实践, 2011, 34(10): 10-12, 4.
[290] 李枫林, 周莎莎. 虚拟社区信息分享行为研究[J]. 图书情报工作, 2011, 55(20): 48-51.
[291] 吕臣. 基于社会网络分析理论的社交网站信息交流特征案例分析[D]. 天津: 天津师范大学, 2012.
[292] 茆意宏, 彭爱东, 黄水清. 农民信息需求与行为的区域比较研究——以江苏省为例[J]. 图书情报工作, 2012, 56(12): 49-53, 80.
[293] 钱颖, 汪守金, 金晓玲, 等. 基于用户年龄的微博信息分享行为研究[J]. 情报杂志, 2012, 31(11): 14-18.
[294] 邱子恒. 中文系教师信息行为之研究: 以辅仁大学为例[J].

中国图书馆学报，2011，37(3)：61-74.
[295] 盛宇．基于微博的学术信息交流机制研究——以新浪微博为例[J]．图书情报工作，2012，56(14)：62-66.
[296] 汪向征，葛彦强．传播学视域下教育技术微群用户信息行为分析[J]．中国电化教育，2012(9)：27-31.
[297] 王健，周国民，王剑，等．认知导向信息需求研究综述[J]．图书情报工作，2013，57(10)：136-141.
[298] 王良成．网络环境下大学生信息需求与利用行为调查研究[J]．情报科学，2002，20(2)：217-221.
[299] 王明辉，李宗波，赵国祥．大学生博客行为动机与人格特征的关系[J]．中国临床心理学杂志，2009，17(2)：230-231，215.
[300] 王明辉，李宗波．大学生博客写作动机的实证解析[J]．河南大学学报(社会科学版)，2009，49(2)：142-146.
[301] 魏登柏，李晶，尹敬刚．网络信息交流方式转移研究：从即时通信到社交网络[J]．情报理论与实践，2012，35(3)：42-46.
[302] 魏力更．高校网络用户信息需求与信息行为研究[J]．情报资料工作，2005(5)：103-105.
[303] 文军，蒋逸民．质性研究概述[M]．北京：北京大学出版社，2010.
[304] 肖仙桃，王丹丹．用户信息环境、信息行为及信息需求发展趋势[J]．图书馆理论与实践，2010(1)：40-43.
[305] 谢佳琳，张晋朝．用户在线生成内容意愿影响因素研究[J]．信息资源管理学报，2014(1)：69-77.
[306] 袁毅，杨成明．微博客用户交流的机制、结构及特征研究[J]．图书馆论坛，2010，30(6)：82-86.
[307] 袁毅，杨成明．微博客用户信息交流过程中形成的不同社会网络及其关系实证研究[J]．图书情报工作，2011，55(12)：31-35.
[308] 查先进，张晋朝，严亚兰，等．网络信息行为研究现状及发

展动态述评[J]. 中国图书馆学报, 2014, 40(4): 100-115.
[309] 查先进, 张晋朝, 严亚兰. 基于国外图书情报领域六种主流期刊的网络信息行为研究综述[J]. 情报学报, 2014, 33(7): 752-764.
[310] 张爱民. 农民信息需求识别与确定研究[J]. 晋图学刊, 2012(1): 68-71.
[311] 张素芳, 卢朝金. 虚拟社区中的群体信息行为调查分析[J]. 情报科学, 2012, 30(4): 563-566.
[312] 赵伯兴, 李利方. 用户信息需求的诊断方法研究[J]. 情报理论与实践, 2007, 31(6): 791-793, 804.
[313] 赵国洪 陈创前. "微博问政"现象的实证研究——基于新浪微博的分析[J]. 图书情报工作, 2012, 56(6): 51-55, 116.
[314] 赵越岷, 李梦俊, 陈华平. 虚拟社区中消费者信息共享行为影响因素的实证研究[J]. 管理学报, 2010, 7(10): 1490-1494, 1501.
[315] 郑烨. 政务微博中的信息交流与信息公开——信任的中介作用[J]. 情报杂志, 2012, 31(10): 156-164.
[316] 周珏. 网络环境下群体用户的信息行为研究[D]. 上海: 华东师范大学, 2010.

附录1　访谈提纲

说明：

1. 访谈者向受访者介绍研究主题与目的。

2. 受访者的回答无对错之分，访谈目的仅是为了获取充分的研究材料，请受访者畅所欲言，采访过程中尽量不要因访谈之外的其他事情中断。

3. 每位访谈时间在45~60分钟。

4. 访谈开始之前先请受访者介绍以下第一部分所列的基本信息，然后开始第二部分的正式访谈。

第一部分　基本信息

1. 您的性别

□ 男　□ 女

2. 您的年龄

□ 18~25岁　□ 26~30岁　□ 31~35岁　□ 36~40岁
□ 41~45岁　□ 46~50岁　□ 50岁以上

3. 您的学科

□ 自然科学　□ 社会科学　□ 人文科学

4. 您的身份

□ 博士研究生　□ 高校教学科研及管理人员

5. 您的学术经验

□ 小于1年　□ 1~2　□ 2~3年　□ 3~4年
□ 4~5年　□ 5~10年　□ 10年以上

第二部分　访谈提纲

1. 如果提到信息行为，您能想到的信息行为类型有哪些？请尽可能详细地列举或说明。

2. 对于第1题您所提到的信息行为类型中，您认为信息需求会在哪些行为类型中有所体现？为什么？

3. 您认为信息需求的维度有哪些？为什么？

4. 根据您第2题的回答，您能想到的信息需求的特征有哪些？请尽可能详细地列举或说明。

5. 如果要对信息需求进行测量，您认为应该从哪些方面对其进行测量？如何测量？为什么？

6. 您对信息需求还有其他想法或建议吗？请说明。

附录 2　信息需求初拟量表

1. 满足我的信息需求是容易的
2. 信息需求的出现会让我感到不知所措和焦虑
3. 我所拥有的信息在一段时间内能满足我的信息需求
4. 工作/学习中需要进行的信息活动与我的需求是相关的
5. 我的信息量可以满足我的工作/学习任务所需
6. 我经常需要大量的信息以解决我所面对的任务
7. 我经常需要高质量的信息以满足我的任务需求
8. 我认为我应该了解周围关于我的工作/学习任务的所有变化
9. 我会关注可能与我的任务相关的任何信息
10. 我经常有非常规性的或临时性的信息需求
11. 我经常会产生一些新的信息需求
12. 面对特定的信息需求会有时间方面的压力
13. 当我知道我需要什么样的信息时，我已经不再需要此类信息
14. 在完成工作/学习任务的过程中，会有让我清楚地了解我的信息需求的线索发生
15. 我强烈地想要得到我所需要的信息
16. 我确实需要那些提供给我的信息
17. 当我所需要的信息没有被提供或不容易获得时，我会积极地寻找
18. 我会忽略一些我不信任的或不想面对的相关信息
19. 我会推延我感觉当时不紧急的信息需求
20. 我会偶然无意中发现我真正想要的信息
21. 我会把我面对的任务告诉他人，希望他们能为我提供一些

深刻的见解

22. 我太专注于我的工作/学习以至于为掌握信息而费心和烦恼

23. 出现新的信息需求时我会感到困惑和迷茫

24. 在完成工作/任务的过程中，满足我的信息需求会让我体验到满足感

25. 在处理信息需求时我感觉是在浪费时间

26. 如果我的信息需求得到满足，我所面对的任务会步入一个崭新的阶段

27. 之前我很清楚为什么会产生某些信息需求，但现在我不知道是否应该继续

28. 我认为成功地满足信息需求是重要的

29. 满足特定任务的信息需求对我是有用的

30. 我不明白我为什么需要信息但我依然很重视

31. 不断的需求信息促使我学习很多我感兴趣的事情

32. 我不知道我为什么会产生信息需求

33. 为满足特定任务的信息需求，我需要了解与其相关的特定的政治、经济和社会环境问题的信息

34. 在我的工作/学习中，有大量的问题需要信息

35. 如果不能找到我所需要的信息，我会坚持直到需求得到满足为止

36. 如果我有其他事情要处理，我仍会分出时间来处理所面临的信息需求

附录3　关于用户信息需求的调查问卷

您好！

本问卷是为调研用户在信息活动过程中对于信息需求和信息能力的认知获取相关数据，您的答卷对我们做好研究非常重要。本问卷仅用于学术研究，请根据您的实际情况放心回答。感谢您的大力支持！

信息需求指人们面临特定的任务所感受到的还需进一步获取的信息，反映出当前所拥有的信息与信息充裕值之间的差额。

第一部分　基本信息

1. 您的性别

　□ 男　　□ 女

2. 您的年龄

　□ 18 岁以下　□ 18~25 岁　□ 26~30 岁　□ 31~35 岁

　□ 36~40 岁　□ 41~45 岁　□ 46~50 岁　□ 50 岁以上

3. 您的身份

　□ 本科生　□ 硕士研究生　□ 博士研究生

　□ 高校教学科研及管理人员　□ 其他

4. 您的学科领域

　□ 自然科学　□ 社会科学　□ 人文科学　□ 其他

第二部分　对用户信息需求的调查

请根据您的理解对以下每个陈述句问题进行判断，并在问题下面的相应数字(1, 2, 3, 4, 5, 6, 7)上选择。您的回答反映您的判断，不存在正确或错误。请不要遗漏任何一个问题，如果您感觉对某个问题难以做出完全准确的判断，请提供尽可能准确的判断。谢谢！

下列陈述句中提到的任务/问题是指您日常工作/学习中所面临的特定的任务，它可以是完成老师布置的作业、准备一个学术报告、撰写一篇学术论文/学术专著等，也可以指您想到的其他的任务。请根据您想到的任务判断下列陈述句。

用户信息需求的测量题项	1=强烈不同意~7=强烈同意						
1. 我的信息需求是容易满足的	1	2	3	4	5	6	7
2. 当有信息需求产生时我会感到不知所措和焦虑	1	2	3	4	5	6	7
3. 我现有的信息量可以满足我大部分的信息需求	1	2	3	4	5	6	7
4. 我经常需要大量的信息以满足我的信息需求	1	2	3	4	5	6	7
5. 我经常需要高质量的信息以满足我的信息需求	1	2	3	4	5	6	7
6. 我经常有非常规性的或临时性的信息需求	1	2	3	4	5	6	7
7. 我经常会产生一些新的信息需求	1	2	3	4	5	6	7
8. 当我明白我需要什么样的信息时，我已经不再需要该信息	1	2	3	4	5	6	7
9. 我强烈地想要获得我所需要的信息	1	2	3	4	5	6	7
10. 当我所需要的信息没有被提供或不容易获得时，我会积极地寻找	1	2	3	4	5	6	7
11. 在完成特定任务的过程中，信息需求得到满足会让我体验到满足感和成就感	1	2	3	4	5	6	7

续表

用户信息需求的测量题项	1=强烈不同意～7=强烈同意						
12. 对信息的需求会推进我所面临的任务步入一个崭新的阶段	1	2	3	4	5	6	7
13. 之前我很清楚为什么会产生某些信息需求，但现在我不知道是否应该继续处理这些信息需求	1	2	3	4	5	6	7
14. 解决特定任务的信息需求对我是重要且有用的	1	2	3	4	5	6	7
15. 我不知道我的信息需求是什么时候产生的	1	2	3	4	5	6	7
16. 对信息的需求能让我学习到很多我感兴趣的事物	1	2	3	4	5	6	7
17. 为满足特定任务的信息需求，我需要了解与其相关的特定的政治、经济和社会环境问题的信息	1	2	3	4	5	6	7
18. 在我的工作/学习中，有大量的问题需要信息	1	2	3	4	5	6	7
19. 当满足我的信息需求比较困难时，我会坚持直到需求得到满足为止	1	2	3	4	5	6	7
20. 如果我有其他事情要处理，我仍会分出时间来处理所面临的信息需求	1	2	3	4	5	6	7

感谢您抽出宝贵时间填写问卷！祝您好运！

附录 4　社会化媒体用户学术信息搜寻行为影响因素调查

您好！

本问卷是为调研用户在信息活动过程中对于信息需求和信息能力的认知获取相关数据，您的答卷对我们做好研究非常重要。本问卷仅用于学术研究，请根据您的实际情况放心回答。感谢您的大力支持！

社会化媒体，也称社交媒体或社会性媒体，是指建立在 Web 2.0 思想和技术基础上的允许用户生成内容创造和交流的一类基于互联网的应用。常见的社会化媒体包括微博(如新浪微博、腾讯微博等)、微信、博客(如科学网博客、新浪博客等)、社交网站(如人人网、豆瓣网、开心网等)、社会化问答网站(如百度知道、雅虎问答等)、在线论坛(如人大经济论坛、小木虫等)、维基、播客等。

学术信息指您在工作或学习中进行学术科研活动所涉及的一些学术类信息，如与课程作业相关的信息、学术前沿动态、最新学科资讯、与科研项目相关的信息、学术报告信息、学术文章、学术会议信息、个人学术观点、学术机构发布的信息、科技研究报告、政策报告、统计数据等。

第一部分　基本信息

1. 您的性别

　□ 男　　□ 女

2. 您的年龄

□ 18岁以下　□ 18~25岁　□ 26~30岁　□ 31~35岁
□ 36~40岁　□ 41~45岁　□ 46~50岁　□ 50岁以上

3. 您目前的身份

□ 本科生　□ 硕士研究生　□ 博士研究生
□ 高校教学科研及管理人员　□ 其他

4. 您的学科领域

□ 自然科学　□ 社会科学　□ 人文科学　□ 其他

5. 您的学术研究/学术活动经验

□ 小于1年　□ 1~2年　□ 2~3年　□ 3~4年
□ 4~5年　□ 5~10年　□ 10年以上

6. 您使用社会化媒体的经验

□ 小于1年　□ 1~2年　□ 2~3年　□ 3~4年
□ 4~5年　□ 5年以上

7. 您在社会化媒体中的角色是

□ 信息提供者(发布、提供或贡献信息等居多)
□ 信息消费者(搜寻、浏览或获取信息等居多)

第二部分　社会化媒体用户学术信息行为影响因素

请根据您的理解对以下每个陈述句问题进行判断，并在问题下面的相应数字(1、2、3、4、5、6、7)上选择。您的回答反映您的判断，不存在正确或错误。请不要遗漏任何一个问题，如果您感觉对某个问题难以做出完全准确的判断，请提供尽可能准确的判断。谢谢!

下列陈述句中提到的任务指在您的工作或学习中所面临的特定任务，它可以是完成课程作业、开展科研项目、准备学术报告、撰写学术论文/学术专著等，也可以指您想到的其他的任务。请根据您想到的任务/情境回答下列问题。

信息需求(1=强烈不同意~7=强烈同意)							
①我经常会产生一些新的学术信息需求	1	2	3	4	5	6	7
②我强烈地想要获得我所需要的学术信息	1	2	3	4	5	6	7
③解决与工作或学习任务相关的学术信息需求对我是重要且有用的	1	2	3	4	5	6	7
④对学术信息的需求能让我学习到很多我感兴趣的事物	1	2	3	4	5	6	7
⑤我经常需要高质量的信息以满足我的学术信息需求	1	2	3	4	5	6	7
社会化媒体中的学术信息质量(1=强烈不同意~7=强烈同意)							
①社会化媒体中的学术信息是及时更新的	1	2	3	4	5	6	7
②社会化媒体中的学术信息是准确的	1	2	3	4	5	6	7
③社会化媒体中的学术信息是全面的	1	2	3	4	5	6	7
社会化媒体的服务质量(1=强烈不同意 ~ 7=强烈同意)							
①社会化媒体提供可靠的服务	1	2	3	4	5	6	7
②社会化媒体提供及时的服务	1	2	3	4	5	6	7
③社会化媒体提供个性化的服务	1	2	3	4	5	6	7
④社会化媒体提供专职的服务	1	2	3	4	5	6	7
社会化媒体的系统质量(1=强烈不同意 ~ 7=强烈同意)							
①社会化媒体是可靠的	1	2	3	4	5	6	7
②社会化媒体的导航是有效的	1	2	3	4	5	6	7
③社会化媒体的布局是清晰的	1	2	3	4	5	6	7
社会化媒体中学术信息源的可信度(1=强烈不同意 ~ 7=强烈同意)							
①社会化媒体中的学术信息源是知识丰富的	1	2	3	4	5	6	7
②社会化媒体中的学术信息源是可信赖的	1	2	3	4	5	6	7
③社会化媒体中的学术信息源是可靠的	1	2	3	4	5	6	7
④社会化媒体中的学术信息源是专业的	1	2	3	4	5	6	7

续表

社会化媒体中学术信息的有用性(1=强烈不同意 ~7=强烈同意)							
①社会化媒体中的学术信息是有价值的	1	2	3	4	5	6	7
②社会化媒体中的学术信息是内容详实的	1	2	3	4	5	6	7
③社会化媒体中的学术信息是有帮助的	1	2	3	4	5	6	7
信息搜寻行为(1=强烈不同意 ~ 7=强烈同意)							
①我经常在社会化媒体中搜寻学术信息	1	2	3	4	5	6	7
②我频繁地在社会化媒体中搜寻学术信息	1	2	3	4	5	6	7
③我花很多时间在社会化媒体中搜寻学术信息	1	2	3	4	5	6	7
性格特征(1=强烈不同意 ~ 7=强烈同意)							
①我健谈	1	2	3	4	5	6	7
②我精力充沛	1	2	3	4	5	6	7
③我待人热情	1	2	3	4	5	6	7
④我包容他人	1	2	3	4	5	6	7
⑤我对他人友好	1	2	3	4	5	6	7
⑥我喜欢与他人合作	1	2	3	4	5	6	7
⑦我对新事物好奇	1	2	3	4	5	6	7
⑧我喜欢表达新的想法	1	2	3	4	5	6	7
⑨我喜欢体验新事物	1	2	3	4	5	6	7
⑩我喜欢先制订计划，然后再实施它们	1	2	3	4	5	6	7
⑪在完成任务的整个过程中我小心翼翼	1	2	3	4	5	6	7
⑫我容易着急	1	2	3	4	5	6	7
⑬我多多少少会担心	1	2	3	4	5	6	7

感谢您抽出宝贵时间填写问卷！祝您好运！